中国电影艺术家传记丛书

诗言志

——黄健中艺术评传

张 荔 著

CFP 中国电影出版社
2019·北京

图书在版编目（CIP）数据

诗言志：黄健中艺术评传 / 张荔著. —北京：中国电影出版社，2019. 11

ISBN 978-7-106-05037-5

Ⅰ. ①诗… Ⅱ. ①张… Ⅲ. ①黄健中—评传 Ⅳ. ①K825. 78

中国版本图书馆CIP数据核字（2019）第242595号

责任编辑：苗　卉

装帧设计：联创睿合

责任校对：林　娜

责任印制：张玉民

诗言志——黄健中艺术评传

张荔　著

出版发行　中国电影出版社（北京北三环东路22号）　邮编100013

电话：64296664（总编室）　64216278（发行部）

64296742（读者服务部）　E-mail:cfpygb@126. com

经　　销　新华书店

印　　刷　中国电影出版社印刷厂

版　　次　2019年11月第1版　2019年11月北京第1次印刷

规　　格　开本 710×1000毫米　1/16

印张 18.75　插页 8　字数 300千字

书　　号　ISBN 978-7-106-05037-5

定　　价　89.00元

◎ 黄健中导演荣获国家广电总局“纪念中国电影诞生一百周年优秀电影艺术家”称号

◎电影《小花》陈冲饰小花，刘晓庆饰翠姑

◎《小花》获第三届《大众电影》百花奖最佳故事片等四项大奖，北影厂厂长汪洋（中）与导演张铮（右一）、演员唐国强（右二）、陈冲（左二）及黄健中（左一）合影

◎陈冲和刘晓庆荣获第三届《大众电影》百花奖最佳女演员和最佳女配角奖

◎ 1992年黄健中与凌子风在法国蒙彼利埃渔村留影

◎《如意》剧照

◎ 1982年黄健中拍摄《如意》与演员李仁堂、作家刘心武、编剧戴宗安在拍摄现场留影

◎《如意》工作照

◎《如意》工作照

◎《良家妇女》剧照

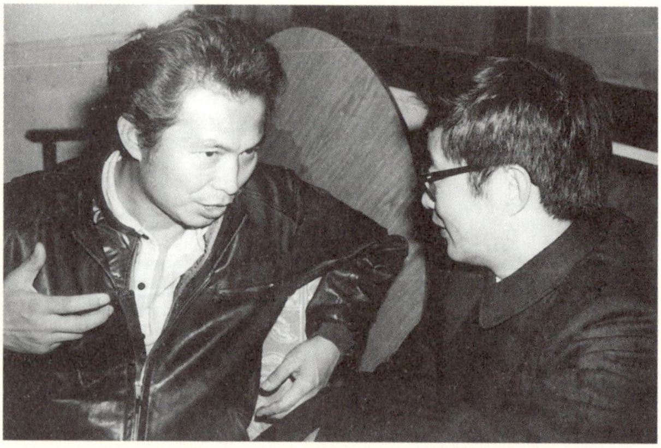

◎ 1984年黄健中导演《良家妇女》与作家李宽定谈剧本

◎《一个死者对生者的访问》剧照

◎《过年》剧照

◎《过年》获奖，黄健中与剧组同仁合影

◎ 黄健中与张艺谋、陈凯歌、台湾作家司马中原合影

◎《我的1919》陈道明饰顾维钧，获第20届金鸡奖最佳男主角奖

◎《我的1919》剧照

◎《盖世太保枪口下的中国女人》许晴饰女主角金玲

◎ 黄健中与金庸合影

◎《笑傲江湖》李亚鹏饰令狐冲

◎《忽必烈》剧照

◎《大秦帝国》侯勇饰秦孝公

◎《大秦帝国》王志飞饰商鞅，齐芳饰荧玉

◎ 黄健中从艺50年，“第四代”导演相聚。左起：吴天明、郑洞天、黄健中、谢飞、丁荫楠

◎ 黄健中从影50年与演员相聚。前排右起：张国强、王志飞、张光北、朱德承、杨志刚、张彤。后排右起：李幼斌、陈宝国、陈小勇、王馥荔、葛存壮、黄健中、陈炜、黄小雷、章金莱、葛优。

目　录

上　篇

如诗：光影中的艺术与人生

003　一、诗性智慧与诗意呈现

004　（一）影像代言人

006　（二）行走在智性的光明里

016　（三）导演：智慧与人心的聚合者

025　（四）诗性：创作的原点和终点

030　二、“北影”：中国电影的文化沃土

032　（一）永远的恩师：崔嵬、陈怀皑

038　（二）汪洋：“我心中的铜像”

045　（三）凌子风和钟惦棐的魅力

050　（四）我们这一代人的“夏公”和“荒煤同志”

056　（五）“我们的楷模”：谢晋、谢添和于洋

064　三、故乡：“我是龙，不是门里的虫！”

065　（一）“海上十四天”

068　（二）黄健中的父亲母亲

072　（三）家乡：生命的胎记

079　（四）永远的“黄金搭档”

中 篇

风急天高："心灵的迹化"与"生命的承诺"

085 一、电影本体性之追寻
086 （一）《小花》：影像的冒险
095 （二）《如意》：人性礼赞
105 （三）《大鸿米店》：逼视人性恶
116 （四）《银饰》：超越时代的情与爱

123 二、电影民族化之探索
123 （一）《良家妇女》：何以"墙内开花墙外香"
136 （二）《一个死者对生者的访问》：镜头下的哲学诗篇
151 （三）《过年》："酒香不怕巷子深"
162 （四）《我的1919》：影像中的爱国情怀

174 三、"第四代"：结束，也是开始
176 （一）"电影，应该电影化"
179 （二）电影民族化与个性化
185 （三）形式，生命的样式

下 篇

访谈与札记：家国理想与人间情怀

195 一、《笑傲江湖》："风格即人"

196　（一）挑战，为了创新
201　（二）黄健中追忆："没有令狐冲的日子"·自信使我强大
202　（三）张纪中如是说：水火无情·黄导有根坚强的神经
205　（四）再看《笑傲江湖》

208　二、《盖世太保枪口下的中国女人》："建立新的秩序比仇恨更重要"
209　（一）超类型文本
210　（二）生命救助·救助生命
212　（三）理想女性的乌托邦幻想

215　三、从《美丽无声》到《天堂秀》："戏不惊人誓不休"
216　（一）《美丽无声》："家国之事，身世之感，风流蕴藉"
222　（二）《雾柳镇》："有血性，见人性"
231　（三）《经纬天地》："文学性、戏剧性、电视性"相结合
240　（四）《天堂秀》："谜情引发的激情"

250　四、从《大秦帝国》到《忽必烈》：恢宏的写实与唯美的浪漫
250　（一）《大秦帝国》："浩浩然，黑色裂变"
272　（二）《大风歌》："唱盛世魂"
277　（三）《忽必烈》：朝气蓬勃，如旭日东升

289　余绪："和顺积中而英华发外"

292　后　记

上　篇

如诗：光影中的艺术与人生

他是归国华侨，出生在热带岛国印度尼西亚，他的影视作品却始终洋溢着浓郁的中国意味；他是一个性情温和的人，青年时代甚至说话就脸红，可他导演的影视作品，从《小花》《如意》《良家妇女》《一个死者对生者的访问》《过年》《我的1919》，到《笑傲江湖》《大鸿米店》《银饰》等，经常因思想的前瞻和艺术的创新与激越，引发争议、备受瞩目；他没有读过大学，却被公认为学者型导演，他的导演阐述、导演日记连同读剧笔记，为中国当代影视艺术留下了可资参考与借鉴的原始记录。从影近60年，他以镜头为笔，抒写着唯美而蕴藉的诗篇，也因此，他的人生充满诗意和雅趣……

他就是黄健中——“黄，炎黄子孙的黄；健，矫健的健；中，允执厥中的中”（黄健中语）——一位以智慧、胆量和爱心关注家国命运，颇具人间情怀的激情导演。

作家黄宗江说：“黄健中自《小花》之后，我就孜孜不倦地‘打’他，也‘捧’他。因为我对他是有期望的，觉得他有可能成为大师级的导演……”[①]他还风趣地说过：“黄健中很多样，这个人还很莫测呢，我期待他

① 《影片〈龙年警官〉座谈会摘要》，载黄侯兴主编《思无邪：黄健中的影视世界》，中国社会科学出版社，2012，第319页。

一些莫测的东西。”

直面黄健中之“多样”、破译其“莫测”，不失为一个饶有趣味而又意味深长的话题。他从新中国成立后、新时期，从时代走来，从家乡走来，在“北影”（北京电影制片厂的简称，以下同）的沃土中成长并形成艺术个性和人格魅力……在黄健中的家乡、影像作品和“艺术档案”中“漫步”，有一种云在青天水在瓶的落定与澄明，还有源源不断的思绪无法遏制，纷至沓来。

一、诗性智慧与诗意呈现

真正的艺术家总是怀有一种广博的人间情怀，关注众生、关爱人间；他们挑战既有成见，大胆冒险，表现自己所思、所想、所感；他们奉献给世界的是新思想和新方向。正是这种神示般的使命使黄健中从影近60年来不曾有些许的懈怠，近60年如一日地在思想文化和影视艺术之路上探险、前行。

从影对黄健中而言，也是修行。人生和艺术经受磨炼的近60年，有风雨也有彩虹……有时黄健中的思想和方向很难为当时人所接受；有时他要和流俗斗争，甚至不得不面对各种“枪林弹雨”。他越激越、越执着，越得承受常人难以承受的沉重……近60年的磨砺与修炼使黄健中充分具备了一个艺术家所应有的可敬的严正和可爱的宽厚：既不盛气凌人，也无拘泥委顿；对自己的作品虚心苛求，一丝不苟。在《心灵的迹化》一文中，黄健中给自己画了这样一幅“自画像”：“是个完美主义者，追求完美是一种悲剧，却也是一种乐趣，因为永远的不满足与永远的追求，才使我无论在案头工作、拍摄现场，还是后期制作，常常处于兴奋状态。兴奋不仅使我有活力，也使我身心健康。无数的记者都会提出同样的一个问题，你最满意于自己的哪一部作品？我说我有得意而无满意之作。所谓得意，庄子

◎图1　黄健中导演1995年在甘肃"阳关"采风

说'言者，所以在意，得意而忘言'（《庄子·外物》）。我拍摄一部电影往往是以意造型（型则故事），以形写意（意则旨趣），以情驱笔，笔随心运，在流变组合的节律中，追求神韵，表现自我的心理气质。"[①]

在黄健中宽厚仁慈的面容上，常常使人得到明锐的启示。无论喜怒还是哀乐，他常常以矜持与沉静泰然处之，既没有狂号和叹息，更听不到他的愤怒和声讨。与其说沧海桑田已经让黄健中在雨雪风霜中学会了同这个世界达成和解，不如说，他的一切思绪都仿佛与真理和真相水乳交融，那份淡定与从容、坦荡与和善已经深深植入他的灵府，在内心的谷底流溢清新……

（一）影像代言人

在当代电影界，"黄健中是'第四代'导演中成就最为卓著者之一，20世纪80年代《小花》《如意》《良家妇女》等影片为新时期中国电影艺术及文化的创新发展做出了开拓先河的卓越贡献；而90年代的《龙年警官》《过年》和《米》（《大鸿米店》，编者注）等影片或随风弄潮，或另辟蹊径，显示出极其顽强的艺术生命力"[②]。从影近60年，黄健中以其热切的人文关怀和影视艺术实践，自觉不自觉地参与和推动了中国社会和文化的历史反思，以及人的解放和民族精神的重铸；特别是，黄健中导演电影作品积极参与了中国新时期以来的文化构建。在特定的时代、特殊的历史时期，黄健中成了中国文化与艺术精神的影像代言人。正如有学者指出的："（中国

① 黄健中：《心灵的迹化（自序）》，载《黄健中导演笔记》，作家出版社，2011。
② 陈墨：《浪漫与忧患——黄健中电影阅读札记》，《当代电影》2001年第5期。

电影）从1979年开始的探索是勇敢的，它渐渐与历史反思与反封建的主题结合，浸润出一个新的生活面，在一些优秀作品中获得了‘意识到的历史内容’（恩格斯）。从创作实践看，中青年导演对于人的主题的探索可分成三个冲击波。第一个冲击波以1979年《小花》《苦恼人的笑》为标志，开始对人的重视。第二个冲击波《沙鸥》《如意》《城南旧事》等，它们不再单一地以阶级性来规范人性、划分人群、鉴别思想，而注意表现更丰富的人的社会属性。第三个冲击波出现在1983年的《乡音》及以后的《良家妇女》对人的表现中，一是思考转入历史层面，着重表现封建意识对人性的桎梏与麻痹；二是大胆肯定人的自然欲求，以人的欲望的合理性批判封建的禁欲主义。”[①]中国电影新时期以来的复兴之路，也是包括黄健中在内的电影艺术家的探索之路。特别值得注意的是，文中提到的当代电影对“人的主题的探索”形成的三个思想“冲击波”，都有黄健中的积极参与。《小花》《如意》与《良家妇女》三部作品的创作，显现了黄健中20世纪80年代的人文关怀；此后他执导的《龙年警官》《过年》《大鸿米店》《我的1919》等作品，无不以积极的入世态度关注现实中国的文化境遇，每一部都以满腔的热忱探讨人的价值、人生存的意义和精神困境，以及人类对于自由、和平和公正的渴求等。

回顾从影历程，在与我的访谈中，黄健中给自己做了这样一个小结：

> 从影这些年我不断地从各个角度去探索自己做的事情，不管是做电影还是电视剧，我总的目标始终没变。比如为什么我对人性问题始终很敏感，因为我经历了当代历史上特殊时期，那时整个民族都不懂得美好人性的可贵。对历史的反思，不同人有不同的角度。社会学家可能会从建设社会的角度，经济学家会从经济的角度，艺术家肯定会从思想、社会伦理道德的角度。我是北京一中毕业的，在那个特殊时期，学生让老师吃屎！原本学校是一个育人的课堂，却成了这样，太

① 李兴叶：《复兴之路：1977年至1986年电影创作与理论批评》，中国电影出版社，1989，第173页。

违反人性了……为什么会这样呢？这是我不能不思考的。而我正是在这样的社会背景下进入电影艺术的，社会灾难必然会让我思考，我觉得，我更多该做的、我的责任就是唤起民众的爱心。

黄健中对生命与美好人性的尊重，连同对艺术的忠诚与执着未曾打过折扣。前40年，他的创作以电影作品为主，并成为中国“第四代”导演中的代表人物和中坚力量；近20年，他的创作从电影转向了以电视剧创作为主，但是对历史与现实的关切、对人性的关怀和对艺术的忠诚却始终如一。如果说最初搞电影带有某种偶然性，但近60年来，影视剧导演已成为黄健中的生存方式、生命状态。他是以视听语言，以银幕上的声光和画面，以镜头展现他对世界、对人与艺术的体认，并做精神的探险：1982年《如意》对美好人性的礼赞；1985年《良家妇女》对历史文化的观照；1986年《一个死者对生者的访问》的哲学思考；1990年《龙年警官》深入思考英雄观；1991年《过年》反思和审视中国根深蒂固的宗法观念与新时代；1995年《大鸿米店》把思想的触角探向难以使人问津的人的本性，从文化角度对人性恶和人类赖以生存的文化生态进行了探讨；1999年《我的1919》则体现了作为爱国者的家国想象和对自由和平的热爱。正如黄健中所说：

我的这些思考是我个人的，也是我们这一代人的。

我的生命不息，我的思考就不会停止。

生命不息，思考不止；这也是我对生命的一种承诺。

（二）行走在智性的光明里

蒙田曾经说，心灵装进了哲学，就会焕发健康。从词源看，“哲学”一词的希腊文原意是“爱智慧”。“爱智慧”显然是一种生活方式，一种人生态度，恰到好处地保证了人生活状态的雍容尔雅、自信超脱。黄健中就是一个典型的内心嵌入了哲学并形成了自己人生哲学的人。在黄健中看来，智慧与聪明是两回事。聪明是一个人能力方面的素质，如记忆力、理解力、想象力等，具备这些素质，再加上主观努力和客观机遇，你就可以在社会上获得成功……智慧不是一种才能，而是一种人生觉悟，一种开阔的胸襟和眼光。人生在世，也许成功，也许失败，如果他是智慧的，他就不会把这些看得太重，而是超拔于人世间一切成败之上，以俯视的方式笑对人生。

“小聪明，可以获一时成功；而大智慧成就一世。”这是黄健中的人生哲学之一。

在访谈中黄健中曾说，人生在世要有所成就，必备三个因素：智慧、胆量和爱心。事实上，也正是这三者成全了他。而生活的历练使他对爱心情有独钟。他说：

> 只有有爱心的人才能使你的智慧和胆量产生成就。没有爱心的人很难最终取得成就。最终智慧和胆量也只有爱心才能将它们托起，并闪现光芒，活得自由又自在……自由是可以争取的，自在是修炼来的。人的自在心态是很高的境界。爱心也好，自在也好，都是境界，都需要修炼。

相识数载、多次深度地进行人生与艺术的交流和探讨，潜心观察和考量黄健中的艺术世界与生存时，对他的性情与生活有了不断深入和日益真切的感知和了悟，尽管这些有可能片面，却是真实存有的，每每思量黄健中作为一位艺术家的自我修炼和艺术追求与造诣，总是感慨良多。

其实，黄健中的生活与常人并没有区别，不过肯定比常人更忙碌、更乐观；黄健中似乎并没有过人的艺术天分，但他对艺术真挚的热爱、执着与激越，却是常人难以企及的……这是拥有孤洁不移的意志力与坚而不骄的自信力的人，才能具备的品质。

60岁时黄健中说过：“60岁，从零开始。”人生的归零原则从来就是有所成就的人，特别是艺术家自我激励的方式。如今面对这位“奔八”的白发长者，面对这位神清气爽、精神矍铄的老艺术家，任谁也不能不被他的“劳作”叹服，而且更令人钦佩的是，他一直在不停地探索新的领域。黄健中经常跟学生说，我即使不是艺术家，也肯定是一个“劳模”。黄健中的勤奋是熟悉他的人有目共睹的，他曾经很得意于自己赢得时间从而额外赚取生命的“秘方”——每天工作不少于12小时：

> 我从工作开始，除了特殊时期，我几乎都是冬天六点半起床、夏天五点半起床，基本上我读书状态和工作状态一天不少于12个小时，我每天就比别人多出半天，即使特殊时期，我也坚持读书。这样，50年的工作绝对值是75年，我额外赚了25年！
>
> 我入门时不是大学毕业，于是多出了一种勤奋，我用业余时间修电影学院和北大中文系的课程。慢慢地，读书、工作变成了一种习惯。现在我每天的工作仍旧不少于12个小时，而且这12个小时还不包括我做案头准备工作和导演日记等。

这样的“秘方”，绝不是每个人都能坚持并享用的，一个必要的前提就是一定得有一个好的体力，不然很难吃得消。

与黄健中共事或了解他的人无不慨叹他体力和精力之过人。在剧组，许晴、马伊琍、侯勇等很多年轻人都曾感慨过：将近80岁的“黄叔”比我们的精力还充沛，比我们年轻人还有活力……面对众人对自己体力和活力的感叹和赞许，黄健中总结了自己的“黄氏养生秘诀”：

> 体力、智力加毅力，等于活力。

正是在这样的生命活力中，黄健中一如既往地追逐着时光、温暖着他人、热爱着生命与艺术，而没有抱怨和厌倦。这份勤勉与热情聚焦在他工作和生活的习惯和细节里，也灌注于他的作品之中。比如勤于读书和坚持做笔记是黄健中从年轻时就养成的习惯；拍每部戏时他的导演读剧笔记、导演阐述等案头文字从来都是手书且多是铅笔工整的蝇头小楷。他把自己的“艺术档案”管理得井井有条，并于2010年出版了洋洋洒洒35万字的《黄健中导演笔记》和20余万字的《黄健中导演日记》……让人肃然起敬的是，从2006年开始，黄健中又为自己的案头增加了一个新项目——导演拍摄日记。日记笔记坚持记一两本也许不难，而在年近80岁高龄，每次拍戏超负荷工作之余还能坚持，且用蝇头小楷字迹工整地手写，着实需要超常的毅力；这绝不是一般人可以做到的。这个习惯是从拍《大秦帝国》开始的，黄健中说他是在胡适的启发下这样做的。

写日记这种习惯是从《大秦帝国》开始的。那时读胡适的书，胡适说，一个人读书加强记忆，有三个方法。第一，要把自己读的书给别人讲；第二，要记笔记；第三，要写文章，增加对读的书的理解和记忆。

人年岁大了，笔往往就不那么勤了，我就要每天记一点，坚持和勤奋很重要。

读书、勤奋是黄健中年轻时代就养成的习惯，也在很大程度上成就了他的艺术和人生；他是自己良好习惯的最大受益者，每每谈及，黄健中总是不无感慨：

我从青年时就养成了很好的生活习惯。这些好的习惯确实让我受益匪浅。

导演是拼体力、拼智力、拼毅力。

这三拼是做导演和其他职业不同的，你没有体力了，就不能做了，这个很好理解。而有毅力很难。我的很多片子被审查，受各种舆论甚至人身攻击，没有心智和毅力是没有办法应对的。

有体力、智力和毅力长时间下来就变成了活力，换句话说就是，体力、智力加毅力，等于活力。

这种活力不仅仅是身体的，也是心理和智力的，是富有创造力的。

……

艺术家总有一种童趣，人家总觉得你心态年轻。就是你对生活的热爱，热爱生活了，才能看什么都觉得有趣，在妙趣横生中创作。我在现场总有新鲜的想法，他们很奇怪，你为什么那么有活力。状态上，我确实还没有老的感觉，因为我总有创作的欲望，总有新的领域吸引我去探索。

健康是金。对于导演尤其是。

黄健中曾经多次谈到自己的一个计划——80岁爬黄山，而且目前已经爬过五六次了。他说，爬黄山的真正意义是希望自己80岁的时候，仍旧有能力拍片。他总说要修炼到自在的程度，首先是身体得健康。

要做一名合格乃至优秀的导演，不光要锻炼他们的心灵，还要锤炼他们的肌体。倘若没有身体的支撑，承担繁重的导演任务就会不堪重负。

在《笑傲江湖》拍摄过程中，从2000年3月开机到2000年9月关机，半年多时间的超负荷工作，没有节假日，很多时候每天只有3到5个小时的睡眠。加上高温难耐，剧组大多数人都病过，而黄健中没有倒下，他心里十分清楚自己不能够倒下。一旦倒下了，会使剧组蒙受经济和精神双重损失，无法弥补。

◎图2 黄健中导演工作照

此后的《越王勾践》《雾柳镇》《大秦帝国》《忽必烈》等电视剧的紧张拍摄中，黄健中每天都要和剧组主创和演员们工作十个小时以上，此外还有大量案头工作；很多时候年轻演员都叫苦不迭，而黄健中总是活力十足。在剧组总能听到人们的感慨：黄导的心态和观念比我们年轻人还年轻呢。每每这时，黄健中总会不经意地说："观念的新旧与年龄无关吧。"

黄健中的人生和艺术哲学，有的是他间接获取的，从书本或从前辈师长那里得来的，是他有意继承古今中外仁人志士的人生经验与智慧；而更多的是他在亲身经历中历练而来，是在心性的修炼中获得的。没有生活的历练，没有内在的修养，就没有黄健中的人生哲学，就没有黄健中焕发而健康的乐观。正如纪晓岚《阅微草堂笔记》所说："凡修道人易而物难，人气纯，物气驳也；成道物易而人难，物心一，人心杂也。炼形者先炼气，炼气者先炼心，所谓志，气之帅也。心定则气聚而形固，心摇则气涣而形萎。"黄健中炼心、定心，凝神聚气的主要途径就是读书和伏案写作。

其实，黄健中使人心悦诚服的，不仅是其令人瞩目的影视艺术方面的业绩，也不仅仅是其健康与乐观的人生态度，更在于他是一位雅趣十足、书香盈身之人。

走进黄健中的书房，淡淡的檀香飘散着，香气袭人。厅堂变书房，是黄健中寓所的最大特点。在一尘不染、窗明几净的一隅，被书拥抱，那份满足与惬意，决非锦衣玉食、香车宝马等俗世之物所能给予的。

书房建好的时候，像父母给宝贝孩子取名一样，黄健中煞费苦心地为自己的书房取了一个很心仪的雅号："思退书屋"。这个名字的灵感来自黄健中敬仰的艺术家夏衍先生。一次夏公为当时的江苏省吴江县题字："由退思进，因忙得闲。"看到这个题字黄健中心中暗喜，一种与夏公超时空对话的愉悦感油然而生。在黄健中看来，退休这些年自己不正是这样的状态吗——看似退休了，其实还处于活跃的创作状态；每天很忙，但忙里偷闲，不断享受着生活和创作的大欢愉。而这欢愉的"芯"与黄健中一生至爱的影像息息相关，比如黄健中的红酒牛尾汤。

牛尾汤是黄健中的拿手菜，不仅需要精工细作，还加入了特别的调味品——红酒，被亲朋好友称为"黄氏红酒牛尾汤"。一次一家民营餐饮业领军企业的老总与黄健中共进晚宴，从黄健中的拿手菜中品出了门道。他说，做这道汤，起码得有七道工序，太讲究了。后来他受启发引入了这道汤，但是，他和黄健中说，这个牛尾汤选料讲究精工细作，成本太高，如果不改良的话，就亏本了。这位老总加入了两根虫草，有了新的品质，价位提高也顺理成章。黄健中听后，领悟了其中之妙，和学生说："好的改编就是这两根虫草，加上它品质就提升了。"

由"两根虫草"到导演和编剧的教学，何其生动。

读书和案头写作是黄健中的最大快乐，更是黄健中人生和艺术创作保持热力与活力的"源头活水"。以电视剧《大秦帝国》拍摄为例。在开机前，除了8个月潜心阅读剧本外，他还阅读了大量相关书籍，并推荐给剧组主创们阅读和参考。黄健中开出了这样一个书单：

《史记·商君列传》

《史记·秦本纪》

《战国策·秦策一》

《资治通鉴》战国与本剧相关章节（公元前370年—公元前338年 公孙鞅车裂灭族）

《毛泽东评点古今人物》（上卷）	红旗出版社
《帝国军团》金铁木著	中华书局
《细说秦汉》黎东方等著	上海人民出版社
《东周秦汉社会转型研究》杨师群著	上海古籍出版社
《秦朝兴亡的文化探讨》王绍东著	内蒙古大学出版社
《商子答客问》汤勤福著	上海人民出版社
《列国争雄》陈祖怀著	上海文艺出版社
《中国历代酷刑实录》包振远等编著	中国社会出版社
《中国古代服饰研究》沈从文编著	上海书店出版社
《中国服饰通史》陈高华、徐吉军主编	宁波出版社
《中国春秋战国习俗史》宋镇豪著	人民出版社
《中国历代礼仪文化丛书》李无未、张黎明主编	北京图书馆出版社

如果说拍摄前的阅读是工作需要，那么平日的读书则是内心需求、生活习惯和状态。在人生的不同时期、不同的艺术创作阶段，总有一本本好书陪伴黄健中，成为他生活中的雨露和阳光。由于奔波于各地拍戏，黄健中的很多好书都是在飞机场和火车站的书店买的，每次中转，逛书店、买书已经成了惯例。在拍电视剧《笑傲江湖》时，由于特殊时期的特殊情境，黄健中的内心对两本书产生了强烈的共鸣。这两本书成为他渡过难关的有力支撑。

一本是尼采的《查拉斯特拉如是说》。他说：

> 这本书中的很多对话，是一种心灵的对话，有一种使你的心灵突然被呼唤出来的感觉。尼采最关心人生的意义。一个是健全的生命本能，一个是超然的精神追求。有人说，尼采欣赏的是茁壮的根和美丽的花朵。在这部书的最后部分，尼采对那些高贵的人们十分失望，这是一些不满现状的人，然而，却缺乏理想，看不到黎明的曙光。他们是失败者。他说：“我期待看到更高大、更强壮、更快乐的人们，期待身心严整的人们。欢乐的狮子必将到来。”
>
> 尼采关于人的理想，他的超人哲学，我们姑且不说，他对生命本质的追问——不断的自我超越，是值得我们不断深思的。
>
> 我喜欢“超越”这种气质。超越根植于渴望的无限和无限的渴望。

黄健中提及的另一本是自传体小说《生死在上海》。

这本书是一个叫郑念的女人讲述自己的故事。

郑念是一个让黄健中敬佩不已的人。她曾被关押在狱中六年半之久，是被单独监禁的。刑罚不仅从肉体，更从精神上折磨着她，就如同卡夫卡的小说《城堡》。她的双手被反铐在背后，吃饭、睡觉都不给打开。最初，她无法入睡，她绝食。但后来她意识到，这样死去，只会以“反革命”论处，她不甘心。最后，她终于振作精神，以自己的特殊方式默默抗争。小说中有这样一段叙述：早晨，当看守唤犯人们起床时，我站起来活动腿脚。用手指提手铐时，觉得手铐上有什么又粘又湿的东西。一看被子上，全是血和脓的印迹。是手铐磨破了我的皮，勒进我的肉里。我一阵战栗，真怕双手因此致残。当厨房女炊事员端着盛饭的盒子过来的时候，我背对着门，她便把饭盒放在我手里。我把饭盒放在桌上……然后把饭和蔬菜盛在石桌的毛巾上。每盛一次，手铐便深深地勒住肉……我咬牙坚持，直到桌子上有了一堆饭菜。然后转过身来，弯下腰，像动物那样用嘴舔着吃……讲述着郑念的遭遇，黄健中感慨万千。心理环境的健康与精神的坚韧，使郑念能够在那样一种非人的境遇中，在常人难以忍受的艰难中，保持一种顽强的精神，能够抵御邪恶的侵袭。

在黄健中看来，生命就是一次次挑战和迎击，而在这期间蕴涵着无尽的趣味、永久的快乐、强烈的陶醉。正因此，在一次次意想不到的事件袭来时，当无情的现实残酷地否定他的乐观时，他依旧能够保持一种平常心，一种平和的心性和雍容的气度。

多年的导演生涯使黄健中习惯吃苦耐劳，更修炼了苦中求乐、以苦为乐的心性。那是一种超越了自由的——自在的生命状态。他经常和朋友讲，自由是可以争取的，自在是修炼来的。人的自在心态是很高的境界。爱心也好，自在也好，都是人生境界，都需要修炼。对于黄健中，一切都是美的——根植于内心深处的美景坚不可摧。他永远在美景中行走，行走在光明里……

有一次，我们的交谈话题最后落在了1980年和1990年黄健中的两篇文章。

这是两篇极具个性、思想前卫、锋芒毕现的短文。沉浸于阅读，思想独有的温馨与知性，敲击心魂、令人深思、让人回味……

短文1:《怎样看待〈今夜星光灿烂〉》

1980年，影片《今夜星光灿烂》上映前后引起了争议。在《大众电影》杂志组织的一次座谈会上，黄健中从谢铁骊导演的这部影片不得不因审片而一次次修改的遭遇中有感而发，阐释了自己对导演工作的切身体会和思考:

导演常常有这样的痛苦，影片的总体构思是完整的，每一个镜头都付出了艰苦的劳动，度过了许多难忘之夜，才有了一点闪光的东西，可审查时却偏偏把你闪光的地方剪掉了，使整部片子支离破碎，完整的构思被破坏了。电影不像维纳斯雕像那样，少了两只胳膊仍不失它的艺术魅力，电影剪掉几个镜头，观众看了就接不上。

目前，我们的影片尚未成为导演的艺术，而是领导者的艺术。作品失去了艺术家的风格，就失去了个性，就谈不上艺术品。我们从50年代初期就谈公式化、概念化，为什么老克服不掉？难道艺术家们不想挣脱吗？不，谁都感到这是一种枷锁，可就是砸不碎，去不掉，尤其电影的“婆婆”最多。党委、电影局，最后是各有关部门的审查，东改西改片子就成了“领导风格”的片子，很难形成个性，艺术家就不可能把自己对生活的理解和认识告诉观众，反映的只能是领导意图。

黄健中一直认为自己和其他“第四代”导演实际上是在反思与叛逆中不断成长的。作为“第三代”与“第五代”之间承上启下的一代，他们多是戴着镣铐跳舞的高蹈者。

短文2：《〈黄土地〉的艺术个性》

《黄土地》描写历史，也将留给历史。

一个民族，在经历了灾难之后，严肃的艺术家总要对自己的民族作历史的思考。这种思考表现了艺术家对民族即将腾飞的哲学准备。中国文学史、世界艺术史都证明了这一点。

思考使个性显现。

对于民族生活的历史的沉思，是人们意识到自己肩负的时代责任的标志。

我们在谈艺术家的思考时，既同艺术家个人自觉的追求和探索分不开，又跟社会历史的因素密切相关。从社会历史的发展来看，一定历史时代的社会思潮、审美需要对艺术家的社会思考和创作个性的形成，起着最为重要的影响。

……几十年里，我们的银幕上大量的是无个性或个性不鲜明的电影。

没有个性，就没有艺术。电影作为艺术，要发展，要突破，导演的艺术个性必须得到解放。

1985年这篇影评，黄健中借电影《黄土地》发出了内心的呐喊。文章切中肯綮地阐释与剖析，以及沉郁、精悍的表达，活脱出一位个性导演艺术家对创作自由与艺术个性的渴望和呼唤。

多年的反思、挑战与探索已经成为黄健中艺术生命中的财富，连同永无止境、持之以恒的创造活力一道，使黄健中生命永远昂扬、焕发。对于黄健中而言，一切都不重要，重要的是——美妙的艺术与人的风度。

（三）导演：智慧与人心的聚合者

一位智者曾经说过：不读书，不看云，不焚香，不写字，则雅趣自消，俗尘自长。始终处于被激活、更新的状态，从来不摒弃新事物，对生活永恒的热情让黄健中保持了鲜活的生活姿态，总是兴致勃勃地和“80后”“90后”晚辈亲密接触，没有顽固、保守，多了体谅和宽容，远离了枯萎。

多年来，常有记者采访时询问黄健中的爱好，他总说：读书，访古，与年轻人交流和接触。与年轻人接触不难，难的是能和他们深度交流并相互激励——“因为，人随着地位、年龄的变化，很容易使自己局限于一个象牙塔里。”黄健中没有关闭自己，他与年轻人亦师亦友，总是以宽容的心胸和诲人不倦的态度引领晚辈后生。他不但是一个不寻常的艺术家，更是一个以身作则的良师益友；不仅是导演，更是导师。很多时候，年轻演员离开剧组还念念不忘黄健中的教诲和慈爱，或发信息或打电话表达心情。2008年10月拍摄电视剧《大风歌》时，黄健中参加此前执导电视剧《雾柳镇》的宣传，接到演员曹舟发来的短信：“其德如师，其情如父，其义如友。受先生教导，自觉略有所得。感恩之意，沛然于心。挂念健中先生有感而发。”

◎图3 秦怡出演黄健中执导电视剧《母仪天下》

黄健中以理想的情怀和辛勤的创作，不断聚合着不同年龄、不同国家和民族的演员和艺术家。在这群人中，特别引人注目的是一些黄健中的故交师友，特别是老一代艺术家。他们参与了黄健中艺术与人生质地的打造和编织，成为造就黄健中精神人格不可或缺的因素。

在《天堂秀》中老一辈艺术家于洋的友情出演非常精彩，在《母仪天下》中秦怡的演出也同样令人叫绝。看着老一代艺术家的大家风范，在欣赏他们高品质演技的同时，不能不让人备感时光的流逝和成熟高洁的生命之华美……这种美在时间和岁月的雕琢下，有一种渗入骨髓的高贵，令人迷醉的肌理与芳香……在2008年4月21日和22日《母仪天下》的“导演日记”中，黄健中记录了对秦怡的感受：

今日拍摄顺畅。戏的气氛好。

昨晚秦怡到剧组试装，晚上见面，秦怡86岁精神矍铄，头脑清醒谈吐不亚于年轻人，老艺术家老演员风范，高雅、质朴，可敬可亲。

今天一天拍得都很美，很有韵味。拍了秦怡的一组“旁白”镜头，气质真好。

很高兴的一天。

今天最为兴奋的是表演艺术家秦怡老师饰演老年王政君的旁白，老辣、沉稳、独到。无疑是这部电视剧最有创意的一个重要内容；也给剧组的文化含金量添色增光。也因此而更能展示母仪天下的主题。

在《天堂秀》和诸多电视剧中，还有众多著名中青年演员加盟。除了秦怡等，还有《天堂秀》中成熟稳健的陆毅、游刃有余的赵静等。在《母仪天下》中袁立的美丽韵味，《大秦帝国》中许还山、孙飞虎、吕中等演员和艺术家的精彩演技，都让黄健中感慨良多……剧组老演员的言传身教和严于律己，每每成为晚辈学习的楷模。在《天堂秀》剧组，演员赵静就是典型范例。在黄健中2010年4月7日的“导演日记”中写道：

> 赵静的戏，拍得很稳，很入味。
>
> 认识赵静近30年，第一次合作是2008年的“母仪天下”。赵静饰皇后，雍容华贵，气质很好。第一天拍戏，她说：黄导，同你拍戏我很紧张啊。我说：你是老演员了，怎么会紧张啊？她说：年轻时就希望有机会同你拍戏，到现在才合作。我能体会这种感觉。只是“母”剧，戏份太少。我一直就认为赵静的人品、艺品值得称道，心想有好戏一定好好合作一次。值此《天堂秀》邝唯染一角，以她的形象、气质以及我对此形象塑造的终极目标，都非她莫属。果然，她的戏很深入，她也格外用心。生活中接触不多，戏拍多了，接触也多了。她也叫我“黄叔”了。
>
> 悲与喜，昨天的大怒，今天淡淡的悲情，赵静演得游刃有余。
>
> 演员越到老技艺越应走向简洁、生动、有味。赵静如是也。

和黄健中合作过的演员都对他的敬业深有感触，敬业永远被黄健中放在第一位。敬业是职业道德，更是他做人的品格；是黄健中的良心，也是其艺术追求的底线。

从影近60年，不管是电影还是电视剧创作，敬业具体而微地体现在他每次导演工作的每一个环节。从前期的剧本改编、台本写作到导演阐述……他都是认认真真、一丝不苟地进行。近年来，在很多剧组，黄健中反复强调一个艺术创作的原则——“争之毫厘，得之千里”。这八字方针虽出自黄宗江之口，但成了黄健中一直追寻的信念，并在拍片时多次强调和反复灌输，坚持毫厘之间都要争，争到了就得到了千里。他的信念多年来影响了周围很多人。在电视剧《越王勾践》剧组，美术师张鹏就把这句话贴在了他房间的墙上。

剧组见闻1：好导演是演员的一面镜子

2008年10月18日，拍《大风歌》铜雀台大场面，从《红娘》《大秦帝国》《母仪天下》到《大风歌》，这已是黄健中影视剧中第四次拍铜雀台了，但就是这样一个景致，黄健中也是精益求精，每次都要根据剧情挖掘新的艺术感觉，在这天的“导演日记”中他写道：“今天用了新角度新感觉，拍出来非常精彩，相信自铜雀台成为影视基地以来无人用这样的角度。仅是选择角度可入课堂范例。”

每次跟黄健中拍片的演员都能深切感受到导演功课方面的功底、功夫和拍摄过程中的认真求实。在《笑傲江湖》剧组与黄健中所在的其他剧组一样，人们都十分钦佩黄导严谨勤奋的工作作风。这一点，因《笑傲江湖》而“大红大紫”的李亚鹏感受良多。

经过“换角风波”后，男一号令狐冲的扮演者改为李亚鹏。2000年4月20日清晨，李亚鹏准时出现在拍摄现场，披挂入戏。尽管他希望能专门给他两天时间研究剧本，但剧组因换角色而显得十万火急，全剧1000多场戏，有令狐冲的就500多场，他只能边拍摄边揣摩，从简单入手。为了使他尽快进入角色，黄健中把事先精心制作的厚厚的卡片中有关令狐冲的部分摘出复印给他。

这里涉及令狐冲的形象意义、性格评价、人物定位等，其中几张卡片如下：

卡片1：令狐冲是天生的“隐士”。盈盈也是“隐士”……生命中只重视个人的自由、个性的舒展。唯一重要的只是爱情。

令狐冲不是大侠，是陶潜那样追求自由和个性解放的隐士。风清扬是因心灰意懒、惭愧懊丧而退隐，令狐冲却是天生的不受羁勒……“笑傲江湖”的自由自在，是令狐冲这类人物所追求的目标。

一般意义的隐士，基本要求是个性的解放，自由而不必事人。

卡片2：令狐冲的道路，是一条充满艰难曲折的道路，是一条充满误解、诽谤、陷害和蒙冤的道路，令狐冲就是在这样一条仕途上走过来的。令狐冲的道路，具有特殊的社会内涵和认识价值。

他是一个至性仁厚、心胸开朗、放浪形骸、不拘小节的人物……心无半点邪念，是一个豪情高义、杀身成仁、舍生取义的侠士，又是一个厌恶权力，厌恶名利，崇尚自由闲散、不受拘束、向往隐逸的隐士。

卡片3：令狐冲的形象与金庸以前创造的作品主人公形象都不一样。他别具一种个性风采，别有一种人格及其价值。

令狐冲是一个典型的浪子。

林语堂先生在其伟大的著作《生活的艺术》中有一段话：“放浪者将成为独裁制度的最后的、最厉害的敌人。他将成为人类尊严和个人自由的卫士，也将是最后一个被征服者。”

卡片4：令狐冲的形象则是一种全新的人格形象，他具有真正的叛逆性……对整个的——儒、道、佛合流的——传统文化的彻底背叛，在令狐冲身上，我们看见了真正的现代人文主义思想意识，我们看到了现代意识与现代人的人格理想。

卡片5：令狐冲旷达洒脱，又多愁善感……

他把功名利禄看得极为淡薄，又不为世俗之念所动……后来，他退出武林，醉心于绿竹巷中，过起神仙般的日子。这种境界，超出武林中人的一般追求。

金庸写令狐冲，把他放到九死一生的境地……他的不幸与幸运都是大起大落……磨难太重，经历太惨……显出他百折不挠的精神与乐观豁达的天性。

放任性情，口没遮拦，体现出他的心无杂念；处事随意，游戏人生，显出他的蔑视礼教。

与此同时，黄健中还画了一张与令狐冲性格冲突的所有人物图表并归纳了本剧令狐冲性格发展的六个阶段。

机敏的演员，很快就能捕捉导演的意图和人物的性格特征，李亚鹏就是。

第13集有一场戏是令狐冲摆脱了金刀王元霸家龌龊的世俗之后，在绿竹巷遇知音“婆婆”，兴之所至，李亚鹏索性躺在油菜地里，好一番感受大自然的清净、清香……这段戏他演得十分精彩。

黄导细心准备的卡片、图表等案头文字为李亚鹏尽快进入状态提供了捷径，也帮助李亚鹏减轻了压力。

艺术是情感的劳动，一个好的导演不仅要时时尊重演员的劳动，还要处处将演员及工作人员的工作状态调动到最高点。这是导演的本领，也是一门艺术。在导演过程中，在拍摄现场，黄健中总是希望演员一直处于积极的兴奋的状态，他自己也一样。因为好的导演，是演员的一面镜子。

剧组见闻2：大家都亲切地叫他“黄叔”

对于导演来说，最高超的本领不是张扬自己个人的智慧，而是聚合集体智慧。

这是多年来黄健中切身的感受。

许多人认为黄健中是个学者型导演，因此忽视了他智者的心性。黄健中确实知识渊博，他总让自己的思想满载而归；他讲究学问，却时时提醒自己不能因知识而让心灵浮肿。知识不应依附于思想，而应给它染色，使之完善……

知识的陶冶、智慧的提升使黄健中在人格中含有了一种雍容大度的美。这种美，往往不是抢眼地吸引人、震慑人，而更多的是那种渐渐渗透，令人不知不觉地渐入佳境被它裹挟……

怀有了这种美，没有使黄健中感到自己“曲高和寡”，也没有让别人感到他的高山仰止，不可一世。而是因为知识，使他具有了一种学者心胸和人间情怀：平等、温和、宽容而大度。也正因此，不管在圈里，还是在剧组，不分年龄和辈分，大家都亲切地叫他“黄叔”。

2010年在《天堂秀》剧组，一位来自韩国的演员听到大家都那样亲切地叫黄导为“黄叔”，疑惑地问为什么，黄健中风趣地说：“因为皇帝的弟弟叫‘皇叔’啊。”

黄健中尽管有王者之气，但绝没有皇帝的专横跋扈。他所在的剧组都是在一声声“黄叔”的叫声中，愉快拍摄、顺畅完成的。几次跟黄健中拍戏的演员赵静对此深有感触。她曾撰文写道，“一个‘黄叔’的称号会使得剧组有种家的感觉，有一个家的和谐。然而，家有家的规矩，家有家的欢乐……黄叔的剧组里，没有闲聊，没有声响，有的只是集中，是一个良好的创作环境。也只有这样才能保障一天的计划顺利完成，甚至提前完成。”

许多时候拍戏不仅时间紧任务重，还要承受艰苦的生活条件和环境的挑战。每每这时，黄健中总是乐观面对、泰然处之。拍电视剧《雾柳镇》时，吃住条件都异常艰苦，住的是一个破旧的废弃的招待所，四处漏风。剧组一个司机说，黄导，谁找的这个地方，鬼都不来。黄健中却笑答：“鬼不来正好我们来啊。”饰演大红的演员周显欣的博客中也记录了当时的情形：“伏居深山四十多天，在食宿条件均低下堪差的情境下，克服重重困难，自给自足，自炊自饮……其中有几天特别阴冷，那种感觉就是整天就是云山雾绕，被子永远是湿乎乎的。”在“导演日记”中，黄健中写道：

> 开机七天，不见太阳，不见月亮，却见心中艺术。山峦终日吞云吐雾，空气中潮乎乎湿乎乎，拍摄宛如浸淫于山水泼墨般的绘画意境里。——我已经感觉到此剧的脉搏，感觉我自己。

就是在如此艰苦的环境下，黄健中和剧组全体同仁“快乐生活，协心创作”，终于创作了一部品质精良的电视剧。正如周显欣博客中感叹的：“一件产品，一部作品，如同一介活人生相，有没有好的命运，具不具有好的走势，与其性情格局、观念伦德、行事修为等，紧密相连，息息相关。

◎图4 黄健中与剧组年轻人一起工作

万物诸法，皆有因果。一部好的影视作品，势必于框骨构架上，血肉细节中，情境氛息里，由一个凝聚智慧、精诚创作的团队，种入良因，沙聚点滴，方才得获后之佳果。”

剧组见闻3：浩然正气就是一种向心力

有人格魅力的人，往往在具有亲和力的同时，更具有感召力和凝聚力。

正因此，有人格魅力的导演所在的剧组，往往具有一种正气。

好的剧组、好的团队都离不开一种正气，浩然正气本身就是一种向心力。反之，则会使人离心离德。这不仅如周显欣悟到的，也是反复被影视剧组验证的一条真理。

黄健中所在的剧组，因为他的存在，大多正气傲然耸立。参加电视剧《大秦帝国》拍摄的演员对此感慨良多，特别是剧中饰演白雪的演员高圆圆。高圆圆进剧组稍晚一些，她进组以后尤其感慨，大家每天都在谈论剧本和角色，这种气氛很浓郁，很感染她。所有的演员功课做得都非常仔细认真，剧本读了不止一两遍，对人物把握也很深入细致。也由于演员们十分投入，经常有很多好点子提出来，而只要合情合理，黄健中一般都积极采纳。

在很多相关资料中可以看到《大秦帝国》从导演、演员到整个制作班底都是十分敬业的事例，而且大家特别精诚同心。其实，还不只《大秦帝国》，在电视剧《雾柳镇》中演员周显欣在她的博客上也谈到了自己对这个剧组、对导演的精诚敬业的感动。在新闻发布会上，主持人请导演黄健中对《雾柳镇》做一个简短总结，黄健中以他特有的沉静温和的语气说：“六个字吧。有血性，见人性。”简短六字，却深沉道破一部作品由剧本到角色，由角色到演员，由演员到创作，由创作到生活之方方面面的团队性真……原来，一个好的创作团队，人与人之间，角色与角色彼此，可以这样真切、这样诚挚地相濡相融于人生交往、艺术创作，浓得化不开，深得淡不去，即使两年半后的突然再聚，即使其中的人儿已身处金字塔尖，红遍大江南北，却丝毫不见彼此性情里的生分隔涩，全然未觉声名之下的矫情自恃，铭印深处的，只是那馨暖清酒下豪情四溢的血性、善性与真性……

在《笑傲江湖》摄制组，黄健中作为导演有自己专门的一台轿车。司机仝师傅是跟过许多摄制组的老司机。有一次，仝师傅不无感慨地说：人心都有杆秤。谁的人品让人敬佩不是外人能够强迫的。像黄导这样的好人还真不多。他从来不摆导演的架子，总是和蔼、亲切、平易近人；凡事都为别人着想。每天车上车下，经常能听到谈论人们之间的是是非非，但我就没有听一个人说过黄导的不是。

人品决定了人的魅力，而衡量的砝码常在别人心中。

人生如树，正直立一生，弯曲矬一辈子。做一个正直的人，有时不得不有所放弃，有所为，有所不为。

对于是非恩怨和功名利禄，黄健中一直是淡然处之；他一直认为，“清者自清，浊者自浊”；人世间的是非曲直有时只有期待时间给予一个公正的裁判。

黄健中最不喜欢在他面前拨弄是非、说三道四的人。他一直认为，“来说是非者，必是是非人。”所以，他的摄制组极少出现是非恩怨。而一旦出现了纠葛，黄健中总是“一笑泯恩仇”。

◎图5 《越王勾践》工作照

在剧组，黄健中给我讲了一个故事。故事散发着坦荡之美，像花一样开放，芳香四溢。这是一段关于罗曼·罗兰的故事：一位夫人督促罗曼·罗兰抓紧写作，快出成果，罗曼·罗兰回答说：“一棵树不会太关心它的果实，它只是在它生命汁液的欢乐流溢中自然生长，而且只要它的种子是好的，它的根扎在沃土中，它必将结好的果实……只要心灵是活跃的，敏锐的，只要你听从心灵的吩咐，去做能真正使它快乐的事，那么，不论你终于做成了什么事，也不论社会对你的成绩怎样评价，你都是度过了一个有意义的创造的人生。”

黄健中是在讲述罗曼·罗兰，更是讲述着他自己“有意义的创造的人生”。

（四）诗性：创作的原点和终点

“如诗”——在黄健中书房房门的上方悬挂着这两个字，运笔洒脱遒劲、韵致，狂草。与书房其他字画显赫的出处不同，这两个字的书写者并不是名人大家，但黄健中却格外看重。也许，“如诗”，正暗合了黄健中镜头语言的文化追求与美学风格，也是其艺术人生的写照。对于黄健中而言，诗歌的抒情言志已经不是一种技艺层面的概念，而是附着于他赖以为生的中国文人生生不息的文化传统和艺术精神中，是其影像创作的原点，也是终点。

作为艺术创造者，黄健中的诗性智慧在影像的人文关怀、浪漫气息和唯美画面等方面得到了充分的诗意呈现。换言之，影像正是黄健中诗性智慧的诗意创造。他的电影创作是在人物故事、镜头画面、音乐节奏等视听语言中书写梦幻的诗篇。电影对于黄健中而言，也是一门诗学，神奇的光与影，带着童年的回忆，唤醒了沉睡在记忆中的想象力和生命中的愉悦和悸动；并以个体生命书写着民族的史诗。中国人，特别是怀有中国文人气质的艺术家们素来追求诗意的性情、诗意的人生。林语堂曾经把诗歌称作“中国人的宗教”，他甚至认为“假如没有诗歌——生活习惯的诗和见于文字的诗——中国人就无法幸存至今”。诗歌的美学特质已经深深地融入了中国人的内心，特别是文学艺术家精神与生活的方方面面，形成了中国文学艺术家的人格与文化精神。黄健中对中华文化的深情厚爱、其内心品质和艺术追求在他的影视创作中有十足的表现。深厚的人道主义情怀，具体体现在对人的解放始终如一的关注与诗意蕴藉的呈现，如《如意》《良家妇女》《银饰》对人性的剖析、逼视与大胆关爱；《大鸿米店》对人性恶、人类生存环境和国民性的关注；《我的1919》《大秦帝国》等对家国民族的期待；同时，在关于电影美学的大量论述中，黄健中对人、美学、电影的论述生动地记录了他对人与诗意电影的美学探究与文化趋附。

如果我们将黄健中特别是退休后的影像和文字，与同时代其他作品做以比较研究，能很明显地感觉到一种与盛行于现世的浮躁气相反的“沉实”。他每部戏认真工整的读剧笔记、导演阐述和导演日记等文字，连同他导演作品的影像，都令人越来越明显地感觉到黄健中的“根”越扎越深——在文化、生活和艺术探索中，而且根深叶茂，越发蓬勃有朝气。“文者，气之所形也”，人的气质由其学识、修养、品格所构成，每个艺术品的创作都会显示艺术家个人内在的品性和学养。《越王勾践》《大秦帝国》《大风歌》等对传统文明、民族精神、家国理想的追溯与弘扬；《雾柳镇》《美丽无声》《经纬天地》等对现代中国与中国精神史诗般的展示；《风满楼》《天堂秀》对历史与现实，跨时空跨文化的呈现……这些作品厚重的文化底蕴、扎实的生活根基和深厚的艺术修养，越来越显现出黄健中导演艺术的优势和个性特色，特别是其诗性智慧的诗意呈现。

诗性智慧是黄健中心灵与精气的结合体，是其生命的艺术化身，在影视作品中主要表现在两大方面。

首先，也是最主要的，体现于其作品的美学追求。

黄健中的诗性智慧，在影视创作中，主要通过想象、浪漫而唯美的镜头语言创造出来，呈现在诗美蕴藉的画面和耐人寻味的意趣与意境之中。对中国文化中诗情画意的情有独钟，贯穿于黄健中创作的始终，不论是其早期的电影，还是近期的电视剧，诗的意境和韵味一直是黄健中作品的美学风格。尽管这种风格在反思中不断调整完善，但其审美志趣未曾改变。在《丹青难写是精神》这篇石建都画观后感的短文里，黄健中写道："在他的画中，我感受着王维那诗中有画，画中有诗的意蕴；感受着他的色彩有一种乐感的韵律与节奏；感受着他的景物犹如柯罗的画，让人品味着欢乐或者悲伤。观画的过程中，石建都大学的同班同学，如今已是杰出的电影导演的尹力不禁感叹道：不似吴冠中，犹胜吴冠中。"黄健中认为"建都是独一无二的。他的画让人体验一种内在的、深层的、隽永的美"。

"诗中有画，画中有诗的意蕴""让人体验内在的、深层的、隽永的美"是黄健中对石建都画的观感，是他的"我注六经"，但何尝不是"六经注我"呢？"内在的、深层的、隽永的美"也正是黄健中影视作品的美学趣味和风格。具体在创作中往往体现在以下两个方面。第一，运用事物之间的接近性或相似性进行类比，以引起观众的相似联想和想象，从而发现其中隐含的意趣和诗意；这也是黄健中导演作品中韵味十足，富有张力的有机式样。在黄健中导演作品中运用最娴熟有时甚至出神入化的诗意画面，莫过于人与自然的和谐对接。这类镜头不管是早期《如意》中的秋叶上的水珠、什刹海的光晕，还是后来《笑傲江湖》中遍地怒放的油菜花，《大秦帝国》中漫天飞舞的白雪，《美丽无声》中的小桥流水细雨蒙蒙，《经纬天地》中的满园的杜鹃，自然春色与人的春情萌动、爱意绵绵的浑然天成。诗意、韵味和人的命运、故事的发展都在这种天人合一的和谐中自然生成，令人玩味。第二，以局部代整体，由于事物的局部和整体之间具有某种形体、结构、动态或功能的相似关系，在艺术表现时为了达到象征效果，往往运用局部的相似性或相关性代表整体。最经典的如《大秦帝国》

开场时的枯树和枝头的乌鸦。枯树在镜头中只突出几枝，而一群乌鸦，最后也是几只落于枝头。这样的艺术处理与剧中人物命运的凶险形成对照和映衬，同时更凸显了整部剧的美学走向和人物整体的悲壮气势，以点带面，以一当十。这两种样式是一个相互联系的有机体，它们共同营造了黄健中作品“有意味的形式”和诗美风格。黄健中电影中自觉追求的“中国意味”与“诗化品格”在《良家妇女》中也有充分的艺术展示；同时也是《如意》的继续：继续关注人及人的真正的解放，继续倾心于诗意电影的个性化尝试。另一方面，诗性来自对生命的敬畏，生命是有灵魂的躯体，诗性是生命要求和生命本质，是黄健中对生命的敬畏与艺术追求的美学表达。

同时，在黄健中的影视世界中，“诗意”并不是抒情的同义词，而是一种以生命意识为核心的审美判断，体现于作为创作者黄健中导演的内在品质和内心追求中。

诗性智慧离不开对生命的热爱与敬畏，也往往是深厚的文化根基和多年国学修养的艺术转化。这种智慧或成为作品的魂魄辐射于作品之中，或显现为生命的激情与活力灌注于导演创作里。在黄健中评说“第四代”导演谢飞时，说过这样一段话：

> （谢飞）总是温文尔雅，不显山不露水，讨论问题不温不火，娓娓道来，思路清晰，立论独特，颇具学者风度。这种状态、这种性格，我常常想起兰草“幽林芳意在，非是为人论”那种质朴、内在的品格。兰生幽园，与众草共芜没，他没有兰与草之间的隔膜、孤独，却有着芷兰的内力与个性……论人的品性，中国人常以兰草内在的傲骨寄托文人高尚的志节、优雅的情趣。“兰生幽谷，不为莫服而不芳”，这种品格也许是成就一个人事业最重要的内力。①

文中黄健中是在感悟谢飞，更是在抒发自我内在的情怀。“志高则言

① 黄健中：《1981年的记忆》，载《黄健中导演笔记》，作家出版社，2011，第190页。

洁，志大则辞宏，志远则旨永。”优雅的情趣，高洁的志气，也正是黄健中内在品质和电影美学追求的写照。蔡小石在《拜石山房词》“序”中形容词有三境，江顺贻评之曰：“始境，情胜也。又境，气胜也。终境，格胜也。”“情”是心灵对于印象的直接反映，“气”是“生气远出”的生命，“格”是映射着人格的高尚格调。艺术的境界，既使心灵和宇宙净化，又使心灵和宇宙深化，使人体味到宇宙的深境。

生活和命运形成了每个人独特的个性，成长与生活的具体社会环境、现实处境和艺术家自身生命欲求和内心品质等，促使他们形成了其创作风格的独特性，而且往往贯穿于其主要创作中。风格是一位艺术家的作品内容和形式的独创性，是他的作品内容和形式统一的特色。正是诗意的书写使黄健中导演的作品和其他导演的作品有显著的不同。应该特别强调的是——对生命的深度敬畏与热爱，对生命诗性本质的认同，让黄健中在对人性与人情的拷问中走得更远、更坚定，使他更加义无反顾地以影像艺术的方式，为人的解放进行精神的冒险。那份根植于真诚之心和悲天悯人的人性温馨，是黄健中导演作品诗意酿成与呈现中举足轻重的特异风格，也是黄健中影视创作中一以贯之的基本品质。这种品质不仅主要取决于客体创作对象，更取决于创作者导演黄健中的主体精神，即关爱生命普济众生的人文关怀，这种关怀有时是一种抚慰，有时是一种镇静剂；让人获得精神之乐的同时，不乏令人警醒的审视和思考——如何让人成为人，怎样有庄严地活着、活得有尊严。当然，形成自身的风格独特性，与不断匡正并使之更加鲜明完善相比，后者显得更加艰难。难就难在是否有足够的“后劲”支撑创作，使之不落俗套和顽固的窠臼。

丹纳在《艺术哲学》中指出：真正的才能，支配一切艺术的艺术，是机智；“是一种谨慎的态度，一种判断和鉴别的能力，懂得怎么叫作过，怎么叫作不及，能分辨事物的消长，知道怎么叫合时宜，怎么叫不合时宜”。生活磨砺和艺术修养，让黄健中形成、修正并不断发展自身的创作个性。“机智”就他而言，是他影视创作的审慎，是洞察与见识，更是对艺术的一往情深。

二、“北影”：中国电影的文化沃土

2018年春夏之交，按计划我来到了北京西郊黄健中“乡下的家”——白家疃别墅。与黄健中进行了两天的畅谈，异常痛快，难忘。

黄健中“乡下的家”在与香山和北京植物园接壤的白家疃村。白家疃村是个拥有300多年历史的古村落。清朝康熙六十一年（1722年），户部总理怡贤亲王允祥因田猎，往来于此。看到这里“泉甘木茂”，村民忠厚善良，修建了“别苑”，作为憩息之所。除了这个历史典故远近闻名之外，曹雪芹在此生活了五年（乾隆二十三年至乾隆二十八年）更是当地的佳话。白家疃村也因曹雪芹而声名鹊起，近年吸引了黄健中等艺术家落户于此，成为他们休养生息的后花园。

走进黄健中“乡下的家”，简直就是中国当代电影的博物馆，一进院子，一个古朴的半圆形石雕养鱼池吸引了我。玉兰花花期将尽，只有硕果仅存的两朵白玉兰傲然绽放……房间里，演员张金玲颇具张大千遗风的水墨画、李保田别具一格的瓢雕、《一个死者对生者的访问》里古陶俑人头像……当然，最珍贵的要数黄健中“艺术档案”的手稿。一本本细心整理编辑成册的近期“艺术档案”安详地躺在茶桌上，散发着思想的余韵，与飘溢的茶香交织在一起……

在电影界，黄健中“功课”好，几乎有口皆碑。他细致、深入、系统而干练的工作作风，除了影视作品外，“艺术档案”也不失为一个明证。“艺术档案”是黄健中从影以来几乎所有影视创作相关资料之大全。2010年前黄健中的“艺术档案”捐献给了中国电影博物馆，成为馆藏珍品。其中黄健中珍藏的“老照片”承载了关于“北影”及前辈导师的记忆，更铭记了中国当代电影几代人的光荣与梦想。

关于“北影”和导师们的记忆，就如同一张张“老照片”，被黄健中珍藏在内心最深处，而且神圣不可替代。照片中的记忆、记忆中的照片浑然一体，今与昔的对话，使春夏之交的书屋流溢着清新，格外舒朗……书屋像往常一样安静，檀香清淡，似有似无地弥散着。时间伴随着黄健中的声音，顺着阳光飘荡、滑落。记忆在交谈中再次苏醒，带着真切的呼吸，复活了前辈艺术家的音容和思想……

黄健中曾无数次坦言，感谢命运，更感谢他的恩师们。

黄健中更无数次吐露由衷的感慨：“我这颗种子，恰好种在‘北影’这块肥沃的土壤里。”每每回望艺术与人生之路，黄健中总是无比深情，满怀感恩。他对培养并使其成长为电影艺术家的“北影”的文化土壤以及前辈艺术家及专家型领导者共同营造的精神气候充满敬意和怀念。

从不满20岁，黄健中就耳濡目染一代大师的人品艺德，他们对于艺术的一丝不苟，生活中的激情、乐观与向上，至今回想起来，依旧历历在目。除了恩师崔嵬、陈怀皑的言传身教让他受益终生；从水华、凌子风、成荫、谢铁骊等导演的艺术和生活中，黄健中同样体悟到诸多精妙。其中，水华的温和、韵味很接近黄健中的审美趣味；凌子风的大帅风度更是黄健中向往的人生境界。而作为电影界专家型的领导者夏衍、陈荒煤、赵实等与黄健中的平等交流，以及对他的扶持和鼓励更令黄健中难以忘怀，成为其精神世界的宝藏，不时回首、凝视，无比珍爱。

“北影”厂的文化土壤和精神气候，让黄健中这颗“种子”得以萌芽并茁壮成长，成为顶天立地的参天大树。特别是，20世纪四五十年代和80年代，被视为中国当代电影的三次高潮，黄健中有两次在“北影”亲历并参与其中。第一次是50年代，他以学生的身份参与；第二次是80年代，他作为“第四代”导演的身份参与其中，并成为电影界的新锐。在“北影”，与老一辈艺术家的朝夕相处，使黄健中领略了大师的风范，更为自己的心魂找到了不灭的火种——一代代电影艺术家的电影精神。

（一）永远的恩师：崔嵬、陈怀皑

能跻身众人瞩目的“北影”，黄健中应该感谢命运。

初中毕业后，黄健中随大哥到北京求学，考入北京一中。高中时他酷爱数理化，毕业时报考了哈尔滨工业大学。可是体检时意想不到的事情发生了：他因肺部有个阴影不得不回家休养。这样，中国少了一名可能很优秀的工程师，却多了一个“很可能成为大师”（黄宗江语）的导演。在调养身体的日子里，黄健中有大量的时间读书，并渐渐爱上了文学。也许是受当时在北京大学中文系读书的二哥的影响，他也开始了阅读和写作。二哥拿来北大学生的阅读书目并告诫他读书不能太滥，该多读名著、读经典，并形象地打比方说，一般的作品如小河、小溪，而名著、经典才是长江、黄河。从此，黄健中开始在“长江”“黄河”学习游泳，潜心于俄罗斯文学和法国文学的研读之中，开始接受了文学的启蒙，中西方人文思想和思辨哲学的启蒙。

好的文学作品都有一种“唤灵性”。它能唤醒沉睡的灵魂，能激活哪怕是休克的生命。它有时是隐形的，成为一种积淀，形成一种品质；有时是显形的，让人燃烧起生命的激情并生生不息。

好作品之于黄健中又如何呢？一言难以蔽之。不过，很清楚的是：从此，他再也没有停止过读书，再也没有停止过思考——用电影这种个人化的视觉艺术思考人、人的尊严与真正的解放，从此，激情、挑战与求索之于他没有片刻被遮蔽。

经典名著给黄健中输送了足够强劲的精神“营养”。1960年，黄健中怀揣自己创作的一部描写农村青少年生活的剧本，顺利通过了北影厂的电影学校的入学考试。黄健中大喜。不料，半年后又遭遇了大悲。因国家正值

◎图6 前排左起：胡其明（时任北影厂厂长），何岩（崔嵬夫人），陈荒煤（时任文化部副部长），汪洋（北影厂前厂长）。后排：左一马德波（时任北影厂副厂长），左五陈怀皑，左二黄健中

经济困难时期，学校解体了：这预示着他的学业和生计都将成为问题。而正在这举步维艰的时刻，命运又向他伸出了友善之手：他有幸被导演崔嵬看中，被选拔到第二创作室当场记。

就这样，黄健中的电影生涯在这一波三折中拉开了帷幕。

黄健中曾感谢命运。但他更感谢他的恩师们。他曾不止一次吐露自己的由衷之言："我这颗种子，恰好埋在有肥力的土壤里。"命运的恩赐使他在不经意中步入了一个神圣的艺术殿堂，更为内心找寻到了栖息的家园。

刚入"北影"时，全国舞风正盛，许多年轻人把光阴虚掷在舞场上，黄健中却很务实，他痴迷于读书。陈怀皑见状鼓励他："小黄，你只要像现在这样读十年书，然后再回头看和你一起进厂的青年，肯定不一样。"

十年后，黄健中自修完了电影学院和北大中文系的全部必修课程，并研读了大量唐宋诗词、明清小说及电影、文学方面的许多专著。此时他被下放到北影"五七干校"养猪。一次，在挑粪的劳动中，黄健中与陈怀皑相遇。陈怀皑问他："小黄，平时还读书吗？"黄健中有感而发，感谢恩师的指点，说："您十年前的一句话，我至今仍未忘记。"陈怀皑老师当时只冷静地回了一句："再读十年书！"

又是十余年过去了，陈怀皑之子陈凯歌拍出了《黄土地》《孩子王》等影片，饮誉世界影坛。一天，陈怀皑引用黄健中的例子告诉儿子，并提醒他："在艺术修养和知识结构方面，你不如你小黄叔叔。"

陈怀皑是黄健中敬仰并对他影响巨大的前辈艺术家之一。

除了陈怀皑外，黄健中自认为——"我的血液里流着崔嵬的血。"

崔嵬对生活的热情、乐观和超脱，对黄健中影响直接而深远；他身上的革命英雄主义的理想情怀，至今仍保留在黄健中的行动中，并不曾间断地传递给晚辈后生。

黄健中中学毕业那年，在阜成门外看《青春之歌》摄制组在那里拍摄外景。后来，他才懂得那仅仅是拍摄一个若干场景的过场戏。当时黄健中兴奋不已，挤啊挤，终于挤到了最前面。看见了崔嵬，他那魁梧的身材就足够让黄建中仰望的，因为看过崔嵬主演的影片《海魂》《宋景诗》《老兵新传》，能够在生活中看见他，令黄健中足足激动了一个夏天。可是，做梦也没想到的是，一年半之后黄健中竟在他身边做起了场记。这是黄健中青年时代最幸福的一段时光。

崔嵬博学，精通中国古典文学和戏剧戏曲，听他谈古论今，一方面是一种享受，另一方面黄健中又常常心有余悸。因为许多典故，他闻所未闻，这种时候黄健中总感到自己的无知、幼稚。所以下定决心每天工作之余用四个小时的时间读书，也是从这时开始黄健中养成了读书的习惯。

20世纪60年代，黄健中曾想报考北京电影学院，在崔嵬的劝告下改变了观念。崔嵬说："谁有你这样的好条件？摄影棚就是你最好的大学。"年轻的黄健中对此话半信半疑，却毫不犹豫地抓住一切机会投入到工作和学习中。在第二创作集体当场记，最刻骨铭心的，莫过于跟随崔嵬拍《小兵张嘎》。几十年后，当黄健中重新观看这部影片时，仍激动不已，往事历历在目，难免感叹"故人入我梦，明我长相忆"。

根深，才能叶茂，生活经验的积累特别重要。崔嵬给黄健中上的第一课就是——如果没有生活经验，连演员也选不准。

在选择儿童演员之前，黄健中和负责挑选小演员小组的同仁已经熟读了《小兵张嘎》这部小说，但是对张嘎这个形象，他们和崔嵬所想的不一样。所以选演员时颇费了一番周折。在以往看到的许多儿童片中的儿童演员多侧重于外形美，导演总是喜欢选那些大眼睛、皮肤细嫩、活泼可爱的孩子来扮演。年轻的黄健中和同伴们也没有逃脱这种世俗观念的羁绊。刚开始，他们按照小说封面所画的张嘎形象来挑选，因为这张封面画着一双炯炯的黑眸和咬着手榴弹弦的小嘴，显得天真、活泼。他的神态吸引了黄健中等人。于是他们分成几个小组带着这本小说到北京各小学、少年宫、活动站去物色小演员，每到一个单位就出示小说封面给老师们看，说明所要寻找的小演员的特征。在一个多月的时间里，从初选的几百名小学生中精选了八十多名，安排了一次集体活动，计划让孩子们每人表演一个节目，满怀信心地以为从中选出三两个出色的嘎子是不成问题的。可是这些孩子集中以后，崔嵬巡视了一遍，很失望。他并不要求他们表演节目，只跟他们玩了一阵就结束了。为此黄健中他们几位极其郁闷，觉得崔嵬看得不仔细，不尊重大家的劳动，就又把几个较出色的照片和小说封面的嘎子对照给他看，他乐了，指着封面的嘎子说：这是小面包，哪儿有农村孩子的味道。画封面的人并不懂生活，嘎子的头巾都结错了，这是陕北的包法，冀中地区羊肚巾结是打在后头的，不是系在前面。他要求嘎子的形象应该是虎头虎脑。他说，难看一点不要紧，哪怕是蒜头鼻子呢，只要“嘎”就行。这样，黄健中他们又找了三四百人没有一个满意的，可以说几乎连一点边也不沾。

崔嵬几次批评他们的艺术观有问题，总离不开漂亮的孩子。他说：“没有生活，连演员也选不准。”这时黄健中才感到选演员也是一门学问。

可是，崔嵬要的嘎子到底是个什么样儿，黄健中一点儿也摸不准了。崔嵬让他们到农村去找，他们担心农村选来的孩子不会表演。崔嵬说，不要以为那些会朗诵和表演节目的孩子才算会表演。那样的孩子容易在银幕上“表演”，而不是生活。崔嵬强调为儿童片选儿童演员时尤其要注意演员即角色，而不是演员表演角色。因为儿童演员只能表现本色。大概就是这个观点，选来的小演员，他很少看他们的朗诵和表演，偶尔看看也仅仅是从中了解孩子们的机灵度。选择儿童演员和选择成年演员的方法不同。选择成年演员要考察他们的艺术素质、表演才能；而选择儿童演员应该侧重考察他们生活中的性格和角色的性格是否一致。正因此，影片中的三个小演员安吉斯、吴克勤、李小燕在崔嵬面前出现时，他都是一眼看中的，没有任何犹豫就确定了。

崔嵬所说的“没有生活，连演员也选不准”，换言之，只有具备充分的生活积累和艺术实践，才能在创作中如鱼得水。崔嵬不仅熟悉抗日战争时期冀中生活，而且也很熟悉农村孩子的特性。他对小演员气质的判断，完全凭借他的艺术感觉，而这种感觉来自对生活的积累。所以他能迅速、准确地捕捉到小演员和嘎子之间的共性，并且充满信心地认为他能演好嘎子。选小演员花费了黄健中他们整整半年的时间。这半年给黄健中上了无比生动、终生难忘的一堂课。

同样终生难忘的还有关于表演的观念——表演是游戏。

1963年6月，剧组来到白洋淀外景地，因为崔嵬忙于复查外景，导演组留在驻地的人就把小演员们组织起来排戏。第一天，因为这些孩子们从来没有接触过任何文艺活动，“表演”是怎么一回事儿他们全然不懂。一对台词的时候，演胖墩的吴克勤完全像念课文那样念台词。摔跤一场戏，胖墩的台词“嘻嘻，嘎子同志”，他把“嘻嘻”的笑声，念成字音“嘻嘻”，引得在场的人都捧腹大笑。排了一个下午，三个小演员都很作难，他们根本不会表演，不知所措。这时崔嵬来了，他一看，说：“嘿，这怎么行？”他不让再给小演员排练了，好像一切都胸有成竹。他规定从第二天起演嘎子和胖墩的小演员都脱光膀子、赤脚跟白洋淀的孩子们一块儿去玩，演玉英的李小燕练划船。小演员们听了极开心。十几天过去了，三个小演员晒得黝黑黝黑，化妆师担心晒太黑了不好化妆。崔嵬说，不要紧，就要那个黑劲儿。他始终不给小演员们排练，相反，跟他们一起游泳，组织他们和当地孩子摔跤，带领儿童演员深入生活，要让小演员们身上染上一层农村孩子的“土气”，而不是急于表演。剧组有的同志忧虑地说怕孩子放野了，戏照样不会演。崔嵬说：真野了，演嘎子就不难了。果然，一切正如崔嵬所预料的。

拍摄的第一场戏是大堤上嘎子和胖墩摔跤。这是崔嵬做了精心选择的。到了现场，摄影机架好了，两个孩子开始按崔嵬的指导进行摔跤，这对安吉斯和吴克勤来说好像手到擒来的拿手好戏，这两个从来不会表演的小演员，顿时成了水银灯下的老手似的，他们那么松弛、自然，毫不顾及周围的一切，全神贯注地摔跤，摄影机把这一切都记录了下来，而且有许多精彩的镜头都是现场即兴拍摄的。两天的时间，小演员们在“游戏”中出色地拍摄了一场重场戏。崔嵬巧妙地解除了小演员头上“表演”的紧箍咒。

“摔跤”一场戏的样片送回厂以后，小演员表演的真挚、生动、充满乡村的泥土气息引起轰动。厂领导已经分不出哪些是白洋淀的孩子，哪些是我们的小演员。而这正是崔嵬导演在这部影片里所要确立的表演风格。

事后黄健中问崔嵬为什么先拍摄这场戏，他说：道理很简单，我们要让他们去游戏，而不是让他们去表演。他们一旦觉得拍电影是一件很好玩儿的事儿，就会产生浓厚的兴趣，就会很容易进入到规定情境中去。而这也成为了之后几十年里黄健中拍戏的常态。

崔嵬总是循循善诱，把小演员们引入表演的世界里，使他们完全适应镜头前的生活。和他选择演员的观点联系起来，他创造这一切条件的目的就是使这些有个性的小演员的才能得到最充分的发挥，把他们的性格和角色的性格融为一体。

《小兵张嘎》原小说的高潮部分，描写嘎子在狗尾巴上拴了一挂鞭炮，点着以后放进敌人据点里，日伪军误以为八路军打了进来，乱作一团，互相厮杀。在崔嵬看来，这一段戏存在两个方面的问题。一、不符合生活实际。在生活中即便有过这样的事件，也是偶然的，不典型的，如果一挂鞭炮就能引起敌人据点的混乱，就等于把敌人的智力降低到一个儿童的水平。他认为以往一部分儿童片存在着这样的缺点，不是夸大儿童的作用，就是把敌人写成草包，两种情况都不真实。二、狗尾巴拴鞭炮这个动作不能说明嘎子思想性格的发展，只能说明他仍然习惯于恶作剧性格。描写是作家、艺术家反映现实的基本手段，作家、艺术家对周围现实的深刻的认识和对于生活的研究，是创造真实的艺术形象、创造真正的人物性格的必要条件。能否写好嘎子在革命队伍里，在对敌斗争中性格的发展，关系到整个作品主题的深度。崔嵬认为，影片的高潮既要写出嘎子经过游击战争生活的锻炼，受英雄的影响后的成长，同时情节的设计必须是真实的，动作应符合嘎子的个性。最后他写出了“嘎子烧炮楼”一场戏，表现了嘎子被敌人捉去之后，临危不惧的英雄行为。嘎子平时的“嘎”，在这里变得聪明机智、勇敢成熟。嘎子作为主角，在这场战争中，导演既把他作为戏剧矛盾的核心来渲染，又不夸大儿童在战争中的作用。他不是决定这场战争胜负的关键人物；关于他在这场战争中所起的作用，导演给他选择了一个恰如其分的位置。这场戏，嘎子动作的设计、性格的刻画，崔嵬颇费匠心。逗引伪军，打死伪军，烧炮楼，既是小英雄的行为，又是嘎子的性格。把“英雄”和“嘎”两者结合在一起，使他的性格得到升华。

这些真实的故事，后来黄健中写进了《崔嵬和他的儿童世界》①一文。文中详细记录了他作为场记，在《小兵张嘎》创作中从崔嵬老师那里得到的锤炼。后来的创作实践证明，黄健中无疑继承了崔嵬老师的衣钵，“真实”成为人物塑造的第一要义；在剧本改编、演员表演、镜头运用和创作风格等方面也深受崔嵬的教益和启迪。崔嵬作为一位卓越的电影艺术家的身体力行和创作风范，不仅渗透在黄健中导演的影片中，更融入黄健中的艺术生命里。薪火相传中，不难体会黄健中内心那份对恩师的爱戴与感恩之情。

（二）汪洋：“我心中的铜像”

“北影”的汪洋厂长年长黄健中25岁。与夏衍、陈荒煤等专家型领导者

① 黄健中：《崔嵬和他的儿童世界》，载《黄健中导演笔记》，作家出版社，2011，第198页。

一样，这些前辈与当时年轻的普通电影人之间没有年龄、资历等带来的生疏、隔阂。黄健中不止一次说："我们之间没有代沟，只有代热。"

进入北影厂工作之初，黄健中的工作热情是由汪洋厂长等老一辈艺术家点燃的；而坎坷崎岖的创作之路上，也是在以汪洋为代表的北影厂领导和老一辈艺术家的无私呵护、扶持和鼓励中砥砺前行的。

黄健中19岁进北影厂，在第二创作集体做场记时，特别喜欢听汪洋厂长扯着大嗓门在全厂大会上做报告，并且崇拜他的激情与豪迈，仰慕他的气质与做派。至今黄健中仍旧清晰地记得19岁时第一次听汪洋做报告的情形。

1960年岁末，北影厂刚刚迁到小关新址，新盖的食堂兼作礼堂。汪洋走上舞台脱下华达呢大衣，身穿笔挺西服，落座后用小牛角梳梳理头发，在一片热烈的掌声中开始他的演讲。此时他44岁，担任北影厂厂长已经11年，却依然意气风发，气宇轩昂，满怀豪情总结国庆十周年北影厂奉献给全国观众的献礼影片。汪洋厂长的演讲很有煽动性，一次次被热烈的掌声打断。黄健中第一次听到他要打造北影厂的金字招牌的理想，听到他说周恩来总理在宴会上表扬北影厂的几部电影时，心潮澎湃、热血沸腾。刚进厂工作19岁的黄健中仰望着主席台上的汪洋厂长那份发自内心的崇拜和仰慕，无疑为他事业的起跑点燃了一个火把。

当黄健中成为一名导演之后，常常庆幸来到北影厂。那时，北影厂除了有他的老师崔嵬、陈怀皑之外，还有一批卓有成就的电影艺术家：张水华、凌子风、成荫、谢铁骊等。他们多数经历了战争，有着丰厚的生活阅历和一二十年的艺术实践，他们的创作正处在巅峰期。19岁的黄健中，充满羡慕，幻想将来也能成为这支队伍中的一员。这种埋在心底里的理想不自觉转化为行动，经常使他跑到摄影棚，坐在一旁观摩学习老师们拍片，置身其间聆听汪洋厂长和艺术家们谈论艺术，谈论拍片计划，犹如置身艺术圣殿之中，那种气氛每每想起总令他心怀感恩，无比幸福。

黄健中做笔记的习惯和案头功夫，与场记工作关系密切。19岁的黄健中不仅记下前辈艺术家们的讨论，更感动和迷恋于他们之间平等、自由而坦率的交流氛围，从中获得了极其珍贵的精神给养。

2018年春夏之交，那些难忘的往事跨越时空回响在香山脚下黄健中的书房。近60年，月转星移、物是人非，弹指一挥间！在时代飞速发展，极度物质化、市场化的今天，那些过往的故事更加质朴、淳厚与温馨，令人唏嘘……

特殊时期，令人叹息的还有那些在不寻常的日日夜夜中令黄健中刻骨铭心的往事。那段特殊岁月里，黄健中曾经与“北影”其他同行一起被下放到干校劳动改造。黄健中先被分配到伙房工作。热爱生活，愿意活得有滋有味的黄健中把干校的伙食也搞得有滋有味。大家非常满意，老厂长汪洋更满意。他很欣赏这个年轻人的热情和踏实劲儿。

后来，汪洋当了干校的生产负责人，找到黄健中，拍着他的肩说：“小黄，你在伙房干得不错，现在给你一个新任务……”

“什么任务，您就说吧。”

“你没看见咱们猪场那么乱吗？养的那几头猪死的死、病的病，你把这个事儿管起来吧。”

黄健中二话没说，把铺盖卷儿一卷就住进了养猪场，一头扎在了养猪场。

过了一年，猪场脏、乱、差的局面已改观，一切井然有序。

黎巴嫩诗人纪伯伦曾经把人分为三类：第一类咒骂人生，第二类祝福人生，第三类思索人生。

咒骂人生的人苦恼，祝福人生的人慈善，而思索人生的人智慧。

黄健中就属于后者。他从来不把心劲用在无谓的烦恼上，不怨天尤人；也从来不把希望寄托给明天。他善于运用智慧，总能使自己在既定生存境遇中找寻到最佳状态，不虚度每一天。养猪，就把猪一头头养得又肥又壮。干什么都有一股子钻劲儿的黄健中，很投入地研究起了猪，他通晓了许多种猪的名称、习性和饲养方法。有一次，他给路过猪场的人大讲特讲“猪”的知识，让大家大吃一惊。

1999年拍《我的1919》时，黄健中曾经设计了一个小插曲：顾维钧的孩子给他寄信时还画了一幅画：可爱的大猪、小猪。黄健中对猪的特殊记忆融在了这幅意义非凡的画面之中。

养猪的同时，黄健中也没忘记“营养”自己。

他抓紧一切时间读书，给自己充电。养猪场生活的一年零八个月，黄健中过得很充实。一天深夜，汪洋与丁峤（原中央新闻纪录电影制片厂副厂长、总编辑，曾任广电部副部长）在干校散步，路过秩序井然的猪场时，发现黄健中的小屋还亮着灯，两人相视一笑，推门走了进去，只见黄健中正潜心读书，老厂长翻了翻他手中的电影理论书，笑了：“好，很好，小黄，整个干校现在只有三个人看书，我和丁峤，再就是你。我们看的是政治书，唯有你还在钻研业务，读吧，读吧，将来，会有用的。”

机遇永远偏爱有准备的人。汪洋从干校回厂官复原职，他始终没有忘记这个好学肯干又能干的青年。筹拍《小花》的时候，汪洋想到了黄健中，并全力支持这位年轻人的新思维、新视野。当然，特殊时期里读书也难找到安宁。在食堂当伙食管理员的时候，有一天，有人来找黄健中训话：

“你老实交代，你做了什么不该做的事？”

“我每天做饭，没做别的。”

“白天做饭，晚上做什么？”

“读书。”

“读书？读什么书？”

黄健中谨慎起来，含混地答道：“古典的。”

“古典的？你读的是资产阶级的书。白天你是革命的，晚上你却在搞资产阶级腐朽的东西。你，你是个两面派！”

类似的审查还有过。在黄健中的梦中“审查”总是无法拭去，现在还不时地骚扰他的神经。

而每当这时，老厂长汪洋总像一件救生衣，使黄健中不至于淹没在海洋中……1973年春天“整党”之后开始发展党员。汪洋厂长是校部的党支部书记，黄健中被列为发展对象之一，他特意安排两位老党员做黄健中的入党介绍人，一位是北影厂原副厂长李牧，一位是演员李雨农。那段时间汪洋厂长没少找黄健中谈话，也没少批评和引导，而且华侨出身在当时极为敏感，黄健中能成为北影厂干校期间发展的第一批党员，与汪洋的帮助和在支部里做说服工作分不开。

黄健中至今清晰地记得，在《小兵张嘎》选嘎子的演员时，汪洋厂长和崔嵬一起看样片，汪洋厂长并不满意安吉斯饰嘎子，说这孩子“犬牙交错”，形象不好。崔嵬却十分欣赏安吉斯的“嘎”劲，他直率且自信，说汪洋不懂艺术。一旁的黄健中担心这样厂长会下不来台。可是，汪洋厂长却哈哈大笑，他说，“崔大帅”小时候大概就这个样。在后来每每看样片时，汪洋厂长常常在放映室里发出朗朗笑声。看来，他是接受了嘎子和胖墩的形象。汪洋和崔嵬对事业、对艺术的诚挚坦荡深深印在了黄健中的脑海中，成为可追忆的美好往事。

1999年出版的苏叔阳、石侠的《燃烧的汪洋》一书中，有一节关于“黄健中与《小花》”的记述。20多年后，黄健中读到书中内容仍难以平静，以至感动落泪。

《小花》的剧本原名《桐柏英雄》，在北影厂搁置了两年，大家并不看好它。文学编辑张翠兰向剧组传达汪洋厂长的意见，要大胆去改，他要亲自看黄健中他们的修改大纲再决定这部电影投不投入拍摄。黄健中他们先后写了三稿大纲，每一稿汪洋都做详细的批示，可是原编剧意见很大，不同意他们的修改。到了第三稿，汪洋厂长找他们谈，按他圈定的这一稿写分镜头剧本。分镜头剧本完成后，他让文学副厂长马德波和文学编辑张翠兰再帮助修改直至定稿。记得拍摄期间黄健中等人从外景地回北京后，汪洋审看新剪辑的样片，看完后狠狠地给黄健中当头一棒。他说，小黄，你是北影厂最大的自由主义（黄健中入党时汪洋也这样批评过他），黄健中吓得愣住了。汪洋说，剧本是党委通过的，改了这么多戏为什么都没请示就拍了？话音虽小，语气却很严厉。最后他还是用他的大嗓门说，戏不错，拍得也不错。黄健中长嘘了一口气，稍安了心。这件事就算暂时过去了。没想到，后来影片于1979年6月6日送厂党委、艺委、技委审查，遭到一片斥责，几乎全票否决。摄影师云文耀和黄健中不服气，情绪比较激动地为影片辩解，又引出更多的批评。主持审片的汪洋厂长很耐心地听取黄健中的意见。最后，他做总结说：年轻人想不通可以理解，今天暂不做结论，让周啸邦邀请电影界的专家，老中青都有，听听他们的意见。影片审查之前汪洋厂长看过每一批剪辑好的样片，从没有否定过，黄健中一直深信他个人是喜欢这部电影的，但是那么多老艺术家、老电影人都说看不懂，所以他要通过更多的专家来验证。于是6月8日邀请了当时北京的一批电影专家如钟惦棐、白景晟、林杉、罗艺军、张清、李陀、张暖忻等20多人观看，同厂里三委审查意见完全相左，与会者一片赞扬声。发言最为激动的钟惦棐开口便说："谁说电影上不去，这不是上去了吗？谁说电影后继无人，这不是后继有人了吗？"即便如此，汪洋厂长并不完全放心。6月11日，他又请了原电影局局长，时任中国社科院文学所副所长的陈荒煤到北影厂看片。陈荒煤对影片的创作与创新给予充分肯定，并且具体提出要补拍两场戏。之后，汪洋厂长邀请谢铁骊导演一本一本观看，并帮助修剪。录制音乐时他又邀请谢导一起到录音棚听李谷一演唱《妹妹找哥泪花流》和《绒花》两首歌。

影片成功之后，许多人说这是无心插柳的一部电影。有谁能知道，从剧本大纲到影片完成，汪洋厂长倾注了多少感情、多少心血。也是通过这部电影，黄健中和老厂长之间有了更多的沟通，他们的忘年交也是从这时候开始的。录制音乐完毕的那一天，走出音乐棚，汪洋邀请黄健中礼拜天和陈冲到他家。

1979年7月8日是黄健中终生难忘的一天。

上午10点多钟，黄健中穿戴整齐前往复兴门20号楼，这是一座副部长级领导的住所。当汪洋厂长开门时黄健中惊呆了，一贯讲究仪表的他，此时系着围裙，没有一点厂长的架子，更像是慈父般的长者。见到黄健中和陈冲，高兴地迎接说：小黄，今天我请你们到我家来吃饭，我给你们做司徒鱼（这是电影局副局长司徒慧敏自创的一道粤菜）。厂长赞扬陈冲的表演，要黄健中多培养几个陈冲这样的演员。汪洋爱才，这是北影厂人人都知道的。多年历练之后，黄健中才更加深刻地体会到，这种爱、这种呵护，犹如刚进北影厂点燃的那把火，在他成为导演之后，又给他点燃了一把火。汪洋一生当电影厂厂长，与他同代的艺术家们平起平坐谈论艺术，但他与年轻的导演也同样平等自由地交流，只是多了一份呵护和鼓励。

后来黄健中每每同剧组的年轻人讲起这段故事，人人都觉得老厂长太可爱，太有人情味了。当时黄健中只是副导演，比汪洋厂长年轻25岁，老厂长亲自下厨做饭为他们庆功，这份肯定、鼓励和挚情温暖了黄健中的艺术与人生。后来的黄健中也喜欢下厨，喜欢美食；喜欢在家里为亲朋好友做自己的拿手好菜。这很难说不是“司徒鱼”效应。

《小花》之后，汪洋厂长让黄健中自己选剧本独立导演。黄健中一番思量后选择了刘心武颇受争议的社会小说《如意》。北影厂文学部拿不准这部小说能不能拍摄。汪洋厂长肯定没想到黄健中第一次独立导演的影片会选择这么具有挑战性的题材。他曾经说过，黄健中在艺术上是一个很不安分的人。为了帮助黄健中更好地把握影片，他特意邀请刚调任文化部副部长的陈荒煤帮助把关……几十年之后，黄健中依旧清晰记得，当时北影厂党委审片时激烈争论的场面。有人甚至指责这部小说本身就存在倾向性问题，根本就不应该投拍。汪洋厂长却一反以往总是最后表态的惯例，竟然第一个表态通过影片的审查。最终是七票赞成六票反对，不作为通过，送电影局审查。等待审查的煎熬持续了整整一年。

黄健中怎么也没想到第一次独立导演影片就给汪洋厂长惹来这么多麻烦。而且没想到的是，此后类似的难题还没断。

1984年，黄健中拍摄《良家妇女》选的女主角是丛珊，此时丛珊刚从中央戏剧学院毕业分配到中国青年艺术剧院，院领导死活不同意借给他们拍电影。一位领导说，丛珊如果擅自去拍电影就开除。黄健中把这一切报告给汪洋厂长。汪洋厂长说你不能换个演员吗？黄健中说，我征求我的老师陈怀皑的意见，他说丛珊最合适。谢晋导演也说过丛珊是个好演员。汪洋厂长看黄健中铁定了心，死活只用丛珊，他笑了。他说：“青艺”开除好啊，北影厂多了一个好演员。影片完成后，在一次座谈会上，黄健中恰巧遇到中国青年艺术剧院要开除丛珊的那位领导，她很热情地说：黄健中，我要是你，也会动员丛珊冒着被开除的危险去演这个角色。黄健中开玩笑说：您不开除她了？北影厂还想要她呢。她说：想得美！后来，黄健中把这次见面告诉汪洋厂长，他很高兴，说，我知道“青艺”不会开除丛珊。他还说，这是做领导的艺术。《良家妇女》在多个国际电影节获奖，可以说这是在老厂长离休前黄健中的一次回报。

汪洋离休以后，每逢春节黄健中和家人总要给他拜年。黄健中的影片《过年》在东京获奖后，1993年的春节黄健中带着摄制组的十几位工作人员到汪洋家拜年，他特别高兴，拿出照相机拍照，然后给每个人都冲印了一张照片。同去的英国女记者Gilly Hutchinson看到老厂长与黄健中之间的真挚感情，感慨地说：黄导演你太幸福了。难怪你能拍出那么多好片。

1998年北影厂和中央电视台电影频道筹划拍摄汪洋厂长的专题片，汪洋厂长希望黄健中能出任导演，当时黄健中已经接受拍摄影片《红娘》的任务，心里有说不出的愧疚。好在汪洋厂长身体还健康，他想拍完《红娘》一定要好好出把力。万万没想到的是，汪洋的病情竟急剧恶化，黄健中影片拍完后，他已经处在弥留之际。这成了黄健中一生的憾事……1998年12月28日惊闻老厂长汪洋仙逝，黄健中无比悲痛，撰文《我心中的铜像》怀念亦师亦友的老厂长。他写道：“作为北影厂的第一个拓荒者，他的形象将永远留在北影人心中。他在世时我没能去完成他的嘱托，这成了我不可挽回的遗憾。但终有一天我会去完成，因为他是我心中的铜像。”[①]

（三）凌子风和钟惦棐的魅力

“北影”的恩师们不仅传授给黄健中导演的技艺，更以艺术家的行为风范和人格魅力为黄健中树立了榜样。即使在那些特殊历史时期里，黄健中同样获得了许多宝贵的艺术经验，以及更多更宝贵的精神与人格的铸炼！

凌子风——“凌帅”——的生存智慧和生命活力，曾经是黄健中的“精神食粮”。

① 黄健中：《我心中的铜像》，载《黄健中导演笔记》，作家出版社，2011，第147页。

1960年，北京电影制片厂有四个创作集体，设有四个总导演，被称为“四大帅”。凌子风是第三创作集体的总导演，他的同代人都叫他“风子”，当时黄健中等晚辈叫他“凌帅”，他的绰号“拼命三郎”，后来在《风——凌子风自述》里黄健中才知道从1949年他就有了这个绰号。凌子风的一生充满创作热情和生命活力。无论在战争年代、新中国成立初期，还是改革开放的新时期，他始终保持创作激情，即使80岁高龄，这种激情仍如泉涌。在他身上，黄健中真正感受到了艺术家的青春永驻。他的影片从《中华儿女》《陕北牧歌》《红旗谱》等，到《骆驼祥子》《边城》《狂》《春桃》，部部都可圈可点。

黄健中第一次看到凌子风的作品是《红旗谱》。那时他已经是北京电影制片厂的场记，一连看了三遍。这部电影如此吸引黄健中，一是因为在中学毕业那年黄健中读过这部小说，二是因为主演是黄健中的老师崔嵬，他常常给黄健中讲拍摄《红旗谱》的故事。黄健中当时对于什么是导演风格还很懵懂，但隐约感觉到《红旗谱》对他有磁铁般的吸引力。当时，在厂里黄健中见过高高瘦瘦、走路风风火火的凌帅，但仅仅是见过而已，从没敢上前打个招呼，心中对他有一种仰慕，也有几分敬畏，敬而远之。黄健中对凌帅“敬而近之”是十年之后的1970年。

近距离亲密接触凌帅，不断给黄健中带来惊喜，凌帅以他超常的智慧不断为干校的伙伴们造福。当时，他们同在干校劳动，黄健中是四连食堂的管理员，凌帅在修配队当工人，在黄健中他们食堂吃饭。到干校半年以后，连队的菜地开始收获蔬菜。有一天，他到伙房和大家聊天，说可以帮黄健中他们做一台切菜机，全连队吃菜团子、菜包子，十分钟就可以把菜馅剁好；他还带了一张他画的设计图。果然，不到半个月时间，就做了一台非常实用的切菜机。在食堂经常能吃到带馅儿的主食，这在那个艰苦的年代绝对是不敢想象，简直太过奢侈了，其他三个连队的食堂羡慕极了。不仅如此，凌帅还经常出高招改善生活。每逢农忙、节日都要加餐，加餐的佳肴就是红烧肉。因为强调革命化，其他连队做的红烧肉就是简单的酱油炖肉。可在凌子风的指点之下，黄健中给四连食堂买肉的时候留三块钱买葱、姜、蒜、花椒、大料，再买六块酱豆腐（腐乳）。开饭的时候，四连连队食堂烧出来的红烧肉香飘四溢，很让其他连队眼馋。不仅如此，到了秋天，黄豆收获了，凌帅又做了一台磨黄豆的豆浆机，还可以磨大米，大家不仅能吃上豆腐，糙米还可以做成米糕。

凌帅做事没有条条框框，也不按规矩出牌。他的创造活力来自对生活的激情与热爱。在干校，很少有人能够像他那样达观、有趣。那时每个人都有的一把铁锹，作为劳动改造的工具。他给每个人的锹把儿上都镌刻上各自的名字。一个班的铁锹整齐地排列在一起，苍劲的名字尤其引人注目，离开干校时，有的人把铁锹带回去当作了纪念。

生活中的凌子风就是这样一名能工巧匠，又永远是一个热爱生活的乐观主义者。他拍片的道具经常作为工艺品珍藏，哪怕像春桃戴的那顶破草帽、背篓，挂在家里也别具一格，令人赏心悦目。

在黄健中的印象中，从来没有见到过凌帅疲劳，更没有见过他忧郁愁苦，凌帅永远达观、帅气。如果不是在干校这样的环境，很难想象黄健中会亲眼看见一位艺术家寻常日子里琐碎又异常生动的生活细节，也难以领略其超人的生活智慧，以及艺术创作之外这位真实可敬又可爱的凌子风。他的达观、帅气等精神气质无形中灌注进黄健中的精神深处，成了他秉承的一种精神品质。在《乐天朝阳凌子风——纪念凌帅百年诞辰读〈风——凌子风自述〉有感》一文中，黄健中写道："我在他身上看到做人的质朴、随性；他使我懂得什么是襟怀坦白，落拓不羁，自然而然。所谓得自然之灵气者活，得哲人之精神者雅，感谢命运的安排，让我年轻时有机会和凌子风这么近距离生活过，工作过。"

◎图7 黄健中与凌子风

凌帅年过六旬时，终于迎来了新的历史时期。他仿佛在找回失去的时间，黄健中在北影厂区每每见到他依旧风风火火，大步流星。偶尔在食堂吃饭碰到他，他那一桌永远是他那个摄制组的人，饭桌不像饭桌，像讨论剧本的工作餐桌。那时他在拍电影《骆驼祥子》，饭桌上谈创作，他总是神采飞扬，激情浪漫。黄健中很羡慕那些能和他一起合作的年轻人。不久机会来了。1984年冬天，法国举办规模宏大的中国电影展，放映默片时期至“文革”之后的120部中国电影。黄健中有幸与凌子风同行。开幕式放映黄健中导演的《如意》，闭幕式是凌子风导演的《骆驼祥子》。中国电影家协会组成四老三少七人的代表团。七人中除了翻译还有时任中影公司外联处处长、懂法语的陈景亮，黄健中和他们属年轻人。第一次去法国，除了集体活动，黄健中他们几个年轻人常会避开几个老人去一些代表团不去的地方，譬如书店、跳蚤市场、红磨坊等。但他们每次都会约上凌子风，没把他当老人，他也很乐意出去玩，同样有年轻人的好奇心，对什么都感兴趣，凡是没见过的都要见识见识，年轻人都很喜欢他。

黄健中第二次和凌子风同去法国是1992年，参加法国蒙彼利埃电影节。这时凌子风已经76岁，他知道黄健中喜欢拍摄文学性、艺术性较强的电影，便同黄健中谈起他想拍摄徐霞客、李叔同，还想拍摄郁达夫的许多想法。说着说着，他突然从大衣的怀里拿出一只紫砂罐子给黄健中看，放到黄健中耳边让他听里边的声音，原来是蝈蝈的叫声。这时，他脸上露出得意的笑容，是一个淘气的老小孩的那种坏笑，极其可爱。

1995年，黄健中筹备拍摄根据作家苏童小说《米》改编的电影《大鸿米店》。他跟凌帅谈起小说的故事发生在苏州，但苏州环境太秀气，希望找到古朴有力度的环境，凌帅马上推荐他老家四川合江的尧坝镇。他的电影《狂》就在那里拍摄。于是踏着他的脚步，黄健中这部影片的内外景全部在尧坝镇完成。

2017年在纪念凌帅百年诞辰的活动中，黄健中特别想给同行的年轻导演们推荐《风——凌子风自述》这本书，它告诉我们：大师是怎样炼成的。黄健中说，书中有一段晚年凌子风的话，苍凉而悲愤：“现在都在搞商业电影，都考虑怎么赚钱，迎合观众，很害人，我干不了。”这是老一辈革命艺术家留给我们的肺腑之言，也是警世、醒世之言。

如今《风——凌子风自述》已经成了黄健中常读的宝书。只要读起这本书，就好像凌帅依然活在他的身边，仿佛有一种无形的助力在推动他。

文学艺术和人的心灵之间，往往存在着一种共同的情境：创造者我“不仅生活在对直接的过去发生反作用的现在，而且同时生活在三种时间里：通过记忆生活在过去，生活在现在，以及通过预测、计划和希望生活在未来”。而不同时空中艺术家心灵与艺术的交感呼应，却可以超越时空……在漫长的超时空的交流中，黄健中与电影艺术家钟惦棐“神交”20余年，每每与前辈艺术家的默默凝视与对话中，黄健中不断省思着自己的艺术，不断回味着人生。

《一个沉甸甸的他》是黄健中为纪念钟惦棐撰写的文章，先后写了两篇，相隔20年。流淌在文章中的真情实感，真切记录了一代导演大师钟惦棐“惟公则明，惟廉则威”的人格魅力与艺术上的真知灼见，特别是两代导演艺术家关于电影艺术心灵的碰撞与交融……

与钟惦棐第一次见面是在1979年6月8日，在北影厂《小花》的专家讨论会上。因为前两天《小花》遭到了厂审片组的一致否定，黄健中心里忐忑不安地等待专家的评判，以至夜不能寐。当时《小花》女主角刘晓庆看到黄健中憔悴的样子，开玩笑说：“你的脸怎么都成灰绿色了？”因为太紧张，在钟惦棐发言的时候，黄健中几乎不敢相信自己的耳朵。会议一开始，钟老便兴冲冲地第一个发言，在给予影片高度的评价后，还补充说：“谁说中国的电影上不去，这不是上去了吗？谁说电影后继无人，这不是有人吗？”当时《人民日报》正开专栏进行“中国电影为什么上不去”的讨论，钟老借影片回应了当时人们关心的话题。钟老笑容可掬，言辞真挚，给了黄健中无限的温暖和激励。

在后来的接触中，黄健中才深刻体悟到钟老除了一张笑脸，更有一双犀利而睿智的眼睛。1982年1月6日，黄健中第一部独立导演影片《如意》的专家讨论会上，到场的陈荒煤等专家纷纷发表了意见，而唯独钟老只说了一句：“我还没想好。”钟老让黄健中第二天到他家听取意见。上午9点，黄健中一进门，钟老的爱人张子芳就说："这老头子，半夜爬起来给你写信。我说等小黄来了，跟他说不就行了，干吗非要写信？他说明天没这个情绪了。"钟老的信写了3页，初初一看，黄健中的汗就冒出来了，钟老看见黄健中的表情露出了和善的笑容说："黄健中啊，你屁股上有一条很长很长的唯美主义的尾巴呀！"

回到家，黄健中把信看了一遍又一遍，心里格外沉重。尽管意见有分歧，但钟老的批评宏观而深刻，让黄健中不能不服气。这封没有写完的信只有1000多字，却足足影响了黄健中此后一生的影视创作。在纪念钟老的文字《一个沉甸甸的他》（二）中，黄健中写道："实际上，这封信，我是花了几年、十几年的艺术实践才渐渐懂得钟老的苦心孤诣。"他批评的并不局限在影片本身，而是我的创作思想、理念上的错误。钟老信中提出的"务于表而疏于质"黄健中时刻铭记、受益终生。他说：若干年后，当我真正明白他的批评的时候，我意识到我需要更多的时间去修炼自己，充实自己。20世纪80年代后期以来，黄健中已经不会再犯钟老提出过的"务于表而疏于质"的错误了，基本上能做到不贪"耀眼"，不惧"无花"，不要"假聪明"了……后来的电视剧《越王勾践》《大秦帝国》等镜头处理也是一样，在保持既有浪漫唯美的同时，更多地着眼于人物个性。1999年在拍摄《我的1919》时，第一批样片包含重场戏顾维钧在巴黎和会上的发言，黄健中大胆地把陈道明扮演的顾维钧置于全景和俯瞰的镜头，是意在营造一种地位的压迫感，也是同样出于质朴真实的镜头语言考虑。

2007年，黄健中再次重读钟老的信，仍然感慨系之，仿佛又可以与钟老面对面交流了。只可惜他已经走了……

（四）我们这一代人的"夏公"和"荒煤同志"

夏公即夏衍，这是电影界对夏衍尊敬又亲切的称呼。每每谈起夏公，黄健中总是由衷地钦佩他的个人魅力和对中国电影特殊的意义。

黄健中从学生时代起，就看夏公的电影、读他的书。后来听他讲演、讲课，再后来，自己拍片了，夏公找他谈话，面对面十分平和地讨论修改意见……其实，岂止是黄健中，连同他的老师，也是如此。——老师的老师，这是黄健中那一代人对夏公的感觉。

1982年，黄健中第一次独立导演影片《如意》。双片完成后，分歧很大，几近夭折。最后电影局、文化部请夏公审片。6月17日，夏公邀请了影协林杉、于敏、许南明，评论界李希凡、阎纲、刘梦溪以及作家吴强等30来人在电影局放映室一同看片。在座所有的人都将是决定影片命运的人。夏公尤其是。黄健中把希望寄托在了夏公身上。这天，他惴惴不安，仿佛坐在被"审"席上，天并不算热，但黄健中却浑身是汗。不知道怎么熬过的一个小时四十五分钟，漫长的看片终于结束了。

放映室的灯光一亮，夏公就起身与刘心武握手："很好。"又将手伸向黄健中："很好。"当时看得出他发自内心的兴奋。他对林杉说："我看没问题嘛。"又说，"反映中有什么问题？"林杉说："主要是居委会主任……"夏公说："这样的居委会主任很多嘛。《左邻右舍》你们看过吗？比这个厉害。"

夏公一番话，使黄健中如释重负。几天后，夏公又请黄健中和刘心武到他家。夏公向他们详细了解了各方面对影片的意见，了解创作情况，并转告他们，吴强也认为影片拍得很好。刘心武谈到他是想用马克思主义的观点探讨人性的。夏公很有感触地回顾历史，指出理论上的形而上学和简单化给文艺发展带来的极大危害，并且对影片关于人性探讨的积极意义给予了肯定。

那天，离开夏公的家，刘心武非常兴奋。他说了这样一句令黄健中终生难忘的话："夏公对你们意味着幸福。"

其实，夏公的存在不仅是中国电影人的福分，也是中国电影的福分，更是所有热爱电影的人的福分。

后来黄健中把这些难忘的经历和感受写进了《我们这一代人谈夏公》一文中，文章感慨道："老年人对青年人的魅力，可以是博闻强记；可以是志圆行方；可以是宽宏爱士。夏公，三者兼而有之。人们历数中国电影的五代人，现在可以说是五代同堂。作为第一代电影奠基者之一的夏衍，人们称之为‘公’——一个称呼，在一部中国电影史上给人一种先师、一种友谊、一种精神、一种温暖。”

对中国电影乃至文学艺术意义非凡的专家型领导者，除了夏衍，还有陈荒煤，而且他们之间的深厚情谊与工作配合的默契成了文艺界难得的佳话。2013年第12期《当代电影》刊登了夏衍孙女沈芸的文章《我所知道的夏衍与荒煤》，其中有这样一段文字：

> 荒煤的身影常会和夕阳黄昏重合在一起。他来时神情都很严肃，若有所思……每次总像是与我爷爷有事要说，可是房间里又没什么说话的声音传来……在这种几近凝固的氛围中，我爷爷的情绪也越发沉静了，话很少，语气也简单，两人多数时候是在沉默对坐。有人分析说，这是他们的一种真情互动，我想说是习惯性默契更准确。

在纪念陈荒煤诞辰100周年之际，黄健中读到这篇沈芸的文章，彼时彼刻的情景画面般的深深印在了黄健中的脑海里，久久挥之不去。他感叹：“这种几近凝固的氛围中缄默对坐，人世间会有多少？又有谁能道出个中滋味？”此情此景让黄健中想起了韩愈《答张彻》的诗句：“肝胆一古剑，波涛两浮萍。”

黄健中曾经深思过，他们在电影艺术的世界中，何以配合如此默契。思忖后黄健中在他们身上找到了三个共同点：首先他们都是共产党人，是电影艺术的领导者——他们的一生都在探索革命的无产阶级的崭新的电影事业；第二，他们都是文学家，文艺理论家；第三，他们都是电影艺术家。他们拥有共同的理想、共同的责任心、共同的敬业精神，也有同样博大的胸襟和宽容的心态，有着百折不挠的性格特征。他们曾经共同引领中国电影走向辉煌，曾经共同被撤离电影岗位，又双双返回，再一次引领中国电影。在陈荒煤诞辰100周年的纪念活动中，黄健中在《缄默的韵味》中写道：“中国电影在20世纪有过三次辉煌。40年代、50年代和80年代。夏衍作为左翼作家、电影人，引领了40年代的电影辉煌（被世界电影史学家公认早于意大利新现实主义电影出现的中国现实主义电影）。他和荒煤又共同引领了50年代、80年代两次电影的辉煌。回顾20世纪的中国，电影这个领域和其他领域一个最大的不同点就是从始至终由两个内行人引领着，他们两人都是作家，自己写小说、写报告文学、写话剧，也写电影，都是评论家和电影艺术家，然后才是领导者。所以，过去那个世纪的中国电影富含着文学的含金量，影响了中国‘第五代’电影人……”2018年春夏之交，黄健中在书房回忆着过往的时代，追述着一桩桩与电影密切相关的往事，由衷地感叹：20世纪80年代因为《如意》这样一部电影，我这样一个初涉影坛刚刚执筒的年轻导演，没有任何背景，却受到他们的关爱，对于审片的不同意见他们没有以领导者、长者自居，没有以势压人，反而一而再再而三地邀请文学界、电影界同仁征求意见，这大概是他们一贯的作风，正是这种工作作风引领着中国电影一次又一次走向自己的高峰……步入古稀之年，人生的历练、艺术的锤炼让黄健中越发感佩老一辈革命文艺家、老一代党的文艺领导者的风范。他说：夏公、荒煤在20世纪末相继离去。20年后的今天，中国电影尽管票房超过几百亿，却远离了夏公、荒煤；如今的电影，许多是娱乐至死，远离了文学、远离了艺术至上。悲莫悲兮生别离。

附：《荒煤同志》（节选）

黄健中

荒煤同志是我这一代电影人的前辈、领导者。我直呼其名而不是称其为局长、部长，是他让我这么叫的。几乎所有电影人无论辈分大小都那么称呼他，“荒煤同志”。

我第一次接触荒煤同志是1963年，当时崔嵬导演拍摄电影《小兵张嘎》，我担任场记工作。从剧本的改编、写作导演分镜头剧本、小演员的选择、影片风格的确立、拍摄、后期制作，崔嵬导演可谓叱咤风云，一路大刀阔斧，创新与突破都在崔嵬掌控之中。我初入影坛，深深地感受到他创作的自信与强势，在他周围很少有人能在艺术上征服他。影片完成对白双片后，它的清新活泼、标新立异征服了北影厂所有的审片人员，赢得了一片掌声。时任文化部电影局局长的荒煤同志看完影片后，沉默了一阵，用很低沉的嗓音说道：老崔，你不能太欣赏嘎子的嘎劲。接着他谈到嘎子堵烟筒后没有受到任何批评，建议崔嵬写一场区队长对嘎子的教育。当天下午，崔嵬叫我到他屋里，让我笔录补拍的方案，几天后便进行拍摄。这就是影片中区队长让嘎子背三大纪律及关禁闭的两场戏。我问崔嵬：陈局长对影片满意吗？崔嵬说评价很高。我很疑惑：他为什么一句表扬的话都不说？崔嵬笑了，说：这就是荒煤同志，你不懂。我的确不懂。但我懂得一点崔嵬，懂得他的个性。他服过谁？他服陈荒煤。这是50年前我对荒煤同志的第一次印象。

1981年，我获得独立执导影片的机会，选择了作家刘心武的中篇小说《如意》。这部小说一问世便引起理论界的轩然大波，批评的重点是小说模糊了阶级界限，宣扬人性论，是一个“焦大爱上林妹妹的故事”。此时荒煤刚调任文化部副部长，主管电影工作。3月29日上午，他到北影厂编辑部的会议室约见我和戴宗安（《如意》的编剧之一）谈话，一见面，我很自然地叫他陈部长，他立刻纠正我：“不要叫部长，叫荒煤或者荒煤同志，我叫你健中，影界的人都习惯这么叫我。”一句话便拉近我们之间的关系，此后，我一直叫他荒煤同志。现在恐怕很少有人见部长、副部长直呼其名的了。事隔32年，这一刻的美好记忆宛若陈年的佳酿，越是久远，越是甘甜、醇厚。

因为《如意》小说有争议，北影厂剧本创作室拿不准能不能改编，荒煤同志同我们的谈话开宗明义，他表态说：“我认为这个小说可以改编成电影。”一句话先定了调子，给剧本创作室和我们吃了定心丸。谈话中，他对小说做了充分的肯定，用比较多的时间对“人性”做了阐述。他从世界文学的视野剖析巴尔扎克小说《欧也妮·葛朗台》中葛朗台的性格塑造；讲解《牛虻》中，红衣主教和亚瑟的父子感情冲突；《红楼梦》中贾母对林黛玉的爱与婚姻选择。同时，他对新中国成立以来文学界“人性”问题在理论上的某些偏见做了分析。这样的谆谆话语，无疑是想让我们更好地把握影片要传递的思想，同时也给了我们大胆创新的勇气。4月份，刘心武在杭州准备出版他的小说集。我赶到杭州请他亲自动笔写一稿剧本……荒煤同志看了刘心武写的剧本后，5月3日邀刘心武、戴宗安和我到他文化部的办公室谈话。开篇就肯定了刘心武执笔的“这一稿比发表的有进步”。他知道我对石大爷人物塑造极想保留小说的原样，十分耐心地阐述了他的意见，并向我解释“不是要把人物拔高”。他说：“像石大爷这种人，对事物的认识主要是靠积累，甚至说难听一点，是一个蜕变过程，是新旧的交替，这样写真实一些。思想意识中……有新旧交替过程，这个人物最重要的是这一条，通过这部影片看到这么一个普普通通、朴朴实实的人。从这一点讲，自然形态是可以的。”“怎么处理更能感受石大爷心灵美，以此为原则。”近三个小时的谈话，最后谈到了影片的风格，他明确地说：“这部影片应该像文学片，而不是戏曲（剧）片，文学性强些，表面看很淡，实际上味道很浓。”两次谈话，我深有感触。和他交流，不是编剧、导演在听部长的指示，是平等的朋友式的讨论，是谈心，谈观点，也是学术探讨，亦师亦友。我真正感受到，他为什么不让称部长而直呼其名的用意。从写分镜头剧本、拍摄、后期制作，我一直在消化他的意见，此后十多年的时间里，每每执导影片，我都会重温他的谈话，心中的那种“高山安可仰，徒此揖清芬”一直伴随着我的导演生涯。

此后，我和荒煤同志也有些接触，多半是他看参考片时邀请一些年轻人一道观看，我也在其中。因为“文革”十年中国电影几乎与世隔绝，作为电影界领导，他对世界电影新动向的求知欲不亚于我们年轻人。一如他一贯的治学态度，不耻下问，记得看意大利影片《木屐树》时，觉得影片很沉闷，看后他说：不明白西方人的评价标准，这部影片为什么得奖。正巧，我读过这部影片获奖的一些评论。我把这部影片对纪实风格的尝试和突破，从拍摄时间和生活时间的一致以及对普通人最普通的生活场景的描述，影片对这种类型电影在世界电影史上的贡献做了一番解释。我看到他听得很认真，频频点头。这之后，我还被邀请一起观摩《猎鹿人》《父亲，我的主宰者》等一些影片，荒煤同志总是和大家一起讨论，一起学习。"穷不忘道，老而能学"，荒煤矣。现在，我也年过七旬，想起荒煤当年，我学会从年轻人身上学到新的东西，不断求索，与时俱进。

（五）"我们的楷模"：谢晋、谢添和于洋

在谢晋从影50周年的座谈会上，黄健中说谢晋是"我们的楷模"。他说："我称他为我们的楷模，首先是因为他的敬业精神。谢晋是五十年如一日地工作。他的青年时期、他的中年时期、他的老年时期都创造出了无愧于时代、无愧于国家、无愧于人民的经典性的电影作品。"

20世纪80年代中后期，曾经有人喊"打倒谢晋模式"，对他的电影美学提出了质疑，在电影乃至在文化艺术界引起过不小的反响。

有一次，黄健中受邀在长沙给大学生讲演时，有许多大学生问他怎么认识和评价谢晋的电影创作。他这样谈到了谢晋电影的意义：第一，以世界电影史为坐标，可以说，谢晋堪称对自己的国家和民族影响最广泛、最深刻的一位导演。从20世纪50年代到90年代，中国经历了三代人，而谢晋导演的影片对三代人都产生了积极的、巨大的影响。像他这样的导演，在世界电影史上也不多见。第二，在世界电影史上，谢晋是对自己国家的观众覆盖面最大的导演之一。他的电影常常拥有一个亿至两个亿的本国观众。当然，谢晋还是一位获奖率最高，培养青年演员最多的中国导演。谢晋是一位现实主义大师。他作品的主题总是置于一个宽阔的社会背景去思考、去展示。他是一个充满激情的歌手，他的歌颂与批评，在满怀真挚与热情中又是一个勇于创新的拓荒者，他的每一次耕耘都体现了智慧与胆量的结合。他的影片从《女篮五号》《红色娘子军》到《舞台姐妹》；从《天云山传奇》《牧马人》到《芙蓉镇》；从《秋瑾》到《鸦片战争》。不仅影响中国，也享誉世界影坛。

访谈中，黄健中说：我以谢晋为楷模，还因为他始终饱满的精神与旺盛的生命活力，以及他的德艺双馨。正如已故电影理论家钟惦棐赞扬的那样："谢晋是一个孜孜以求艺术与群众相结合的电影导演，在同行列人中，他具有超前性"；"谢晋不只是踩着三四十年代电影的脚印走过来的最后一人，也是当时一批青年导演中第一个接受新的电影观念的人"。

◎图8 黄健中与谢晋

谢晋做人非常平和朴实。有一件事黄健中终生难忘。在谢晋拍《芙蓉镇》之前，在长沙召开了一个从小说到电影的研讨会。当时黄健中刚刚拍完《良家妇女》。谢晋邀请他去参加，亲自跑到黄健中家三次，三次都没有遇见，最后留了一个便条，写道：健中，三顾茅庐未见你回京。有件事找你。九月中在湖南长沙召开《芙蓉镇》小说改编电影的学术会议，由我们摄制组跟《芙蓉》杂志共同举办。是一次十几个专家组成的小而精的专题学术会。有荒煤、钟老、黄蜀芹、阿城、李陀还有两位美籍华人……你的《如意》我认为是小说改编成电影的成功之作。你可在会上畅谈经验……希望你一定参加。

1993年日本东京国际电影节期间，黄健中与谢晋聚首东京。

这是一次对黄健中影响深远的聚会。

东京电影节期间，谢晋和黄健中深入讨论了中国电影的现状和不足。这次交流深化了黄健中对电影的一些思考，也在某种程度上促成了他选择和执导《大鸿米店》这部影片。

谢晋后期的影片是他五六十岁时拍的，他的不畏艰辛、朝气蓬勃、风风火火，他的富于进取，一直鼓励着黄健中，成为他事业上的良师益友。

“北影”的恩师们不仅传授给黄健中导演的技艺，他们更以艺术家的行为风范为黄健中树立了典范。

黄健中永远忘不了在动荡岁月里与谢添相守的那一年。

当时北影厂第一个被抓的人是谢添，想以他为突破口，揭开“北影”“阶级斗争”的盖子。

在那些恐怖不安的日子里，身为华侨的黄健中，总是小心翼翼、战战兢兢地度日，有时，度日如年。

有一天，“上级”派他和几个人轮流看管谢添。于是在干校西南角的小屋里，年轻的黄健中得以与这位艺术大师厮守在一起。

做事一向谨慎的黄健中不敢有片刻的松弛，就是夜深了也不敢懈怠。谢添却不管批斗还是审查，每天一到晚上倒头就呼呼大睡。一次，谢添深夜醒来，发现黄健中还是眼也不眨地“看”着自己，就笑了，说：“小黄，我不会自杀的，也不会逃跑，你放心睡会儿吧。”渐渐地，黄健中也感染了谢添的气息，不再那么“紧张”了。后来，日子好过了些，黄健中可以带谢添到黄村唯一的一个大众澡堂洗澡；再后来两人可以在一起打打乒乓球什么的……

多年来，黄健中经常想起谢添，想起谢添的魅力与“能量”——他是从旧时代走过来的知识分子，在梦魇般的日子里，他仍然保持平常心，保持乐观与超然。这是怎样的胸襟，怎样的强人！正如黄健中在一篇文章中评价的：在腥风血雨般残酷的时期，他能做到处变不惊，静若止水；不说假话，不做违心事，不乱交代问题，清清白白写历史。军宣队称他，铁公鸡一毛不拔，不交代任何历史问题。什么是至尊气度？司马相如在《大人赋》中阐释为“超无友而独存”。我看管他，隐隐感受到他内在的这种气度。历史最终证明，他不仅清白，而且坦白。我在他身上看到学到一个艺术家健全人格的文化良知。

谢添的人格魅力一直在潜移默化地影响着黄健中。干校之后的30年，他们一直保持着深厚友谊。1998年谢添还友情支持黄健中，在他导演的影片《红娘》中出演了法本长老，为中国电影留下了一个非同寻常的艺术形象。

和谢添一样，晚年出演黄健中导演电视剧的前辈艺术家还有于洋。

◎图9　谢添出演黄健中导演电影《红娘》

在一篇追忆于晓阳的文章中，黄健中描述了1960年夏天，第一次见到于洋时的情景，以及读书时代于洋和当年年轻学员的亲密接触。

1960年黄健中考入北影厂的电影学校艺术班学编剧。学校的宿舍设在小西天“北影”演员剧团的宿舍里，那是一座灰色的筒子楼，虽然破旧不堪，却住着多位当年在全国大名鼎鼎的演员。于洋一家便住在这里。学员入住的第一天黄健中就见到了于洋，因为崇拜激动万分。那种突然之间命运把你抛到与心中偶像如此近距离、生活在同一空间的激动难眠，时隔半个世纪黄健中仍旧记忆犹新、恍如昨日。

当时在“北影”那座三十多米长的两层楼里，住着三十多户人家，多数是演员，还有工人和职员，楼道里每家每户门前都摆放着做饭用的蜂窝煤炉子，空气中炒菜的油烟味混杂着蜂窝煤散发出来的二氧化碳，使原本幽暗沉闷的楼道几乎令人窒息。以今人的眼光，视这座灰色筒子楼为“贫民窟”也不为过。在这座楼里还住着张平、赵联、秦文，还有黄健中的表演课老师白铭……他们在银幕上常常扮演英雄，生活中却如此平凡。当年于洋虽然只有30岁出头，却已经是家喻户晓的大明星。每每走进电影院，首先映入人们眼帘的就是悬挂在大厅四壁的演员照，于洋就在其中靠前十分显眼的位置。

黄健中青少年时代是看着于洋主演的电影成长的，于洋的名字与英雄二字在青年黄健中心里完全可以画等号。19岁的黄健中怎么也想不到有朝一日能和于洋住在同一屋檐下，生活在同一座幽暗狭长的筒子楼。这座楼是东西向，清晨和黄昏时分太阳斜斜地投进楼道，黄健中常常在逆光中看到于洋高大身材的剪影。拍戏之余，于洋偶尔也到黄健中他们宿舍串门聊天，谈艺术谈电影，说些鼓励的话。1961年除夕夜，于洋来到宿舍和黄健中等没有回家过年的学生一起嗑瓜子、促膝长谈几乎到天明……那是电影学校学习初始阶段黄健中最幸福的时光。

黄健中19岁这段清晰的记忆，也是他艺术之道上挥之不去的珍贵往事。而对于洋从感性上升到理性认识，是几十年后的2010年夏，于洋和杨静送黄健中《在大海里航行——于洋传》。这本传记记录了于洋在社会生活、政治生活和艺术生活的大海里航行70多年的艺术与人生。这部情真意切的传记让黄健中更真切地认识和理解了于洋，以及他所代表的一代艺术家对党、国家和人民的忠诚，不计回报的无私奉献，在中国电影史上是绝无仅有的。

有幸的是，2010年黄健中邀请到80岁高龄的于洋出演电视剧《天堂秀》，在剧中饰演一位苏绣工艺大师邝荫轩。在这部剧中，苏绣、园林、昆曲、吴门画派这四大苏州文化遗产作为文化元素贯穿全剧，其中，有一个价值不菲的“国宝”道具“天堂绣”（姑苏盛景图）价值上千万元。这部剧黄健中还请到了同样是“国宝”级的电影大师于洋。年事已高、息影多年的于洋几乎20多年没有演戏，更没有接拍过电视剧。这次于洋老先生的出山，黄健中特别感谢于洋的夫人杨静老师。早年在干校黄健中入党时，遇到很多阻力，杨静总是给予他最大的支持。拍这部电视剧时，于洋已经有病在身，夫人杨静还是一如既往地支

◎图10　于洋出演黄健中导演电视剧《天堂秀》，饰演苏绣工艺大师邝荫轩

持黄健中，支持于洋加盟出演。

两个月的拍摄生活黄健中用一句话说出了对于洋的感觉：生活中的于洋，有大师的风范，没有大师的架子。黄健中说，于洋无论在哪里出现，即使不言不语，都能感受到他的气场，都能引来无数双眼睛的注目。这是气质，是风度，是一生的修养。

电视剧的拍摄不同于电影，它要求进度快，工作时间长，如果两天拍摄一集，每天的劳动量相当于电影的十倍至五十倍，这对于80岁高龄的于洋是一个挑战。3月14日开机，第一天新闻发布会，下午两点拍摄至深夜两点收工。黄健中拍摄日记中有这样一段记录："本剧能请到于洋参演增色不少，但老演员多年不演戏，年事已高，要让他演好戏，必须创造条件，让他逐渐适应电视剧快节奏的拍摄。"黄健中所说的创造条件，是请制片部门给于洋派一位生活助理，但是于洋拒绝了，两个月的拍摄生活完全由他的老伴杨静老师照顾，而杨静也是81岁高龄的老人。好在于洋很快适应了电视剧快节奏的拍摄，而且越来越有味道，越来越出彩。黄健中"导演日记"中写道：

3月16日：今天7.1页24场戏，早上6点30出发，下午4点30即结束，于洋的戏越来越入味，凡到情感处，格外光彩。

3月21日：今天于洋拍了一场戏，很动感情，朱德承说，于洋在那儿，邝荫轩这个人物已经成功一大半。于洋对艺术的认真、执着可敬可佩。

我们在一起，尤其与杨静独处，常谈起他们当年早逝的儿子晓阳。晓阳是我好友、小弟，走早了，十分可惜。于洋、杨静能从悲痛中走出来不易。这次合作也是告慰晓阳在天之灵。

4月14日：一天拍摄8.1页的戏并不费劲。于洋和赵静、陆毅的戏配合得很舒服，把一家人既亲和又有"隐秘"的距离——身世之谜，把握得很得体，比我在剧本阶段的想象更生活化了。

拍这部电视剧，于洋只得到很低的报酬，他却说，这是他这一辈子拿到最多的一次钱。可是这个数字还不足当时一个大牌明星一集电视剧的片酬。这件事让黄健中感慨万端，老一代艺术家，只讲付出，从不计较回报。活得朴素、真实。

在拍《天堂秀》之前的两年，2008年的3月30日，黄健中和一群晓阳生前好友陪于洋、杨静第三年来到晓阳墓前祭奠。每一年的清明节前他们都会聚到这里，席地而坐，和晓阳聊天。第一年来了许多女孩，有好友，也有粉丝。黄健中建议所有女孩都到晓阳浮雕前亲吻一下晓阳的脸蛋。没想到所有女孩马上排起长队，一个个很庄重地、很伤感地亲吻晓阳的脸蛋。黄健中说：我看到几个女孩是落着泪，轻轻地、久久地去亲吻着他，生怕把他吵醒。我更看到晓阳母亲杨静被这一幕感动得不能自已，潸然泪下……2008年清明，杨静告诉大家这是最后一年，明年不再聚了，要出晓阳的书。这一天，杨静带来晓阳书房里一盒晓阳没有来得及抽的圆筒盒子中华香烟分发给大家。黄健中不抽烟，把手中的一支烟放在晓阳浮雕像微微张开的嘴唇上点燃，风一吹，竟然奇迹般地燃着不灭。黄健中带着《于晓阳文集》，读了几首短诗。书中夹着一张纸，上面是黄健中用铅笔写的题为“悼于晓阳三周年祭”的一段文字：

> 一个率真的人，一个对事业、对生活、对朋友充满热情的人，一个有感情的人，敢爱敢恨的人，一个浪漫主义诗人，一个充满忧患意识、悲天悯人的电影导演。他浪漫却生活在一个写实的时代，写实到刻板的时代，所以他压抑，他痛苦，他苦苦求索，在他还没有实现自己心中的艺术理想时，他过早地泯灭了……

2015年2月6日，于洋从影纪念会上，黄健中认真准备了一篇发言提纲，题目是《于洋对我和我们这一代人的影响》，并含着泪听于洋讲话。于洋的话，在黄健中看来就是一位老一辈艺术家对一生所奉献的电影艺术的肺腑之言，是心声，是呐喊，是洪钟大吕！

“经师易得，人师难求。”于洋和众多老一辈艺术家一样，除了艺术造诣与成就之外，他们的人格魅力更让黄健中及晚辈敬仰。电影技术的传授并不难，难的是传承一代电影人的人品人格，特别是他们对电影事业勇于创新无私奉献的电影精神。

每每回忆从影生涯的来时路，谈及“北影”和老一辈艺术家，黄健中的感恩之情总是溢于言表。多年来，除了“北影”的恩师外，在黄健中身边确确实实有许许多多良师益友，他们给予黄健中的永远是真情。这些真情，有的清淡如水，有的炽烈似火，然而都极其朴实，照耀着黄健中的艺术与人生之路。正是他们的存在与引领使黄健中的艺术之路不断攀升，越走越宽。忠言逆耳，披心相付。每每影片上映后都会有徐光耀、白桦等堪称“知己”的友人的鼓励、批评和提醒，黄健中格外珍视，并视之为生命中的“璞玉浑金”。

与朋友分享创造的快乐，确实是黄健中人生的一大幸事。更幸运的是，总有与他休戚与共的良师益友和莫逆之交伴其左右，是他们为黄健中锦上添花，是他们为他雪中送炭，也是他们为他泼冷水……他们是风，徐徐地抚慰着黄健中，给他温情、警醒和鞭策的清爽的风……

三、故乡：“我是龙，不是门里的虫！”

福建泉州是黄健中的故乡，是他内心地形图的中心。

故乡也是黄健中生命和艺术的源头。

尽管它不是黄健中主要居住和命运转机的地方，但每次重返故里，对他来说，总仿佛潜入一种高密度的真实——内在而神奇的、生命的实在之中。

古代泉州湾的开放，泉州文化的多元与厚重，有史以来泉州人的勤奋与拼搏，还有集美学村“诚毅”的精神，销魂的蔚蓝色大海……这一切无不以一种堪称楷模的、典型的环境与文化境遇，成为黄健中内心世界与精神气质中的客观对应物。

从泉州出发，黄健中融入了他魂牵梦绕的电影艺术的海洋。

畅游中，他的体魄、他的力量依旧源源不断地源自故乡……

故乡泉州是黄健中美好情愫的根。这根已经发出芽、长成树，枝繁叶茂、硕果累累。可是，不管如何茁壮、何其繁盛，如血的乡愁，总自根系流向枝叶，滋养树干和硕果。故土、家乡、家和家族，永远散发着饱满的生命最原初的气息，成为人生死不移的眷恋与栖地……在黄健中的家乡做深呼吸，我的大脑和内心不曾缺氧，活跃中，不断地把精彩交给文字，让思想逸出的芬芳在这块神奇的土地上绽放。

（一）“海上十四天”

20世纪40年代，赤道千岛之国印度尼西亚的东爪哇泗水市惹班县茂佐沙里镇（Mojosari）居住着几十户华侨。他们背井离乡，漂泊到热带岛国求生。黄家便是其中一户。黄健中的父亲黄光芋20世纪20年代漂洋过海，十几年惨淡经营，终于拥有了自己的家业：“恒源商号”。自30年代中期，黄家家道殷实。黄家房后的晒场上一年到头铺满了大米、绿豆、花生豆，稻香沁人；仓库里还储存着咖啡豆。黄家店铺雇用了两名伙计、两三名女仆、十来个临时工。那时，进进出出的运货车不舍昼夜，商人、大亨来来往往，生意兴隆、人丁兴旺、气派不凡。90年代拍摄电影《大鸿米店》时，大鸿米店的许多场景都是黄健中十分熟悉又备感亲切的，童年记忆不时晃动在黄健中的眼前。

“恒源商号”是黄家父母依靠自己的智慧、胆识和勤俭创建起来的。黄健中的父母都是没有太高文化的商人，但即使在商号最鼎盛时期他们也只是希望大儿子日后继承家业从商，并不想别的子女一定从商，而是希望后代各个知书达理、有所作为，做真正的人。他们很重视子女的教育和读书做人。

更让黄健中受益的是父亲把“优胜劣败”定为家训，时时刻刻敦促并不失时机地教育他们。

1943年3月6日，日寇侵占印尼到达茂佐沙里，许多荷兰的俘虏兵及荷兰侨民惨遭杀害。俘虏兵中有的被日寇用军刀拦腰斩成两段，有的是双脚用麻绳头朝下吊在树上，之后头浇汽油或菜油烧死，这就是残忍的“点天灯”；妇女被剥光衣服，装入猪笼填海……对华侨商家，日寇则唆使当地土著人进行打砸抢，不少商家被抢光。“恒源商号”也不例外。

这个热带岛国到处被日寇肆虐的气流笼罩着，让人喘不过气。父亲的鬓发白了许多，母亲慈爱和善的笑容也荡然无存。黄家往日的祥和与温馨已成过眼云烟。父亲万分憎恨日寇的野蛮行径，也感到经商的日益艰难，便举家迁到惹班县城居住。商号由叔叔继承经营。

1945年日寇投降，印尼宣告独立，联合国军进入印尼。印尼军与联合

◎图11　黄健中的父亲母亲

国军又发生了军事冲突。眼看战乱不止，父亲叶落归根的思绪与日俱增，一门心思想带着全家回国。母亲开始很反对，她知道当时蒋介石统治中国，国内也是民不聊生，如果贸然回国，也不会有太平的日子过；况且能带走的钱财不多（印尼当局规定，每人离境时只能携带荷兰币25盾），在当时中国货币不断贬值、物价日益飞涨的情况下，势必坐吃山空。

由于父亲的固执己见，几经商议母亲才提出留下两个大孩子，就是黄健中的大哥和二哥，帮助叔叔经营“恒源商号”，作为日后的依靠；他们夫妇带着六个儿女回“唐山”（唐代盛时，声誉远及海外，后来海外各国因之称中国为“唐山”，称中国人为“唐人”）。

这样，黄健中6岁时便在漂泊的异国目睹了一次人生的极致：生离！

母亲拉着老大老二两个儿子的手，泪眼蒙眬，久久不忍放开……边流着泪边再三嘱咐两个孩子学好做人，配合叔叔做商务，尤其是父母回国后，一旦经济发生困难时，要及时给予接济……船鸣声海浪声终于淹没了母亲的哭声……从泗水港到福建厦门港，黄健中和亲人们乘坐的是芝加哥号海轮，他们在海上漂荡了整整14天。

14天无边无际的海洋，14天惊涛骇浪，14天冗长难挨的单调锤炼着黄健中的耐性与意志力……

经历了被大海“吞没”的14天，经历了被“博大”打磨的14天，少年黄健中的心魂与血脉，再也无法拭去大海的磅礴大气。大海以其博大、强悍与澄明走进了黄健中的艺术与人生……几十年后，在“笑傲江湖”闯“江湖”的黄健中，蓦然回首那令他销魂的“海上14天”，仍然感慨系之。

附：2002年4月19日泉州（手记）[①]

中午抵达泉州，做客晓菁家。

晓菁是黄家大姐的长女，住的是老式的三室一厅，居室没什么特别之处，简朴之极，也洁净之极，几近一尘不染。

窗外一片龙眼树正迎风盛开，随风飘荡，不时刮来缕缕幽香。而这片龙眼树怀抱着一座佛教的古寺。

俯身窗前，风动、树动，心难宁……风静、树静，心宁静。

俯身窗前，古寺与花香荡涤着我躁动的心……幽静中，渐渐地，有如风行水上，心中萌生了一种别样的舒爽。

傍晚，我们来到了住处附近的一家很火的海鲜大排档。这里人丁兴旺，划拳声，声声入耳，时而如劲歌，时而似雷鸣……听不懂闽南方言，好奇地感受其神韵。

逃离人声鼎沸，漫步街头，习习凉风中不时传来南音醇厚的唱腔。

在关帝庙旁的一家茶馆前，南音的演唱正在进行中。看见还有空位子，我们便情不自禁地悄悄坐下。听不懂，但品其味，足以让人沉醉。

见我们入座，便有一位老太太为我们倒茶。茶是免费的，演唱也是业余的。茶杯不一定干净，茶也未见得上乘，但那种亲和的感觉会让你的心自如而熨帖。

第一夜，我就爱上了泉州古朴的民风与浓郁传统的文化风情。

夜色中，迎来了黄健中的大姐——一位干练、达观的老人。她为我讲述了她们的父亲母亲的故事。“大姐”的语调悠缓，如同天空游荡的云。

① 本文系本书作者手记。

（二）黄健中的父亲母亲

1947年，黄家一行人辗转回到了闽南家乡——紫云黄氏宗族世代繁衍生息的地方。故乡泉州“开元寺”以它悠久的文化，家乡的亲人以暖人的亲情迎接着这一家海外赤子的回归。血浓于水。

可是，命运并没有善待这群漂泊者。回国的第二年，幼小的黄健中和一家老小一道体验了人生的又一个极致：死别。

1948年的除夕之夜，对黄健中而言是永恒之夜！

除夕，是黄健中的生日。过年了，母亲屋里屋外忙个不停。身怀六甲的母亲不顾疲劳，就着煤油灯为她的五儿黄健中缝制了一套咔叽布新衣。除夕夜的灯影闪闪烁烁，母亲的身影却是那样安详、宁静……几十年了，黄健中不止一次追忆除夕灯影中的母亲。母亲一次次走进黄健中的怀想与思量，母亲的存在就是温暖和力量：当年17岁的母亲万里寻夫，历尽艰辛和周折，终于和丈夫团聚。母亲并没有创造了不起的奇迹，但她平凡生活中的坚韧和执着本身就是传奇！嫁给父亲时，母亲刚16岁。婚后，由于经济拮据和一些生活难题，父亲没能携妻出洋。第二年，17岁的母亲，在不知父亲地址的情况下，跟着返回印尼的堂兄跨过印度洋、太平洋，万里寻夫。最后，几经周折，终于在离堂兄住处50多千米的茂佐沙里找到了父亲……在那些岁月里，在印尼泗水市惹班县或茂佐沙里镇，母亲吴茴娘这个名字异常响亮：她以和善、节俭、忍耐、侠义而大气闻名遐迩……

在亲友的资助下，重逢后，父母开始了小本生意，经营一间土特产零售商店，后来发展成为批发兼零售的商号……遗憾的是，回国才两年多，母亲就早早地离开了人世，特别是离开了年幼的黄健中。

母亲过早地离开了年幼的黄健中，母亲又时时伴随着成年的他。短暂而完满的母爱是黄健中生命中晨曦般的光芒：满溢着温情，流淌着希望，朗照了黄健中艺术与人生的理想。正如冰心所言，母爱如山，当你与山渐行渐远时，能更清晰地看清山的高大。没有母爱的人性是不健全的人性，没有女性的人生是不完全的人生。母亲，与母亲般的女性，已在并将在黄健中的电影世界中永恒！

母亲过早谢世不能不说是件憾事。所幸的是，黄健中有个慈父，还有一个像母亲一样非凡的大姐——黄星治。

父亲黄光芋是一位心地善良、温柔敦厚的人。而正是父亲的善良使黄家回国后蒙受了一些不幸，特别是导致了母亲的过早离世。

◎图12　黄健中的兄弟们

回国不久，因为善良，也因为思念自己的赤道岛国的两个儿子，父亲收留了四个流离失所的孤儿。当时有两个孩子正在病中，怀有身孕的母亲不辞辛苦地照料一群孩子。一天，一个男孩昏迷中掉下床，母亲急忙把孩子抱起。不料，剧烈的动作惊动了胎气，母亲腹中的婴儿早产了，又夭折了。更不幸的是母亲也被患病的孤儿传染上了疾病，过早地离开了人世。

后来那个患病的孤儿也没有幸存。剩下的三个孩子与黄家的兄弟姐妹共同生活。土地改革时，黄家收养孤儿的“问题”自然被“工作组”盯上了。他们想当然地认为父亲收养孩子是变相雇佣童工，父亲有理也说不清。这时村里的乡亲们纷纷站出来为父亲证明：哪有雇佣童工只让他们吃饭不让干活的。

乡亲们心里十分清楚，他们中的许多人借黄家的钱，慈善的父亲从来不催不要，后来干脆把记欠款的账本一烧了之。当生活拮据，家人对他不满时，他总是说，向他们要钱，让他们怎么生活呀。

如今，黄家的后代天各一方：北京、香港、上海和闽南家乡，还有菲律宾。不过，他们在不同的生存空间共同守护着父母的理想、“优胜劣败”的家训，并继承了父母亲温厚善良的性情品格，以及独立生存、独立思考、勇于挑战与开拓的生存智慧。

这些也正是黄家共同拥有的财富。它使生命远离枯萎，品质不凡。

附：2002年4月17日集美(手记)[①]

上午，走访了黄健中读书的集美中学，并参观陈嘉庚故居。

因为事先已经与校方取得了联系，学校办公室的老师一大早就把有关黄健中的资料准备齐全，等候我们了。

在众多的资料中，特别吸引我的是一份黄健中的成绩单和操行评语的复印件。

校领导拿来《集美学刊》给我看，其中几期上还有校友黄健中的信息追踪与近况介绍。

老师们说黄健中是集美中学的骄傲。

从集美中学对黄健中的档案保管与接待上，可以窥见这所名校的工作作风和良好的管理品质。

“集美学村”确实是中国教育史上的经典之作。

我很喜欢集美学村建筑物的风格、质地与色泽，它给人一种经得住推敲和磨损的美感与质感。也许，这就是所谓的“经典”。

黄健中11岁离家到集美中学读书，就开始了独立生活，但一直以来也没有缺少大姐像妈妈一样地照顾和关爱。

从热带岛国举家回归故里后，黄家家境渐衰。母亲仙逝、父亲病重……忧患孕育了黄健中的敏感，更让他懂得了世事艰难，造就了他独立自强的品格。生存的艰难没有压垮父辈和晚辈黄健中们。父亲节衣缩食送黄健中到闻名遐迩的集美中学读书受教育。

集美中学是爱国华侨陈嘉庚先生于1918年创办的，是集美学村中最重

① 本文系本书作者手记。

要的组成部分。学校历来十分重视以陈嘉庚精神和学校光荣的爱国传统对师生进行教育。1953年至1956年，黄健中在集美中学读初中期间，学校属于私立学校，实行聘任制，教师十分敬业，更加重视对学生的校训教育。

集美的校训即“诚毅”二字。陈嘉庚先生曾经亲自阐释这意味深长的两个字：诚以为国，实事求是，大公无私；毅以处世，百折不挠，努力奋斗。

“诚毅”二字就这样印刻在了黄健中的骨子里，时时刻刻伴随在他的生命历程中，并强劲了他的筋骨和魂魄，使他屹然又坦然地挺立在自己的影像世界中。

2007年2月，黄健中所在的集美80组甲班同学聚会，当时黄健中执导的电视剧《大秦帝国》正在紧张地后期制作，没能参加，他给老师同学发去了诚挚的问候和一封情真意切的书信。信中表达了对科学家卢嘉锡给同学们留下的墨宝的特别感动：

得自然之灵气则活，
得伟人之精神则雅。

既有自然之灵气，亦有伟人之精神——这无疑是黄健中梦寐以求的理想境界；在同年稍后纪念电影大师钟惦棐的文章中，黄健中说，我心中的钟惦棐，既有自然之灵气，亦有伟人之精神！

母校集美为黄健中的精神生命灌注了一种大气，更培养了他心魂中许多伟岸而高贵的品格。

从泉州到集美，有百余里路，为了节省路费，每个新学期开学和节假日，大姐总是蹬着自行车接送他往返。晴天一身汗，雨天一身泥，加上路途中的沟沟坎坎不断，十分艰难，大姐无怨无悔地承受着。而黄健中也同样承受着——承受着来自大姐女性的甚或是母性的温情、坚韧与智慧……“大姐”是黄健中生活中最重要的女性之一，也是黄健中诸多影视剧中女性形象的影子或说原型。很难说是她们像“大姐”，还是“大姐”像她们，但是她们之间的关联是任何明眼人都能看得见的。

母亲过早谢世让黄健中体会到“长姐如母”，几十年的风雨兼程，“大姐”总像母亲一样在家乡遥望着黄健中，牵挂和祝福着他，为他欢喜为他忧。眼看着弟弟年纪越来越大，可工作的脚步却不曾放慢，“大姐”分享弟弟成就的同时更多一份心疼和担忧，不时劝黄健中别接戏了，该歇歇了……

黄健中对大姐也是十分感恩，一旦有机会就会回家乡看望，或者接“大姐”来北京小憩……手足之情，对“大姐”及和“大姐”一样平凡但不寻常女性的深情，已经潜移在黄健中的审美意识深处，并默化于其影视作品中。

（三）家乡：生命的胎记

附：2002年4月20日泉州（手记）[①]

游览了泉州的名胜古迹清源山和开元寺。开元寺是泉州历史上有名的佛教圣地，规模空前。

寺内的几棵高大参天、挺拔入云的树深深吸引了我。树上红花明艳似火，点染着碧空。与硕大的花瓣相比，树枝上摇曳的绿叶显得十分渺小，几近于无。

这就是刺桐树。

刺桐树是泉州的市树，刺桐花是泉州的市花。

与他们的市花一样别致的，还有泉州的石雕狮子：几乎所有的狮子，不论大小都乖巧地歪着头，身躯自由略加扭动。它们全无中国传统石狮的那种庄重与威严，各个灵动，活泼中不失洒脱——也许这就是这个地域的风格，或说是闽南社会的文化心态。

① 本文系本书作者手记。

泉州不大，无数房屋像种苗似的扩散着，以至天边，愈远房屋愈小，小得像能放在掌心一样。

思绪拥挤在我的脑海中，无边无际……

小城泉州，奇异而淳厚的风情与文化，和黄健中的艺术与人生有着怎样的关联？

这个硕大无朋的文化熔炉，里面沸腾着的是什么？

古代泉州港封闭了，而泉州的文化却始终没有搁浅。泉州人的欢乐、苦痛，活跃的力量，狂热的理想——过往的“蓝色的文明”，与现实的“爱拼才会赢”……怎样影响着黄健中这个泉州人？

黄健中是泉州的文化大使，他何以成了这个城市的形象代言人？

泉州是黄健中的故乡，是他个性与精神的摇篮，是他文化与审美的根，更是他生命的憩园。

在黄健中身上，你可以明显地看到这座城市的性格和魅力。它带给黄健中的是无法拭去的生命的胎记。甚至，他的精神气质、他的文化体魄……都与这座城市有关……一言以蔽之，黄健中与泉州有着千丝万缕、无法割断的关联。

泉州古时别称“刺桐”。据《八闽通志》记载：泉州五代时期，地方官员留从效环城遍植刺桐树，故名“刺桐城”。

刺桐树属豆科落叶大乔木。树干长刺，叶子形如梧桐，故名“刺桐”。每年春末夏初开红花，艳丽如红色牡丹。公元1168年，宋代有一位状元王十朋到泉州任知府，见到刺桐诗兴大发，即兴赋道：

初见枝头万绿浓，
忽惊火伞欲烧空。
花先花后年俱熟，
莫道时人不爱红。

刺桐原产于东南亚地区。它的适应性强，随遇而安，嫩叶可食，树根与树皮可供药用。

如今泉州千年古刹开元寺中，成排的刺桐树直冲云霄，神奇而壮观。

而几千年来的泉州文化更是神奇中的神奇，壮观中的壮观！

泉州的文化属于蓝色的海洋文化。宋元时期的刺桐城，“缠头赤脚半番商”。这里，风光秀丽，物产丰饶，民风淳朴，许多国外商人和游客流连忘返。公元1275年，马可·波罗来到中国，在泉州逗留期间，亲眼见到刺桐港的繁荣气象。他在《马可·波罗游记》中盛赞宏伟秀丽的刺桐城（Zai-Tun泉州），是世界上最大的港口之一，商人云集，货物堆积如山，大帆小船不可胜数……作为开放的海湾城市，泉州出口贸易的商船显示了中国的富足和中国人的实力。

闯字当先。自古闽人就不愿做一条虫，封闭在门内，而是开拓、打拼使自己成了一条奔腾的龙。

闽人喜欢说“爱拼才会赢”，拼搏竞进是他们的性格。

黄健中是典型的闽人，典型的——龙。

闽南文化的开放性，造就了闽人博大多元的心胸和气度。自古至今，泉州是多种宗教聚集地，被誉为“世界宗教博物馆”。至今还有我国现存年代最早的伊斯兰寺——清净寺、印度佛教中“圣鸟金翅鸟”的非凡雕像、我国独一无二的摩尼教遗址，在泉州石雕、石刻，山寺陵墓、碑柱遗址随处可见。

中原古乐活化石的“南音”和泉州木偶戏，可称为人类宝贵的文化遗产。

“南音”，又称“弦管”或“五音”，是现存中国最古老的乐种之一。在世界上被称为“中国古乐的根”，中国古代音乐的“活化石”。泉州还是中外闻名的木偶之乡，掌中木偶和提线木偶戏久负盛名。特别是提线木偶历史悠久，木偶戏造型栩栩如生，制作工艺精湛；剧目丰富多彩，表演技艺高超，动作逼真，至今仍是中外闻名的表演艺术形式。据有关资料记载，19世纪初期的1814年，就有泉州提线戏表演艺术家赴新加坡、槟榔屿、吕宋岛等地演出，盛况空前。

在古代，泉州湾以它特有的地理优势送走了一批批敢于打拼的泉州人，并使他们成为世界人；同时，又以它博大的胸怀迎来各国有识之士，吸纳融会他们的文明，使泉州成了一个文化多元的开放的城市。如今，泉州湾搁浅了，而历史打造的泉州人的性格和泉州多元而深厚的文化没有搁浅，它被一代代泉州之子生生不息地传承着……

黄健中就是一个泉州文化的继承者，一个龙的传人，他一次又一次以自己的镜头语言展示着家乡的地域风情与文化神韵；自觉不自觉地传播着泉州的文化与文明。

事例1：记忆中的美文

少年黄健中曾有一段当“小先生”的有趣的经历。新中国成立初期，全国大规模的文化“扫盲运动”也在黄健中的家乡展开。刚刚9岁能识文断字的黄健中被推荐为村里妇女扫盲班的小先生。课堂上他是严肃的小先生；而课下，他又是谦虚的小学生，他跟村里的妇女们学会了许多田间劳动。在闽南有种风俗，男人出海做大事，女人种田干家务。懂事的黄健中一有空就来帮忙，并掌握了许多本领：从婶婶那里学会了踩水车，从堂姐那里学会了踩石碓……童年这些记忆的“底片”，多年后被黄健中艺术地“冲洗”“加工”。因此，才有了《小花》《良家妇女》《银饰》等影片中陈冲、刘晓庆踩水车，丛珊踩石碓，张伟欣织布等场景。这一幅幅水墨风俗画定格在黄健中如诗如画的童年记忆及与女性天然的亲和关系。

在黄健中泉州的亲人那里，读到了黄健中追忆童年的一段美文：

> 童年，家的北墙有一扇很厚很厚的窗户，把整个身子囚在里边，关上朝屋里的木门，家人找也找不到，在里边读书是最惬意的一件事了。
>
> 窗外，菜园子里姐姐种了蚕箔大的一片薄荷。读《山海经》，读《安徒生童话》，读书入迷时，常常伴着阵阵的清香，在似梦似醒中，坠入书里的故事。夏天，摘两片卵形薄荷叶，贴在额角背书，智慧的

清风徐来，记忆的水纹流荡，回回都考个好成绩。

那一扇窗，一片薄荷园，毕竟是遥远的记忆。

年初，从东北拍片归来。进家门，入书房，空气中飘逸着一丝淡淡的、沁人心脾的清凉。久违了，童年的印象。屋里屋外，没有寻到一株薄荷，熏风何来？

入夜，万籁无声，空气似乎也安息着。

台灯映出的暖光隐约看见妻的手，执一淡蓝色小瓶，往空气中一喷，顿时，满屋升香。心灵的殿阁飘过缕缕清爽，半开半启的记忆回到童年北墙的那扇窗。

记忆是条河，流淌着无尽的思绪：那扇永远开启的北墙上的窗，永远流溢的薄荷味的清香……

事例2：关于陈景润"猜想"的猜想及其他

1977年，新华社报道，陈景润攻克了"哥德巴赫猜想"中的"1+2"，成为"哥德巴赫猜想"研究史上的里程碑。陈景润这一普通的"书呆子""怪人"不再普通了，他备受世人瞩目。

一天，黄健中与陈景润这两个闽人的后代在一张书桌前相视而坐，促膝倾诉。

黄健中问：你出名前最大的感受是什么？

陈景润先闭口不答，后用手指蘸着水，在书桌上写下了一个大字："冷"。

黄健中又问：那你出名后呢？陈景润马上写出了一个大字："热"。

黄健中不无感触地点头会意，并由衷地说，"冷"的时候你找到了"热"，你热衷的数学，它支撑了你的生命；现在"热"了，你也该找到"冷"，一切冷静对待。黄健中是在劝慰他的老乡，也是在告诫他自己，告诫自己平衡冷暖，保持平常心。

那段日子里，因《小花》而处于影坛漩涡中的黄健中确实需要冷静，需要冷静地省悟。由于电影《小花》中的艺术尝试在当时尚未开放的时期确有“异端”的味道，许多人站出来质疑、发难甚至攻击，锋芒直指这位年轻的导演。黄健中不能不站出来了，他不能不为自己、更为自己的艺术尝试辩白。他写下了几篇文章，文章与他的影片一样激情而有个性。文章中他认真地审思着自己的艺术探索、探究着电影的民族化问题。

想说的、该说的说了，想做的、该做的做了；至于世俗的中伤黄健中便以沉默置之。他开始闭门谢客，在书海中自由徜徉，宁静地与人类的智者对话。就在这时，他的灵魂与陈景润相遇。他对陈景润的“猜想”进行着猜想，而陈景润则在纷繁的世态面前常请他指点迷津。

那段时间，在陈景润的宿舍、宿舍边的林荫小道，陈景润多次与黄健中亲切交谈。遗憾的是，黄健中和谭兴文联合创作的电影剧本《猜想的猜想》因种种原因拍成电影的愿望未能实现，只是发表在1980年的《电影创作》聊以自慰。当时乃至现在许多人都知道徐迟报告文学中陈景润的“猜想”，却很少有人知道黄健中“猜想”背后的“猜想”。徐迟着力于陈景润的科学成功之路，而黄健中着意于陈景润之为陈景润的心灵与精神。陈景润曾对黄健中说：“你写得更接近我！”——这是怎样的接近呢？也许只有两名主人公明了。

事例3：《三坊七巷》

“三坊七巷”是福州一处普通的民宅巷弄。正像北京的四合院、上海的石库门凸显了当地的地域文化一样，福州的“三坊七巷”也以其当地古老的文明和民俗闻名。在这片低矮潮湿的小弄堂中，曾走出了著名科学家、文化名人、爱国将领等，这里是林则徐、严复的家乡。1990年，黄健中就曾返回故里与福建电视台的老乡同行拍摄了4集电视连续剧《爱与仇》，他任总导演（第二年该剧在全国电视剧“飞天奖”中获两项大奖）。几年后，黄健中重返家乡，执导了20集电视连续剧《三坊七巷》。故事依旧是“爱与仇”，背景依旧是“闽”。不同的是前者反映的是“大革命”时期的学生运动；后者则洋洋洒洒从民国初年拍到抗战胜利，围绕富户罗、陈两家的生存竞争、爱情较量，表现了人情与人性的丝丝缕缕，人世间的恩恩怨怨。

故事很通俗，其中也不乏某种模式化的东西：如富家少爷婚外情，迷

◎图13 黄健中导演电视剧《三坊七巷》

恋歌妓；太太吃醋；婚外生子藏于乡野等。不过这些有点俗的套路与节外生枝、枝枝蔓蔓层出不穷又略带传奇色彩的情节交织在一起，竟也有了些许传奇的味道。但一味地猎奇不免低俗、媚俗，这不是黄健中的品格。在传奇中寻求浪漫与唯美，在故事中灌注文化的气韵，这样，这部戏才真正地活起来了，才真正地演出了黄健中的气派：好看、耐看！

剧中最好看、耐看又好听、耐听的是《月光光》主旋律及与之相关的画面，特别是镜头下的光与影。

当主人公马仔被单相思煎熬时、想与洋行签约矛盾难眠时……一曲曲《月光光》在音乐的律动中将与生俱来的中国人的文化底蕴和内心波澜、繁复人性……和盘托出。

黄健中十分迷恋自然、迷恋“妙造自然”的情境。广阔的大自然是他抒情语汇的主要源泉。从早期《如意》中的“露珠”，《良家妇女》中的“瀑布”到其后的《我的1919》中的“绿地”“蘑菇”……自然的光影环绕着故事、环绕着主人公，散发着安宁、恬静的气息与优美的秩序。《三坊七巷》也正因水的意象，因《月光光》古曲中水的光与影，营造了一种迷人气氛，令人耳目一新：伴着幽远、淳厚的古曲，河水上有什么在闪动着，无色、无光亮，而且时时扩展着，一点点而至一束束，那是月光。月光音乐般推进着，月光如水，水如月光……没有了这月光水影的抚慰，怎能得到安宁与清冷……这部电视剧中如此往复的月光水影，被黄健中置入了一种深度，一种饱满的状态，一种真实感，这真实感由时日构成，且不停地闪动、逝去。

这部电视剧是根据作家邓晨曦的中篇小说《金喇叭》改编。改编中黄健中特别注重罗梅生这位儒商形象的塑造，特别是在他的性格中融入了黄健中自己的人格与理想。他让罗梅生这位具有民主思想和进取心的商人，在大起大落、大悲大喜的命运变幻中苦苦追求自己的人生理想，不断地拼搏、进取。同时，在艰难时世不忘正义、善良等美好品性，尤其是，见利不忘义。这种人格理想正是从民族危难时期赈济难民等举动中体现出来的。

《三坊七巷》拍摄与制作中，黄健中自觉不自觉地融进了童年记忆、家族记忆和国恨家仇。

毕竟他幼年时代在印尼也曾遭受日本帝国主义的“践踏”。

毕竟同一片热土上行走过他的前辈，也正行走着他的同族同胞、他的兄弟姐妹，还有更新的一代“新人类”“新新人类”。

（四）永远的“黄金搭档”

附：2002年4月12日厦门黄金海岸（手记）①

厦门的黄金海岸与台湾金门岛隔海相望。临海凭风，静观海变；吃海鲜观海潮不失为一件令人赏心悦目的快事。

天黑时分，对岸的金门岛上依稀的灯光次第亮起的时候，黄健中的爱人、金萍导演来了——我们的快乐也来了；海水渐渐落潮了，我

① 本文系本书作者手记。

们的快乐却不断膨胀。

金萍是中央电视台中国电视剧制作中心的制片人，正在为一部青春音乐剧忙碌着。与黄健中一样，她也是一个极富感染力的人，且总是处于焕发状态之中。听她说话是一种享受，很审美的那种。仿佛艺术就是她的人生，她的人生更是艺术。

话语中的俏皮和爽利让我体悟到了时日赋予她的悠长的反光。

有金萍这样的妻，是黄健中的福分。

金萍良好的艺术感觉，她的聪明机智与善解人意，使他们实实在在地构成了完美的——“黄金搭档”。

◎图14　黄健中与爱人金萍和儿子

每每谈到妻子，黄健中总有一个绝妙的解释：“我们是‘黄金搭档’。”

“黄”“金”两个姓氏的组合是巧合，可他们之间的相互理解、尊重与和谐却是建立在共同志趣和追求上的志同道合——超级组合。

退休前金萍在中央电视台电视剧制作中心做导演和制片工作，大家叫她金导。金萍是江南人，除了具有江南女性的温润细心之外，骨子里有一种侠气，很爽快、仗义。

金萍性情中的干练和帅气，也许和经历有关。她14岁参军，之后一直随部队走南闯北，直到遇见黄健中，在北京成家立业。

和黄健中一样，金萍也是很勤奋的人，后来靠自己打拼成为演员、导演，她执导的电视剧曾多次获得飞天奖，并成为享受国务院津贴的儿童剧专家……金萍也是事业型的女性，可是很多时候，特别是退休后她和大多数职业女性一样，还是为家为爱人做出了让步。退休后的黄健中依旧马不停蹄，经常在外拍片，金萍不但要承受孤单、寂寞，还要为家里的大事小情奔波忙碌，正因此她调侃称自己是黄健中的“后勤部长”。

金萍一直格外关注黄健中的创作，也是他导演作品最忠实的观众。每次电视里播放黄健中的作品她都会和普通观众一样按时观看，并不断和黄健中交流看法和意见……与金萍多次相见中，有两次不同寻常，都是她摔倒受伤，或者说她有两次受伤都被我碰见。不久前这次受伤，是金萍为黄健中去超市买牛奶时摔伤了手指和脚趾；与第一次比，还算“小儿科”，尽管在闷热难耐的桑拿天里不能自如活动，必须卧床休养，也十分难熬。

金萍第一次摔伤是2002年在黄健中的家乡泉州。当时我正为写黄健中传而在他的家乡“深入生活”，我们在泉州相遇，相见甚欢。当时的情境已经记录在上文2002年4月12日我的手记中。就在此后我要离开前的一天夜里，突然和黄健中家乡的亲人一样接到了惊人的消息：金萍摔伤，伤得不轻，正连夜送进泉州医院。我和泉州的亲人几乎全部出动，立刻赶往医院。见面后知道，金萍踩到枇杷皮上，滑得摔了一跤，伤在腿上，才算松了一口气。当时年过六旬的黄健中小心翼翼地背金萍下车、悉心照顾的情境依稀还在眼前……那份无微不至的呵护与关爱在几年后酷暑中的北京再次呈现在我的眼前。

看着黄健中为金萍倒水、煲汤的背影，看着在床上依然笑声爽朗的金萍，看着他们互敬互爱、和谐默契的生活，特别是听到他们彼此小黄、小金地叫着……不能不让人心生感慨——人世间最写实的夫妻、最本真的爱情、最笃定的情感，还能以怎样的方式显现呢？平淡如水的日子就是这样将“执子之手，与子偕老”的誓言化成了一杯水、一碗汤、一个个熟悉的眼神、一次次亲昵的呼叫……

因为有“执子之手”的过程，才有了“与子偕老”的感动。

时间老了，年轮刻在了眼角，回想着黄导的背影、金导的笑声……恍然间仿佛参悟了岁月带给人的美丽，那是穿越层层迷雾后的澄明，是舒卷自如的坦然，更是人与自己、与爱人、与亲人彼此间的宽容与和善……

2018年五一国际劳动节是黄健中和金萍结婚50周年纪念日，亲朋好友为他们筹办了一个小型的金婚庆典。黄健中暗地里给金萍准备了一个惊喜，也为每位来宾精心准备了一份小礼物，让在场亲友无不为之感动。更令人感动的是，黄健中发自内心的金婚感言。他说，一个人，一生最重要的选择有两个——事业和婚姻，它们相辅相成，婚姻需要悉心培植；对于一个男人，婚姻往往决定了他的事业能走多远。这些年我的家庭生活舒畅，没有杂念干扰，才能全身心投入工作。

但是，美满幸福的婚姻绝不是上苍或外界抑或他者赐予的，需要两个人用心呵护，即黄健中之谓“悉心培植”。50年的“黄金搭档”，黄健中与金萍之间相互理解、相互支持。尽管他们的家庭出身、教育背景、脾气秉性和生活习惯等不尽相同，甚至一起生活50年了，连早点都没吃到一块儿，黄健中爱吃的早点是西式的，金萍是中式的。但是他们相互包容，宽容对方、克制自我，生活和工作中相互体谅、扶持，从来没有脸红吵架。特别是，金萍也是在剧组呼风唤雨的大导演，但是，只要一进家门，她就像换了个人，成了妻子、母亲，剧组里的一些习气和做派都被她统统关在了家门外。

金萍身材不高大，却着实是个“大女人”，是和黄健中举案齐眉聪慧大气的女人。

金萍的柔情爱意无疑是黄健中的温馨港湾，50年，半个世纪，不管生活中的飞短流长还是工作中的狂风暴雨，她都与黄健中休戚与共，恩爱如初。如今“奔八”的这对夫妇还是彼此称呼对方“小黄”“小金”，那么亲切、自然！ 50年前北影厂的小黄，50年后还是小金当年的小黄，不变的称呼中融化了他们50年如一日的情投意合，50年的相濡以沫、岁月沧桑……或许这就是这对普通却不平凡的夫妇特有的“恩爱”。这份至纯的恩爱，犹如山间溪水，自然清澈，自然自在，美好着……

中　篇

风急天高："心灵的迹化"与"生命的承诺"

有人说，留住时间的渴望产生了电影，这无疑是合理的。作为电影人的黄健中，他的渴望具体而微地熔铸在影像世界的角角落落。渴望，像一只羽翼闪着银辉的小鸟，在黄健中的影像天空中翱翔；伴随着黄健中不断地探索与创新；并赐予他无尽的激情、活力与想象，提升着他的灵魂和生命……

从影近60年来，电影和电视已经成了黄健中的生存方式、生命状态；他以银幕和屏幕上的声光色彩、以镜头展现自己对世界、对生命、对艺术的体认，以及文化的自觉和精神的探险。

从岁月走来，黄健中的言行，浸透着沧桑之感；他兴味盎然又不无惆怅地感受、吟味着永远变化着的现实现世。他拥有自己独特的生活阅历，而且见识不群。他的视野宽阔、情感恢宏、体验良多，是一位把自己的命运与国家、民族、人民的命运联系在一起的思想者，更是一位在电影艺术本体与民族风格上敢于突破、勇于创新的探索者。

在黄健中的影像世界中，他以一个有良知的人的天然属性解析社会与人生，以及人自身的不断完善和真正解放。他运用自己的审美媒介，使如此玄虚又无比实在的生命话题转化成影像，并在转化中自觉不自觉地守护了一种人文精神、表达着人文理想。正如他在《心灵的迹化》一文中写道："我喜欢把自己关注的主题置于一个广阔的社会、文化背景中去思考。我在特定的时代，特定的社会环境，抒发自己特有的感知，无论是批判，是讴歌，那都实实在在是我心灵的迹化，同时，也是我对生命的承诺。"

一、电影本体性之追寻

挑战是黄健中艺术与人生的永恒之姿，是他刀刃上的高蹈！挑战权威话语、挑战陈规陋习、挑战世俗和自我——已经与黄健中的艺术人生水乳交融，没有片刻的游离。没有挑战就没有今天的黄健中，就没有黄健中艺术与人生的壮美景观，就没有黄健中真正意义的生命。

“宁可在探索中失败，也不在固守中成功”是黄健中从影近60年来一贯的姿态。但，挑战绝不是目的，它背负着黄健中探索与创新的渴望；是黄健中对世界别样的肯定与追求，是执着、守护与前瞻性的展望。黄健中的为人一向以和善宽厚闻名，与艺术上的大胆狂妄截然不同。对此，访谈时他说：

> 做人要谦虚，但不能将艺术的谦虚与做人的谦虚混为一谈。
>
> 艺术无谦虚可言。
>
> 不能用道德伦理来审视艺术，它们的标准是不同的。
>
> 乖巧成不了艺术家。中国人讲规矩，没有规矩不能成方圆，而艺术又忌讳规矩，把做人的规矩带到艺术之中，没有一点破坏性和叛逆性，艺术是做不好的。

从执导的第一部电影《小花》开始，我就开始了大胆的“叛逆”，那时年轻气盛的我打破了中国电影传统的叙事规矩……

（一）《小花》：影像的冒险

面对清规戒律，平常人往往止步不前，而猎人般的探索者却要踩着它向前迈进，在冒险中猎取新意。对于黄健中，求索中感受的各种考验乃至打击，都有一种实在而美妙的感觉，有时，甚至妙不可言。电影《小花》即是。

《小花》是根据长篇小说《桐柏英雄》改编的。原作是要表现毛泽东在解放战争中，从战略防御到战略反攻的战略思想，表现真实的战争和感人的故事。由于黄健中的介入，影片的基调被改变了：战争的残酷与庄严代之以革命英雄主义与革命浪漫主义的抒情——这就是当年年轻导演黄健中的“反叛”与“超越”。

电影《小花》的导演是张铮，副导演黄健中承担了大量具体的导演职责，多年来一直被认为是该片的联合导演之一。黄健中导演《小花》的“身份之谜”一直到2011年5月22日黄健中从影50周年研讨会上，被世纪老人马德波先生解开。马德波从亲身经历佐证了电影《小花》应为黄健中导演作品代表作，在中国博物馆的研讨会上解开了这个沉寂了30多年之谜。他说，张铮是搞表演的，她的《中华女儿》是很不错的，后来才当导演。她一直拍戏，但是导演方面经验比较少，她自己要求配备一个很强的助手，当时厂里我是领导成员之一，我们考虑派黄健中，因为黄健中在厂里是年轻人中间最有才华的一个，让他去帮着张铮完成这个作品……我可以负责任地说，黄健中是《小花》的联合导演。如果说《小花》是黄健中创作的作品是完全符合实际的。《小花》是黄健中与导演张铮联合执导的。黄健中是具体工作的执行者。[①]

① 《黄健中影视作品研讨会纪要》，载黄侯兴主编《思无邪：黄健中的影视世界》，中国社会科学出版社，2012，第206页。

革命战争年代的抒情诗

接受拍摄《小花》的任务时，黄健中遇到的第一个难题是如何绕开我国战争影片的固有套路。因为自1949年以来，反映战争生活的影片当时已近百部，其中不乏优秀作品。战争题材影片为后人提供了丰富经验，同时也形成了固定化的模式。

不愿重蹈前人的覆辙。黄健中煞费苦心地就《桐柏英雄》这部小说内容所提供的可能性，进行了大胆的尝试和探索。在访谈中他说：

> 当时我想的最多的就是我们生活在70年代的人如何向观众（特别是没有经历过这场战争的青年观众）描述40年代的这场战争？我们能不能以当代新的电影表现手段来表现这场战争？……《小花》的创作和拍摄，我们要从内容到形式的探索都带有一定的"叛逆"性质。

叛逆并不是盲目的。如果将《桐柏英雄》拍成电影，一定要改换故事的切入点，不然就会流于一般、毫无新意。

黄健中最厌恶的就是带有八股气味的电影。在他看来，影片既不是军事科教片，也不是某一辉煌战役的记录，它不负有表现战略思想的责任，而是通过三兄妹的命运谱写了一首革命战争的抒情诗。

经过深思，黄健中提议以小花寻找哥哥赵永生为线索，来表现桐柏地区人民的革命英雄主义和人性美，通过人物命运表现战争，而把战争推到后景，更加直截了当地展现人与这场战争的关系。这样，舍弃小说的主线，攫取战争中的一朵小花，黄健中对原作采取了"取材"而非"改编"的策略。小说的原作者不同意，这也是预料之中，可以理解的。庆幸的是，黄健中的提议得到了北影厂汪洋厂长的首肯和导演张铮的赞同。于是，他兴致勃勃地担负起了修改剧本的重任。

为了表现这一主题，黄健中不将事件本身的完整性作为第一要务，而是依照人物情感发展的需要，该省略的就大胆忽略，该描绘的就细致入微地刻画。有戏则长，无戏则短。沿着三兄妹的命运、沿着妹妹找哥哥和哥

◎图15　在黄山刘晓庆扮演的何翠姑抬担架

哥找妹妹的线索，即沿着他们感情的起伏和性格的发展展开故事。在真兄妹的关系上，他增写了“赵永生担架上的幻觉”“何翠姑到后方医院看望赵永生”“两个小花踩水车”“赵永生托何翠姑找妹妹”等人情味浓郁的情节，还听取当时任文化部副部长、文艺理论家陈荒煤的建议，加了两场戏：一场是何翠姑抬担架看赵永生；一场是何翠姑找养父，表现父女之情。

这样，无所不在的人情味像空气一样氤氲缭绕在影片之中，使影片漫溢着激情和诗意。

黄健中对既定表现模式的“叛逆”和关于人与人情人性等问题的前瞻性思考引发了关注。而问题也就出在当时极其敏感的“人情”与“人性”上。

对当时的历史情境，尽管过去40年了，黄健中仍旧记忆犹新，他说：

> 1979年，“人情”问题还是一个敏感地带。其敏感的程度可以用一个真实的故事来形容。1979年第5期《大众电影》介绍了英国电影《水晶鞋和玫瑰花》，并在封底刊登了剧照——王子和灰姑娘拥抱接吻。之后，编辑部便接到了抗议的来信，其中一封言辞极为激烈：“你们竟堕落到了这种和资产阶级杂志没什么区别的程度，实在遗憾！……那些洋大人们腐朽的爱情，那些搂搂抱抱、亲亲吻吻的爱情……我看这类狗屁不如的艺术，不适合中国现在的国情。”由此引发了“文艺为工农兵服务的方针”被篡改了的批评。这场“水晶鞋事件”与当时的《“歌德”与“缺德”》《向前看还是向后看》等大讨论，一时成了电影界的轩然大波。

在当时的文化语境中，在人们的思想解放程度极其有限的环境下，我的反叛不能不说带有极强的冒险性。

黄健中的艺术行为触犯了一些人，有幸的是，他得到了北京电影制片厂汪洋厂长的呵护，还有钟惦棐等专家学者的支持。看片后，他们抑制不住心中的喜悦，深受震动的钟惦棐还提议将片名《桐柏英雄》改为《小花》。

穿越时空的隧道，抚今追昔，我询问黄健中作为导演生涯的第一部影片，现在怎么看《小花》这部电影。他平静地说，现在看来，这部电影在表现手法等方面都显得稚嫩，但在当时《小花》这样的片子，给观众的感觉却是太洋气了。《小花》对于我来说当然是十分重要的。最重要的是，它体现了我当时、也是我一贯的创作思维——冲破传统，挑战权威。

冲破传统，挑战权威，正是电影《小花》成功的主要原因之一，也是黄健中立足于当代中国影坛不凡的起点。影片一方面在内涵上，对时代、世态与人心的敏锐感悟使其在20世纪70年代末拨动了社会敏感的神经，呼出了百姓的心声，是当时思想解放思潮中不可或缺的生力军。同时，在艺术上，打破了我国影片中传统的忆苦思甜的回忆手法，采用在彩色片中不断插入黑白片的倒叙、回忆、幻觉，使整个故事在表现悲与欢、离与合等感性色彩上更加浓烈；叙事方法上也更生动活泼，打破了时空概念，给观赏者以极强的视觉冲击力和美感享受，促进了中国电影语言的更新，为中国电影提供了新鲜的语汇。

"电影的民族形式和语言创新"

《小花》问世后，立即在社会上引起了广泛而又强烈的反响。并且同《生活的颤音》《苦恼人的笑》等一批在当时颇具先锋意味的影片一道，引领了中国新时期电影的一场大讨论。

讨论的中心是电影的民族形式和语言创新问题。

在这场讨论中，有一种倾向认为：《小花》的艺术式样是对我国电影民族化的一种破坏。为此，黄健中撰文据理力争。《小花》所反映的生活、反映的个性、反映的思想情感是我国解放战争中广大人民的生活、个性和情感，这一点并没有引起非议。分歧主要来自对表现手法的不同看法。郭老在民族化的道路上所预想的“多样的形式，自由的形式”给了黄健中探索的勇气。黄健中认为，我国观众所熟悉、所接受的表现手段在当时被误认为是我国电影表现手段的民族化，这是偏颇的观点。先进的民族是最善于学习的民族……正如郑振铎在《中国俗文学史》中谈到的“外来形式经过充分的中国化是可以成为民族形式乃至民间形式的”。

年轻气盛的黄健中还指出，对于我国电影工作者来说，最重要的不是蔑视和排斥外来的形式，而是应该学习、借鉴外来文化中新的电影语言，并将它与我们民族固有语言有机融合。借用胡适在《逼上梁山——文学革命的开始》的观点，他提出：“文学的生命全靠能用一个时代的活的工具来表现一个时代的情感与思想。工具僵化了，必须另换新的、活的，这就是‘文学革命’……历史上的‘文学革命’全是文学工具的革命。”

也正是基于1979年新时期之初我国电影那种“电影语言陈旧、语汇贫乏和语法守旧”的影像现实，黄健中开始了大刀阔斧的挺进。

黄健中大胆地“拿来”了法国“新浪潮”的一些艺术手法，为他所用。

20世纪50年代末期出现的法国“新浪潮”电影，给当时的世界影坛巨大的冲击，60年代初、中期处于鼎盛时期。它是与60年代世界范围内的对自身文化的反思，以及现代主义观念的广泛推广相伴而生的；在电影的时空观念、视听语言及自由的运镜技法等方面，对世界电影产生了深远影响。而新中国成立后除了向苏联老大哥学习外，几乎切断了与西方国家的沟通与联系。

在20世纪70年代末的社会文化语境中，黄健中如此开放、如此大胆是需要勇气和胆量的，也是有缘由的。在访谈中，黄健中说：

50年代在干校期间，我就在“地下”状态中，接触并迷恋上了法国的“新浪潮”电影和新小说派的小说，那时，我就拼命地读书研究，并在内心埋下了一个期待：有朝一日在自己的电影中实现“新浪潮"似的视觉冲浪。

不过，"新浪潮"的影响之于我不是完全接受，而是参照，而且还不是唯一的参照。我还十分憧憬美国导演斯坦利的"烛光镜头"和"眼睛的美宴"。

黄健中兴致勃勃地讲述了斯坦利的探索。他说，美国著名电影导演斯坦利·库布里克在拍摄《巴里·林登》一片中，为了"创造一幅粉笔画似的18世纪的乡村世界"，他所做的努力，给我们提供了一个形式和生活真实高度统一的典范。其中赌场大会巴里损失一大笔钱的一场戏，为了达到如上所说的效果，拍摄时完全利用烛光，而没有用任何别的人工照明——这成为世界上著名的"烛光镜头"。斯坦利想尽一切办法购买到美国宇航局的阿波罗登月计划使用的三个50mm蔡司照相镜头，经过改革后把它安装在摄像机上。这种超特快镜头使他在这部影片里所达到的艺术效果获得最惊人的赞誉，人们称它为"视觉上美丽的史诗""视觉奇观的典范""眼睛的美宴""印有胶片上最令人神往的形象"。这是一个多么了不起的探索啊！这部放映三小时四分钟的影片，评论家们认为他所花的"每一块钱在银幕上都看得见"。这种探索令人赞叹，它不仅表现了他们对形式美的渴望，也表现了他们对革新电影的勇气。

斯坦利等艺术家对于黄健中的意义，不仅在于其艺术手法的探索，更重要的是他们对艺术大无畏的创新精神。谈到创新，黄健中说出了他独特的个人体会：

"文革"中我们曾经拼命批判某些"反动理论"，后来竟在批判中"中毒了"。因为那些理论长期留在头脑里，根深蒂固地扎下了根，反而抹不掉了。比如当时批夏衍的"离经叛道"论和瞿白音的"创新独白"。批判的时候没有搞清楚，而后来在长期的学习和实践中，渐渐地彻悟了：凡是有成就的文学家、艺术家，都对艺术具有"离经叛道"、独树一帜的大智大勇。瞿白音在"创新独白"里，对当时电影的弊端作了辛辣的讽刺与批判，被视为“反动”。此后，我却越咀嚼越觉得是真理。

创新有时是需要勇气和胸襟的，有时，甚至要冒很大的风险。

玩味着过往的历史，黄健中略带调侃，笑着说：

这种从“批判”中汲取营养，可能是我们这一代人得天独厚的。当然，也是我们艺术思想形成和艺术素质培养中重要的组成部分。对于我们来说，最严峻的是，要向欣赏者或说审美惯性挑战。

愚就，是创作者审美上的怯懦；迎合世俗，是艺术的堕落。

拍《小花》排除了各种阻力，为我国电影提供了一种新的语汇、新的表现手法，为我国电影的发展开辟了新路，更为观众献上了一餐“眼睛的美宴”。影片中很多镜头十分讲究，也为黄健中自己内心的渴望建造一座神圣的宫殿……这座宫殿，唯美、清新，自由纯朴而真实；视觉奔跑，听觉清幽……当谈及这段时期大胆的艺术尝试，黄健中坦言——

当时，我也可以沿着旧的轨迹、既有的道路走下去。这是最省心、最省力，也最安全的。但这样的话，我也就陷入了一个最大的危险：因循守旧。

那一时期，我总在思考马克思的一句话：“一切已死的先辈们的传统，像梦魇一样纠缠着活人的头脑。”

墨守成规的保守思想是我们搞艺术人的大敌、死敌。新思想、新手法与技巧的出现，可能会遇到阻力，不被观众理解，甚至讥笑。这样的例子太多了。以世界电影为例。格里菲斯第一次使用大特写的镜头引起了观众的惊恐。美国导演罗本·马莫里安的《十字街头》，想把一个人的思想和回忆变成可以听见的声音用在一个无声的特写上。这是有声电影中最早运用声响表现内心活动的方法，在当时遭到了许多人的反对。他们都说他“完全是乱弹琴”，因为这样会使观众感到莫名其妙……而实践证明他成功了，这种手法直到现在我们还一直沿袭着。

创新是需要胆量、需要勇气，需要鲁迅所说的吃螃蟹的精神。

创新是黄健中心灵深处的呐喊，是他生命的诗篇，灵魂的宣言！创新不仅令黄健中举步维艰，更是他快乐的源泉。

奇异的《小花》

1980年的《大众电影》百花奖评选中，《小花》荣获了最佳故事片等四项大奖，被视为1979年中国影坛的一朵奇异的小花。历经40年时间的淘洗傲然屹立在中国电影的艺术之林中，成为值得回味的经典电影之一，被列入中国电影“百年百部经典影片”。

《小花》不仅仅是中国电影中的一朵奇异的小花，也是中国电影文化发展中的一枝奇葩。

《小花》公映后，影片中的两个女演员陈冲和刘晓庆成为公众瞩目的新星，深受观众喜爱。陈冲在影片中以含蓄、细腻而富于个性的表演得到了广泛的肯定，至今成为跨文化国际型电影艺术家。刘晓庆经历坎坷至今活力不减当年，仍然活跃在影视和戏剧创作前沿。影片中王酩作曲、李谷一

◎图16 《小花》工作照

演唱的主题歌——《妹妹找哥泪花流》等，当时迅速风靡全国，至今传唱，成为一个时代的声音符号。而《小花》拍摄“百步云梯”的黄山外景地，也已经成了一个特别的旅游文化景观……《小花》上演20年后的1999年，黄健中为电视剧《笑傲江湖》采景重上黄山时，竟听到了一位导游向游客们介绍当年《小花》中刘晓庆跪在石阶上抬担架一场戏在此拍摄的情景。作为该片的导演，当时的黄健中真是感慨万千。一部影片的一个细节给人留下20年或更久远的印象和回忆，他感到很欣慰，同时也有一种感悟：要把细节作为作品的生命，珍视创作。

2001年陈墨撰文写道：“电影《小花》可以说是黄健中导演生涯的一个实实在在的起点。无论是中国电影史书，还是全面论述中国新时期电影的论文，都不可能不提及电影《小花》……《小花》带有明显反叛性，创造性地生气勃勃地绽放，不仅报道了春之消息，而且一花引来百花开。”①

《小花》公映30年后的2009年12月19日，中国电影博物馆公益影展迎来了北京高校影视专业大学生组成的观影团，观看的影片就是《小花》。在观影座谈会上，黄世宪教授对青年学子们所讲的一番话引来了全场热烈的掌声。黄世宪说：我在1979年写的《〈小花〉的十个创新》，你们在网上可以找到。我觉得这个年代是一个创新的年代，当时的热情跟今天的市场天壤之别，我在今天的银幕上很难找到纯真，我觉得再也找不到《小花》的纯真，两个小花踩着水车，多感人。陈冲这个小花就看着当年的翠姑的妈妈，前面一片花，后面是车，这种场景，今天看来还是纯真，一种纯真的人性的美。我觉得今天的产业化、市场化，以后我们的银幕确实有了变化，很多的山寨版，很多的无厘版，所以我们现在很难找到最初电影银幕的那种感觉。你们都是学影视的，我觉得《小花》尽管有些幼稚，你们会笑，但是整体上它的闪回给人的感情和它的心灵很纯真，我们今天不评价《小花》，而是我们如何找到文化的纯真，我们能不能恢复到刚刚改革开放那个年代，那种蓬勃发展的欲望……我觉得回顾这一点非常重要，我不相

① 陈墨：《浪漫与忧患——黄健中电影阅读札记》，《当代电影》2001年第5期。

信中国电影产业就在这儿停步。[1]观影座谈会上，除了黄世宪的肺腑之言外，亲临观影现场的黄健中结合《小花》创作同样为大学生们提供了宝贵的经验和建议，他特别强调指出，年轻人当有一定学养的时候，要敢于有所发现和突破……之后，在场学生对电影《小花》的构图、色彩、镜头等方面兴趣盎然地与黄健中热烈交流。现场情真意切地用心对话，让在场师生都十分享受那种久违了的纯真时刻。

两年后的2011年5月22日，在黄健中从影50周年研讨会上，与会专家学者对黄健中参与导演的《小花》给予了充分肯定。代表性的如马润生指出，《小花》是一部在中国电影史上具有探索标志意义的作品，导演运用意识流闪回的时空交错和色彩对比的表现手法，取代了传统叙事结构。黄健中在继承和发扬现实主义和浪漫主义相结合的美学原则基础上，大胆开拓创新，吸纳了西方美学流派的创作元素给电影《小花》注入了新鲜的营养。自该片问世以来，遭受到来自各方的质疑，但它出色地接受了时间的考验，时至今日，仍然是一部形式反作用于内容、生活与艺术有机统一、民族形式与电影语言颇具创新的优秀作品……对于《小花》，多年之后，黄健中总结说：“在这部影片里我们运用了意识流电影的某些手法，并不能说《小花》就是意识流电影。”该片在经历了批评、质疑之后，标志着中国电影形式美学开启了新的篇章，显示了人的肉体和精神两个方面本质的力量。[2]确如其所言，黄健中这朵奇异的《小花》，开启了中国电影形式美学的新篇章。

（二）《如意》：人性礼赞

《如意》是黄健中独立导演的第一部影片，于1982年根据刘心武同名小说改编，与《小花》一样引发了激烈的争论。

《如意》的故事很平常：一个小人物校工石大爷与“格格”出身的女子

① 《艺术的心灵感应》，载黄侯兴主编《思无邪：黄健中的影视世界》，中国社会科学出版社，2012，第253页。

② 马润生：《走近黄健中》，载黄侯兴主编《思无邪：黄健中的影视世界》，中国社会科学出版社，2012，第365页。

金绮纹的爱情故事。不平常的是小说描写及电影拍摄两个特定的时代。

小说《如意》在当时引起了很大争议，在这种情形下，黄健中还要执意把它拍成电影。当时的争议主要在人性问题上，小说要反映石大爷和“格格”的恋爱悲剧，自然触及两个阶级的敏感话题。以阶级斗争为纲的观念，两个阶级间是斗争关系，不应该存在爱情。所以有评论家批评说这是“焦大爱上了林妹妹”。

黄健中阅读作品时的感动与读后难以抑制的冲动，使他萌生了强烈的渴望——把它搬上银幕，把小说中只可意会的那些感受充分地视觉化。无法抑制的创作激情使他无暇顾及当时对作品的批评，他要站出来为石大爷，为石大爷一样善良而高尚的小人物，为至真至纯的人性高歌一曲。

小人物的人性之美

将审美与创造的视镜对准了人与人性，在当时触及了一个禁区：人性、人情、人道主义。在思想解放还远没有真正实现的当时，这样做无疑是冒着“探雷”的危险。在第一次读小说时，黄健中写下了这样的笔记：

> 这是一个勤勤恳恳的劳动者，一个懂得爱和恨，知冷知热，憨厚朴实，没有半点虚伪的普通人。在北京的每所学校里、机关里、工厂里都不乏他的影子。他，不引人注目，没有轰轰烈烈的行动，没有丰功伟绩。
>
> 在人们眼里，他也许是一个优秀的工友，一个值得表扬的工会会员，一个“以校为家”的模范，一种任劳任怨的典型……然而人们竟全然忘记了，他也是一个需要女人的男人！也需要一个家庭！一种最普通最琐屑的人生乐趣！

由石义海，黄健中想起了他所在的北影厂生活区传达室的董大爷，想起了在北京一中读书时的郭大爷。从高一到高二那两年，他每天上学都可以看到郭大爷端坐在传达室窗前的那把椅子上，他去世的时候竟然也还是端坐在那里，去世了好长时间才被发现！真实鲜活的生活激发了黄健中的创作欲望和激情。他就是要为这类生活在底层的小人物“树碑立传”，要为他们这些普通人歌哭呐喊。在近乎狂热地投入准备工作之后，黄健中阅读了刘心武所有的作品及几位专家的评论文章；特别还阅读了相关的世界名著中有关“小人物”的经典作品及经典评论。当读到马克思《神圣家族》中分析欧仁·苏的小说《巴黎的秘密》的文字时，他的眼前一亮，马克思对女主人公玛丽花是这样肯定的：尽管她处在极端屈辱的境遇中，她仍保持人类的高尚心灵，人性的落拓不羁和人性的优美。她之所以善良，是因为她不曾害过任何人，她总是合乎人性地对待非人的环境。马克思的论述暗合了黄健中内心之思以及他为自己的影像世界所设定的品格：高尚、善良、正常而纯真的人性。

影片中石义海和“格格”的爱情具有浓郁的东方民族特色，而且他们是以最执着、纯朴而古老的方式进行的。因为时代的动荡，因为政治的因素，更因为人的因素，这一对恋人始终手执“如意”，而无法走进自己如意的爱情和婚姻。这不能不说是时代的悲歌、人的悲歌、人性的悲歌。小说这样写道：“他们用了整整三十年，才终于坐到了一张桌子的两边。他们的欢乐是渺小的，哀痛是卑微的，然而，他们的生死歌哭，也应当在人类的文明史中占一席地位。”

今天重温这部影片，其中真正动人之处正在于作为导演对芸芸众生，对最底层的小人物的真诚和体贴入微的人文关怀，这远比那些宏大的关乎人情、人性和人道主义的高论来得生动真切。纯情的“共和国情结”、理想主义和浪漫主义色彩的自我定位，使黄健中不愿意使用艺术的简单方法图解历史；或者说，不愿意直接面对历史中非诗情画意的、残酷的“腥风血雨”，他宁愿以先锋的思想与进取姿态，同传统的世俗观念保持一定的距离。前瞻性的思考和颇具先锋意识的探索，把黄健中推向了这个时期中国文化影像代言人的位置。

“神思”与“神似”

在筹拍《如意》时，黄健中面对的实际上是两个改编本。一个是《电影创作》杂志上发表的改编本。这个改编本从情节上似乎更接近小说，但很奇怪，黄健中却找不到读小说的那种感觉。为什么？人物稍稍拔高了一点，细微的变化却让黄健中感到面目全非，正所谓，差之毫厘谬以千里。后来黄健中又请刘心武亲自改编。当时黄健中特别详细地和刘心武交流了自己为什么不能拔高人物的想法。特别是讲鬼那段戏，黄健中很看好，因为这一段写得很真实，黄健中说自己就碰到过一个老头儿，工作上无疑是个优秀分子，勤勤恳恳，但就是相信鬼。你能说这个老头不好吗？刘心武说，你这个人很怪，我接触过这么多要改编《如意》的，没有人非要把讲鬼的故事写进去。黄健中说，最好一个字儿也甭改，全写进去，这么实打实地拍。镜头不跳出去回忆，不拍学生的反应。通过畅快的交流刘心武明白了黄健中的意图，说，我知道你要拍成什么样的电影了。在黄健中看来，这部小说很多画面很清晰，他不是说讲鬼故事一段在电影里是很成功的，但认为这个人物是必需的。这不是为了用恐怖去吸引观众，而是刻画这个人物必不可少的一笔。这一笔连接着整个作品和作家的美学追求。刘心武在《如意》小说里的美学理想不是寄托于一种左右社会矛盾的超人力量和体现在这种力量上的理想人物身上，他是在普通人身上寻找美。[1]

改编过程中，刘心武曾对黄健中说，他这篇小说是想让读者读完之后在自己身上感到美，感到美不仅在石大爷心灵里，也在自己心灵里。他想用马克思主义观点探索人性真实的问题，正是为了使我们懂得尊重人、尊重人的尊严和价值。黄健中正是在读小说时被刘心武在描绘人物个性和生活环境所流露出来的那种独特而细致入微的艺术感受能力深深吸引，并促使他探索在电影中找到小说所表达的那种深度。而且他认为，只有这些真实的故事才能把他所表现的人性的优美和性格的落拓不羁具体生动地展示在观众面前。后来黄健中撰文总结了这段难忘的创作经历，指出："改编与拍摄正是紧紧把握作家这种独特的构思，独特的美学追求，这是'神思'——'思理为妙，神与物游。神居胸臆，而志气统其关键'。抓住这一点，

① 黄健中：《改编应注入导演的因素》，《电影艺术》1983年第8期。

对改编来说就能达到‘神似’。我跟刘心武的合作十分愉快，也十分默契。为了更适于电影，我们在影片里往往要改变他很多东西。如果单从情节计算，电影对小说的增删各半。但无论增或删都是靠作者自己动笔。有许多在小说里一笔带过的，在电影里却成为重场戏。譬如两场什刹海的戏，小说是没有的，电影剧本初稿有那么四五行，地点是龙潭湖。为这四五行字，我们谈了几个晚上，生发出两场戏。‘格格’到石大爷屋里看望石大爷的一场戏，是后加的，是根据荒煤同志的意见加的。像踩黄泥的回忆，写剧本时我就把这场戏未来的银幕处理讲给他听，他很兴奋。这种蒙太奇语言是电影所独有的。空镜头的渲染，教堂、白塔寺、路灯，特别是镜头摇过古建筑上一只只屋脊六兽，摇过锯齿形的屋檐，最后摇到一只兽头上，这个镜头拍了六十多英尺。”刘心武说这是他在写小说时所寻求的一种感觉，文字无法表现……为了拍《如意》，黄健中把刘心武所有的小说都读了，不仅了解《如意》，也想了解作家，了解得越多，在拍片时就越自由。黄健中的想法是，影片只能是导演的，小说只能是作家的。导演不能让自己的影片不像自己而像作家，导演只能找到作家的感觉，把这种感觉变为艺术的自己，这就是“神似。”

1982年筹拍《如意》的过程中，黄健中曾多次与作者刘心武交谈、通信，并听取了前辈陈荒煤的建议与意见。在影片“人”的主题及艺术创意上，他们取得了共识。除此之外，黄健中更想在电影语言、电影形式上沿着《小花》之路，走得再远些。

在电影的风格基调方面，如果说《小花》是唯美而浪漫，充满了动感和视觉冲击力的话，《如意》则流溢着沉郁与凄苦，以及无边的宁静。这正是那个非常时代里人们所共有的情绪和心理基调；也是黄健中对那个时代的审美感知；更是刘心武写小说时欲求而未得的一种感觉。看片之后，刘心武对黄健中感慨道：电影所渗透的情绪如此充分，似小说所有，却又小说所无。我们的合作好像有那么一点，编剧有导演的成分，导演又有编剧的成分。这正印证了黄健中的“改编观”：神似。

“意味”之谜

为了寻得影片之“神”，黄健中可谓煞费苦心。在那段难忘的岁月里，为了获得对生活的感觉，黄健中常常在早晨和黄昏到故事发生的那些胡同、校园、湖边……徘徊、伫立。黄健中曾记录道：“我感受着玫瑰色的朝霞射进古老的胡同所唤起的生活美感；也感受着夕阳给什刹海湖畔带来的诗意；感受着喧闹声的欢快；也感受着宁静的怡悦。我有时漫步，有时长久地伫立遐思；有时自我，有时却是剧中人。许多镜头和画面甚至角色的情绪都是在这朝霞与夕阳之中，漫步与伫立之间产生。”①

漫步、伫立与遐思之后，经过导演的“作者”般主观介入与诗人般美感捕捉，影片中的影像不再是被察觉到的现实真实的复本，它更是与导演的“心”相对位的“境”，是导演营造出的蕴藉深厚的“意味世界”。这个世界的诗境内涵与缓缓流动的影像的景深处理、中全景对情境的经营，甚至与音乐、旁白联系在一起，饱含着导演在整部影片中追求的沉郁、悲凄的“意味”。

破解影片《如意》“意味世界”之谜的关键在于“视点”及由此决定的影片的时空观。其实，电影观念的不同，归根结底是电影时空观的不同。在这方面，黄健中是有意为之并进行了大胆的尝试。

尝试首先落实在他精心绘制的“画面构图”之中。创作中黄健中回忆起曾经阅读过的库里肖夫的《电影导演学基础》，尤特凯维奇的《论电影导演》等著作，他十分迷恋他们在书中论述蒙太奇结构画出的那些小草图，讨论画面构图与蒙太奇节奏、情绪的关系，它们使黄健中在学习阶段便懂得电影图画的重要性。因此，当导演之后，在前几部戏中都作了几千幅草图。这些草图是在研究文学剧本之后，主创人员选完外景、进行案头工作时，为了更好表述镜头的语言，黄健中往往在很长一段时间，苦思冥想，然后再和助手，或者美术助理共同研制、绘制。于是有了《如意》的“画面构图”和文学剧本中的相关描述：

① 黄健中：《〈如意〉：中国意味与诗化品格》，载《黄健中导演笔记》，作家出版社，2011，第27页。

◎图17、图18 《如意》构图草图

序幕

校园中的一条甬道。

秋晨。阳光透过树隙，斜映到甬路上，晨雾在阳光中缓缓飘散。

秋叶飘落着、飘落着……

金黄的、带着赤褐斑点的大片秋叶，露珠缓缓滚下。

一只手伸过来，动情地接住一片秋叶。秋叶上的露水熠熠闪光，使人想到那是一个生命在发出最后的热力。

画外程宇的声音：“每到秋天，我就要想起他来。我要把他，一个平凡的劳动者的故事，讲给你们听。”

程宇的背影。他踏着甬路上的秋叶，缓缓朝前走去。秋叶在他身后飘落，飘落着。

天坛公园

石大爷和格格都垂着眼皮。石大爷首先抬起了眼睛，朝格格望去。格格微微抬起了眼睛，也开始望着石大爷。他们两个对望着。北京是古老的，形态优美的古柏，时值春日，风吹过，谢落的红、白桃花瓣儿，从画面上轻盈地飘过。

两人逐渐坦然地对望。

石大爷：“当年您救了我，我多少年一直没忘您的恩德。”

格格：“您后来没少照顾我，甭提这些了。我这辈子遇上的歹人太多，遇上的好人有数，我的心，早就硬得能划火柴了。我没指望还能交什么好运道……"

从这些"画面构图"可以看出黄健中和他的助手对每一个场景、镜头、图画的结构、色调、机位等的详尽设计；更能看出他们的严谨的工作作风与踏实的工作态度……后来，他们精心设计的这些"构图"，参加了国际比赛并获奖。

在艺术上，黄健中试图将中国传统绘画的美学观念运用到电影画面的构造上。他深悟李苦禅的"妙造自然"及中国绘画的造型原则：为了美的目的而"以意为之"，讲究传神。比如影片序幕程宇对死者石大爷怀念的一场戏，戏中没有肆意渲染其悲痛之情，而是一连串特写：秋叶上的水珠、潮湿的树干、升腾的水雾、接水的手、悲楚的脸、地上的烟蒂……细部的点染不是故事的必须，也不是客观实景的再现，这里的物理时空已上升为一种心灵感受，一切"景语"皆"情语"。画面要传递的不再是寻常的景象，而是"言外之意""象外之象"。再如"文革"一场戏，没有司空见惯的标语、大字报及批斗等画面，而是这样一组特写镜头：耸立的教堂、教会的铜钟。黄健中还十分强调"除了环境自身，还要耐心等待着自然光出现奇

◎图19、图20 《如意》剧照

迹，要善于和敏于捕捉一瞬间的美”。

美好的内心诉求使黄健中在《如意》中剔除了现实生活与过去岁月里过于丑陋、贫瘠、残酷的画面，留下其中美丽而又丰腴的部分，让历史呈现出诗意的特征。而光效与色调的确为影片披上了异彩，整部影片仿佛是一首关乎人生、爱情与岁月的诗篇。

片子拍完，很多人认为很有诗意。有人说，黄导如果不是导演，你会是诗人。黄健中笑答：其实，我没写过一行诗，我是用画面表现诗，还有美。在访谈中黄健中说：

> 我认为，诗的本质是你对生活的感知，是特有的对生活提炼后的感知，并将这种感知传递出去。而美呢，是生活在艺术家心灵中的亮照，亮照出的东西再传递、体现在艺术品中。

黄健中做得很真诚、很忘情，甚至可以说很纵情。他有意做着某些尝试：尝试电影的“意味”“品味”“妙造自然”。在他看来，“对社会生活，人生百态，常常会有一种特有的感知。当你把这种‘特有的感知’传递出去，观众会用自己的生活经验感受它，这就是品味”。创作中黄健中喜欢这样一句话：“超以象外，得其圜中。”中国传统的意象造型是立意造象，以象尽意。在无限的宇宙空间中，物我交融，神思飞扬，达到超以象外，得其圜中的境界。刘勰《文心雕龙·神思篇》“文思神远”“思接千载”“视通万里”，以及古代文化和近代绘画造型理论都强调“意授于思，言授于意”，无一不为黄健中的电影创作提供了丰富的营养。看完电影《如意》，刘心武撰文写道：电影《如意》“只是力图用诗的格调，娓娓地把一些最平凡最不引人注意的人物，介绍给观众，希图观众从这些最普通的小人物的悲欢离合中，品味出一种滋味儿，并能随之思考一些问题……我以为导演黄健中和摄制组的同志们辛苦劳动的这一结晶，将不仅不会使大多数观众感到平淡、枯燥，反而会觉得耳目一新，特别是那些油画般的银幕造型，那些从秋叶、塔影、湖光、雪网等最平常的景物中提取出的银幕诗意，那

◎图21 《如意》剧照

些由李仁堂、郑振瑶、赵子岳、陶玉玲等有功力的演员塑造出的丰满动人的银幕形象，以及那些随着长镜头（包括少数空镜头）自然而然想起的诗意盎然的音乐（这得力于作曲家施万春）……相信都会给有心的观众一定程度的艺术满足”[①]。1981年《如意》拍摄完成试映阶段，引起极大争议，影片被冷藏了一段时间，黄健中四处奔走，几经修剪才得以在国内外与观众见面。几经波折刚刚平静下来的黄健中意想不到的是，其颇具戏剧性地又卷入一片赞誉之中。1984年香港举办20世纪80年代中国电影展，14部国产影片中《如意》竟然被称为“是整个影展中的一个意外惊喜”，舆论界称赞黄健中“是中国新导演中最具潜力的一位”。1985年法国举办规模浩大为期三个月的中国电影回顾展，从默片时期开始到20世纪80年代最新作品，总共140部，《如意》被选为开幕式上放映的第一部。

2001年陈宝光撰文从黄健中创作整体观照出发，对《如意》给予了全面客观的评价。“《如意》反思政治。影片的外表虽然温和，艺术的处理亦颇平实，而非金刚怒目式，但批判力度却很大，就像包着棉花的铁拳、动作很小发力很大的武术，稍微一动就制敌人于死地了。金、石的悲剧具有一定的偶然性。石大爷并不是死于别人的迫害，而是死于结婚前偶发的心脏病。‘人有旦夕祸福’，按说只怪当事人福薄命浅，赖不着别人。但一个社会中未能满足一个好人最起码的生理要求，能不责任乎？《如意》娓娓道来的故事远比哭天抢地、声嘶力竭的控诉，更为聪明深刻有力。”[②]

时间已经证明，《如意》是继《小花》之后体现黄健中人文关怀和艺术

① 刘心武：《从〈如意〉上银幕谈起》，载黄侯兴主编《思无邪：黄健中的影视世界》，中国社会科学出版社，2012，第557—558页。

② 陈宝光：《晓风残月与大江东去——黄健中电影散论》，《当代电影》2001年第5期。

创新的第二部标志性的作品。其间人性的光辉和充满了诗意的镜头语言，不断引发研究者破解《如意》“意味世界”之谜的兴趣。

（三）《大鸿米店》：逼视人性恶

和其他艺术一样，中国电影一直是戴着镣铐跳舞。曾经各种僵化甚至错误的思想观念在很大程度上制约着中国的发展，也阻碍着包括电影在内的中国文学艺术的创作生态和科学发展。黄健中二十几年前的感受，依旧萦绕在心，特别是谈及苏童小说《米》改编的电影《大鸿米店》（电影公映前影片名为《米》）……在有关《米》资料中有这样的评价：“这是黄健中电影生涯中最精彩的一部。”评论界认为，影片无论是思想分量还是艺术质量都是中国电影的一个“意外收获，是一个典型的异数”，“是黄健中电影生涯的标志性作品”。黄健中也多次坦言，《米》确实是我煞费苦心的心血之作，是我特别偏爱的一个“孩子”。

然而，《米》无疑也是黄健中影片中命运多舛的一部。1995年拍摄完成，一直没有得获得放映许可证，漫长的七年后，改名为《大鸿米店》，2003年获得放映许可，但是，由于媒体炒作等原因再度被停映。

被禁、叫停，改名、公映、停映，一波三折中，这部影片不仅成为黄健中导演电影中的“异类”，也成了中国当代电影中令人深思和玩味的“这一个”。

时间是最公正的审判者和发言人。2003年影片公映时，评论界认为，“该片注定是拍给历史的”。“影片把故事背景放到了20世纪初，用意应该是明显的：故事与我们今天的社会无关。其实，通观影片，背景已经没有多大的实际意义了，因为影片的故事、情节、人物所指，在意的，不是对社会的批判，而是对人性的一种暴露。背景，只是作者信手拈来的一个载体。就影片的效果而言，这种对人性的批判与暴露是超越了历史背景的，也就是在这种超越中，影片才拥有了更深的认识与审美价值。”[①]2011年马润

① 司棋：《挣扎在灰色中的深刻——我看〈大鸿米店〉》，《电影评介》2003年第6期。

生撰文指出："1995年电影《大鸿米店》，黄健中导演的影视艺术创作遭受到前所未有的磨难。该片拍摄完成一搁就是七年。孤独的黄健中啊！……电影《大鸿米店》依然饱含着他火热的激情。由过去田园抒情诗的艺术风格转向戏剧体诗的尝试。该片以新旧时代交替的生活背景，讲述了旧时代虚伪原始欲望演变沉沦，最后走向毁灭的滥觞故事。影片采用了夸张、放大、变形，甚至荒诞的手法，从文化学角度提出了对人类生存环境思考的严肃命题，是对旧社会、旧制度，旧的文化土壤、精神气候的批判。值得一提的是，影片在吸收西方表现主义美学元素的同时，刻意追求营造浓郁的时代气息，并将具有象征意义的音乐音响动效的真实性、寓意性、动作性充分开掘强调运用，使其更高层次的审美意蕴实现了准确的表达。打开'阅读视野'，不仅能从该片文体中分享人类文明跋涉的冒险，而且拓展了我们对来自同类的同情和理解。这种从内形式与外形式水乳交融，层层运用意象，环环相扣推进，隐隐重复强调，超越了影片内容本身。它以隐喻的力量，震荡出层层涟漪，唤起人们对社会问题的关注，对现实问题的思考，对人文真理的探索。"①

"电影的文学性"

《大鸿米店》是黄健中格外看重的影片。之所以如此，在很大程度上是因为黄健中将思想的锋芒对准了人类生存的文化环境，欲以一个知识分子的使命感和责任感逼视"人性恶"，为中国电影的人物画廊增添一个血肉丰满不可多得的艺术形象——五龙。

电影和小说原作有一定的差异，当年改编时黄健中经过了慎重的思考。

黄健中是1994年4月12日接受作家苏童"授权书"的。在"授权书"上苏童写道："本人长篇小说《米》的电影改编及拍摄权授予北京电影制片厂黄健中导演。"4月下旬黄健中即着手对小说进行改编剖析，5月中旬邀请剧作家石零改编，6月上旬石零完成文学剧本初稿。因资金问题，影片延迟到1995年9月16日在四川成都开机。

① 马润生：《走近黄健中》，载黄侯兴主编《思无邪：黄健中的影视世界》，中国社会科学出版社，2012，第371页。

在阅读这部作品时，黄健中曾经写下了一份"改编思考"，详尽记录了读小说后对影片最早产生的雏形。读小说时那些最令黄健中激动和震颤的情节、细节，在后来拍摄的影片里也是最具光彩的篇章。在改编中他一直强调"神似"：

> 我从不主张改编中移植、注释或近似，而是强调改编要注入导演的因素。
>
> 认真研读作品后，就小说到剧本这个文本形态的改变，我向编剧提出了值得十分注意的几个问题：
>
> 一、小说写宿命，所以写两代人。我更偏重于讨论生存环境。只写五龙，不写他的下一代。小说前半部写得比后半部好。
>
> 删去第二代的戏；剧本从何处推向高潮，五龙怎么成为六爷的人，缺少过渡的戏。
>
> 二、《米》的文学意义何在？五龙的典型性与认识价值是这部影片可以确立的地位。鲁迅怎样认识国民的劣根性。
>
> 三、讨论生存环境问题，可以引申到对旧社会、旧制度、旧的文化土壤的批判。这可能会使作品提高品位。
>
> 四、后景的人物要充实。
>
> 五、怎样写织云、绮云？尤其是绮云。这个人物也许可以寻到影片的定位。
>
> 六、怎样写米仓的戏。米仓应该有几场重场戏，但不是性。

从影片改编意图足以体会到黄健中的用心良苦。他以一个艺术家的艺术直觉和无法逃脱的责任感审视人类赖以生存的环境，并期望对中国旧社会、旧制度，旧的文化土壤、精神气候进行批判。

而所有这一切围绕着作品的主人公五龙展开。正是这一人物及其特异性和复杂性，给影片带来了难以预料的运命。

当我们将目光锁定在《米》的艺术审美上探讨时，不能忽视的是黄健

◎图22、图23 《大鸿米店》剧照

中相当长一段时间对中国当代电影的可能性和深刻性的一番严肃认真的思考。这部电影一以贯之的是黄健中多年来对电影文学性之追寻。

黄健中的"'第四代'已经结束""电影应该电影化"等观点在20世纪80年代电影界曾经引起过反响，遗憾的是，他有关电影文学性如此这番大胆的思考与掷地有声的作为并没有广为人知；如果他的思考得到足够的关注，他的作为有更自由、开放的外部环境和外界助力，黄健中一定会在电影文学性探索上走得更远……拂去历史的灰尘、时代的雾霭，我们不禁要问，黄健中为什么会对电影文学性情有独钟，是怎样的机缘和文学艺术的积淀与修炼让他如此迷恋电影的文学性。在访谈中，关于这个话题，黄健中说要从1985年谈起。他认为，近年来的中国电影，文学的涵盖越来越少，人物的文学价值越来越低。针对电影亟待解决的现状，黄健中提出了"电影的文学性"这个久违了的话题。

1985年，在夏衍的追悼会上，我曾经产生过这样一种强烈的感觉："中国电影失去他，如同失去电影中的文学。"出自夏衍之手编剧的三部作品：水华导演的《林家铺子》、桑弧导演的《祝福》、谢铁骊导演的《早春二月》，历经几十年，它们仍然给人以思考和莫大的艺术享受。它们堪称中国电影史的经典。

这些小说大多产生于20世纪二三十年代，电影则是在新中国成立之后，在较好的创作环境中，由当时主管电影的夏公亲自动笔或过问拍摄的。

从我在"北影"学校的学生时期至今，这几部影片至少看过十遍至二十遍，特别是《林家铺子》。在一次次的观摩学习中，我深深地为老一代艺术家创作的严肃性和使命感所打动，领略着他们的艺术风范，也深得"精品"与"经典"之味。

从此，我一次次被自己内心的呼声震动——电影需要更多的文学。

除了对"电影的文学性"长久以来的思考外，《米》拍摄还有一个特别的机缘，即1993年的东京国际电影节。电影节期间，谢晋和黄健中讨论了中国电影的不足，谢晋认为中国新时期以来的电影普遍忽视了形象的塑造。他从自己的电影经验引申到世界经典作家与经典电影以及中国电影的传统，认为"第五代"电影导演的特征是重故事的意念，重造型，重文化，但忽视形象。而电影和文学的共同之处在于塑造形象。形象的独特性、鲜明性、深刻性体现作品的价值。谢晋的一番话与黄健中产生了强烈的共鸣，说出了黄健中的心声。在《米》导演阐述中，黄健中直言，"我拍摄《米》，想实实在在拍出一部有较高文学性的电影"。拍摄前，黄健中按照工作惯例做了大量的前期论证，在一年多的创作准备中，对作品的文学性与艺术价值进行了细致而深入的探讨，在笔记中他记录下了自己的思考——《米》的文学意义：

《米》的主人公——五龙。

五龙形象的典型性，他的意义、他的认识价值，是这部小说可以确立的地位。在中国现代文学史上不乏大作家把自己的视点关注到“国民的劣根性”。首当其冲者，鲁迅。鲁迅对“中国国民的堕落”所做的揭露与分析，茅盾称之为在鲁迅全部的文学活动中具有“更重大的贡献”（茅盾《最理想的人性》）。除了杂文，在鲁迅的小说中，几乎每一篇都有多种国民劣根性的典型形象。阿Q是最具代表性的。我们从老舍笔下的祥子，曹禺笔下的仇虎，也可以想见五龙。

鲁迅在解剖国民劣根性时，更注重“驯良和奴性”“麻木、迷信”“愚昧、无知”，他指出：“中国国民的堕落……最大的病根，是眼光不远，加以‘卑怯’与‘贪婪’……”

苏童把自己的解剖刀直接插入一个“恶”字。人性恶。这甚至使人想到《狂人日记》那伙“吃人的人”的具象化。

五龙是旧中国、旧社会、旧的土壤孕育的罪恶典型。他从农村逃荒进城，目睹黑帮会对自己同胞的血腥驱赶，忍受着种种凌辱。在鲸吞虎锯、生杀予夺的生存环境中，不断显露罪恶本性，并且形成了他的“仇恨”的人生哲学。他成为恶霸之后，对码头上的穷苦人有一段话，是作者特别强调的。五龙说：“我从前比你还贱，我靠什么才有今天？靠的就是仇恨。这是我们做人的最好的资本。你可以真的忘记爹娘，但你不要忘记仇恨。”（小说《米》第167页。注：“仇恨”的重点符号系小说原有）五龙的“仇恨”使他恶的本性不断膨胀，他以百倍的疯狂报复各式各样的仇人，而走向恶的顶点。

在陀思妥耶夫斯基的小说《罪与罚》《穷人》中，我们更可以看到五龙的影子，鲁迅在《陀思妥耶夫斯基的事》一文中写道：“他把小说中的男男女女，放在万难忍受的境遇里来试炼他们，不但剥去了表面的洁白，拷问出藏在底下的罪恶，而且还要拷问出藏在那罪恶之下的真正洁白来。”陀思妥耶夫斯基称自己是“在高的意义上的写实主义者即我是将人的灵魂的深，显示于人的”。鲁迅对此评介道：“灵魂的深处并不平安，敢于正视的本来就不多，更何况写出？因此有些柔软无力的读者，便往往将他只看作‘残酷的天才’。”（《集外集·〈穷人〉小引》）苏童无疑就是这种将人的灵魂的深，显示于人的"残酷的天才"。

在一年多的文学思考和理论认识中，我越来越感悟到苏童这部作品的意义。这不仅是作为严肃的写实主义的小说，将显示它在中国当代文学史上的地位，而且它的惊世之笔，极具文学的经典价值。[①]

◎图24 《大鸿米店》剧照

艺术理想在心中猎猎飘扬，黄健中义无反顾地重举鲁迅先生国民性批判的旗帜，毅然决然地将思想深入到民族文化的反思与人性恶的批判之中。

但小说和电影毕竟是两种不同的艺术，影像的视觉冲击力和直观性使两种艺术在处理手段上存在很大差别。首先，黄健中不喜欢小说的宿命主题，认为宿命过于玄妙、消极，无论它多么具有独特的文学意义，他也必须舍弃。同时认为，必须冷静地、慎重地对待小说中的性描写，在拍摄的过程中，黄健中反复强调：小说中有较多的性描写，直露而且污秽，不否认它在小说中无论对性格刻画以及主题的完成所起的作用。但电影毕竟是视觉的艺术，性的描写，只能含蓄、隐蔽，越少越好。

与对影片性问题的小心谨慎相对，电影文本中黄健中浓墨重彩的是五龙的人性恶。与苏童的细语不同，黄健中更接近于呐喊。影片高潮片段中

① 黄健中：《〈米〉：对人类生存环境的思考》，载《黄健中导演笔记》，作家出版社，2011，第68页。

沉郁高亢的川江号子作为音乐的主旋律，升华了其内心之思，外化了他内心汹涌澎湃的激情与呼喊。

在拍片的过程中，黄健中始终站在精英立场上，对于影像的意义进行深层阐释，并跨越影像的感官性而直逼其精神空间，对影像进行了有深度的挖掘与展示；将话语直接与民族根性的许多实质性问题相关联，令人警醒。影片中身体已非生命个体的生动再现，而是一种思想、一种象征。但立足于精英立场，将影像精神化的过程中，忽略、轻视乃至遮蔽了广大大众的原始情欲的思考，以至他的精英思想与深层精神，不同程度地被遮蔽，或被阉割在影像的视觉感觉之中。

2003年，这部影片得以与观众有了短暂的谋面，之后又被封存。放映时，宣传上的广告语使黄健中尤其无奈，访谈中黄健中说：

> 我在影片《大鸿米店》中进行的电影文学性之探寻，在某种意义上说，惨败在广告商煽动的“情欲”面前。广告商在发行时用了“情欲”“暴力”“仇杀”等字样，我曾经提出反对，但最后还是用上了。

静观电影《大鸿米店》的一波三折，小说作者苏童在接受《今晚报》采访时说：“是炒作害了这部电影，我看过这部电影，觉得很好。其实电影里没有多少性的画面，即使涉及的也是不过分的，和很多片子比起来根本不算什么。但就是这个夸张的宣传，起了一个坏作用。”

成也五龙，败也五龙

在《米》的筹拍阶段，黄健中就清醒地意识到：这部电影的成败、深刻与肤浅，焦点在五龙身上，可以说“成也五龙，败也五龙。”

而五龙的焦点是恶，人性之恶。

在这部影片中，黄健中一反自己一以贯之的对人性善与美的浪漫礼赞，反其道而行之，塑造了五龙这个审丑形象。为什么如此，把自己的镜头从审美拉向审丑，黄健中绝非简单地为了标新立异，他说：

◎图25 《大鸿米店》工作照

◎图26 《大鸿米店》剧照

其实，从根本上说，这并不是“性善”“性恶”的问题。人的本性“无善无恶，可善可恶”。中国古代哲学史上有所谓孟子言性善，荀子言性恶，只有告子最聪明，认为性无善恶——“性无善无不善也”。我们讨论的是电影中的文学，焦点是人。文学即人学，电影何尝不是人学?

我这次思考是受谢晋的启发，是想探究电影的文学性问题。这个问题是长期以来一直缠绕在我意识深处的，在与谢晋的一次谈话后，我找到了验证我思考的契机。

黄健中多年的思考与追求，受到谢晋的启发为契机在《米》的创作中被激活，反映在这部影片里与小说不同的精神气质。这部电影没有了作家那份文人特有的真挚感伤和怀旧情绪，即“意念”“造型”和“文化”气韵等；而是代之以具有文学性的电影化审视与展示。《米》在一年多的创作准备中，黄健中对五龙这个形象的思考似乎超过了一切。

如果按照作家提供的情愫为基调，他可以拍出《如意》那样诗情画意的影片。而这样难免与“第五代”雷同，也会使黄健中内心的夙愿土崩瓦解。为了不瓦解自己的审美，他决意把五龙设定为自己的靶子——使人文关怀和批判得以实施。访谈中，黄健中说：

影片的定位很重要，就像一个人的品格、个性一样。

我把这部影片立意在从人文的角度讨论旧中国、旧社会的生存环境，属于人文电影。贯穿我创作始终的是对民族精神的忧患意识和对人性弱点的人文批判。

这一切向往当然都会落实在五龙身上。

五龙的生存环境是五龙人性恶的土壤。影片对环境作了两方面的展示，一则是从传统手工业的老街到大工业的兴起；一则是从灾民的涌入和城镇恶势力对灾民的仇视。社会发展引发的经济冲突和阶级冲突在五龙身上交织，如病毒一般，五龙接受了恶的毒菌走向自己的反面。

五龙从进入“大鸿米店”，参与冯老板和码头会相勾结的抢米活动，到要挟冯老板得到五块大洋的月薪；从接受织云的引诱、堕落、报复仇人阿保，到消灭江匪，逼死冯老板；从强暴绮云到占有大鸿米店；从入伙吕六爷的黑帮会，到炸毁吕公馆。他一步步走向罪恶的深渊。

随着他恶的一层层展示，人物的意义也越来越深刻。人物性格的层次变化也越来越明朗：从农民到流氓、恶霸的转变；从忍受屈辱，积累仇恨，到一次次得到复仇的宣泄，最终自己也成为恶人的完成。

其实，五龙是一个集受虐和施虐于一身，既非正面也非反面的“畸形人”，其形象本身所涵盖的内容远远超过了影片本身，它是我们民族乃至人类心理中从原始动物集群中蜕变而来的，尚未完全被文明驯化的兽性。

对于这么一个“兽性的”人，黄健中始终清醒。他说：始终告诫自己：提示与批判“恶”并不是目的，重要的应该是“灵魂的净化”。或如鲁迅改造国民的劣根性，意在复兴。对恶的批判，是为了灵魂的净化，意在复兴……目的的明确性使作品规避了怀旧情调，主动承载了对精神拷问的社会道义和文化使命。

但是，恶即丑，在正统的审美尺度中，对丑一直是讳莫如深。因此尽管在美之恶与恶之美的交相辉映中，五龙作为典型形象的“这一个”产生了难以消损的魔力，他还是不可避免地使影片落入了不幸、步入了深渊。对此，黄健中感慨颇深。他认为：

在影视艺术中，丑只是桥梁，它搭建起了观众走向民族文化、心理和思想的通道。而在我国，这个通道并不畅通。人们无视一些基本常识，比如，丑在美的旁边，构成了美的对立面；再如，丑是美的肯定与否定、美的赞赏和嘲讽的混合体等。于是造成了在影像文化中，审美多而易、审丑难而少。丑，因它的道德层面的缺失而长期处于被遮蔽的状态，审丑也成了一个棘手的难题，更制约着影像生产者的想象区域与能力。

在《罗丹艺术论》中，这位大师就曾经谈道：平常人总以为凡是在现实中认为丑的，就不是艺术的材料——他们想禁止我们表现自然中使他们感到不愉快的和触犯他们的东西。

这是人们的大错误。黄健中接着谈论人物性格。他从《小花》时起就关注人物性格的塑造，认为，在艺术中，有性格的作品，才算是美的。所谓“性格”，就是罗丹所说，不管是美的或丑的，某种自然景象的高度真实，甚至也可以叫作“双重性的真实”。因为性格就是外部真实所表现于内在的真实，就是人的面目、姿势和动作，天空的色调和地平线，所表现的灵魂、感情和思想。

黄健中的确是知难而进完成了对我们民族的一次深刻的拷问。然而，不得不面对的现实是——在艺术审丑的活动中，他无法体会到创造后的精神的舒伸、内心的快感，更多的是难以言表的艰难和苦涩。

《米》成也五龙，败也五龙……是非曲直只能等待时间老人的公平裁定。我相信培根的那句话：真理是时间的女儿，而不是权威的女儿。

黄健中为自己能绷住这股劲暗自庆幸着。而比之更加强烈的是他内心深处的一种渴望和呼唤——中国电影应该施行分级制。

（四）《银饰》：超越时代的情与爱

历史常常以惊人相似的一幕显示其吊诡。

两年后黄健中导演影片《银饰》的遭遇与两年前短暂公映的《大鸿米店》有太多的相似性。经历了《大鸿米店》的艰难困苦，黄健中依旧大胆而近乎固执地坚持拍令他心动的影片。

从头到尾就是"情"

电影《银饰》改编自作家周大新的同名小说，是黄健中当时非常想拍的"女性三部曲"中的第一部。其余两部分别是张爱玲的《金锁记》和柔石的《为奴隶的母亲》。影片《银饰》中，黄健中看重的是对女人痛苦的生活经历和情感世界的展示，特别是人性的复杂和人丰富的内心世界。而这些也正是黄健中多年来一直关注的，所不同的是这部影片中更涉及一个更为敏感的题材——同性恋。

◎图27 《银饰》剧照

《银饰》讲述的是民国年间，小县城的县太爷家大少爷有同性恋倾向，但家里还是逼他娶了一房媳妇，媳妇无法忍受丈夫的冷落，偷偷与打首饰的小银匠相好。县太爷发现了她与小银匠的隐情，设下毒计借刀杀人，借儿媳之手害死了小银匠。最后，三个不幸的年轻人全都丧命。

这部电影黄健中关注的是故事主人公命运透露出来的人性悲剧。他说：

> 戏中，王同辉扮演的少爷的善良在任何时候都会触动人心的。还有孟瑶演的年轻媳妇对爱情的追求，人都会渴望超越自己的束缚，都愿意去追求自己的情感，我相信在这一点上，观众会有怦然心动的感觉。
>
> 这个故事远离我们今天的时代，但是，所有人物透出来的人性和情爱追求是超越了时代的。

尽管在影片拍摄过程中，黄健中从头到尾都在凸显"情"，人的感情，但涉及同性恋这个敏感题材，加之小银匠临死前"吃奶"等大胆的镜头语言，影片不可避免地引来了一片哗然，甚至有人认为这种镜头语言太暴露、太色情。

面对各种质疑和困惑，不禁令人追问，在黄健中的视域中，这个镜头语言究竟寓意着什么，或者黄健中试图通过这镜头语言倾注怎样的思想和情怀？在访谈中，黄健中回答道：

> 影片结尾是我这部影片最最重要的一笔，就是小银匠临死前吃奶的镜头。这也是到目前很多人津津乐道的话题。在影片中这个处理我是很看重的，蕴含了我很多思考。我一直认为，人的感情很多时候分不清是对母亲的还是情人的……人临死前，特别是年轻人，往往都有渴望，渴望的是情，可能是母亲的亲情、爱人的恋情……这是整个世界电影史上没有展示过的，与色情毫无关系，绝不是用来招揽眼球的。
>
> 小银匠临死前吃奶的这个镜头，太是这部戏的核心了。因为他这么年轻，他对生命还有渴望的时候，他最渴望的还是情。这个戏，在一个很小的城镇里面，三个年轻人都牵扯到感情纠葛。戏有五个人物，四个人物死掉，这种悲剧让人回肠荡气。
>
> “艺术感人心者莫乎于情。”这个戏从头到尾就是“情”。
>
> 1965年我在河南干校期间，那里人娶媳妇就是要娶个“焐脚的”。民间的夫妻情怀特别质朴，有味道，这种真实的生活来源，后来也成为我电视剧拍摄中的镜头，很真，很纯。

题材的敏感，加之拍摄手法与画面表现的大胆前卫，颠覆了同类题材影片的表现，使《银饰》再次在影像世界冒险，再度引起“热议”“爆炒”，也再次遭到“攻击”和“冷遇”……而且，随之而来的是业内人士再次发出电影分级制的呼声。

面对《银饰》被禁演的“遭遇”，当时中凯文化的营销总监钟国俊面对媒体明确表示：《银饰》不上全国大银幕，对该片的音像制品的发行量会造成一些影响，由于中国电影分级制度还没有完善，目前很多电影由于这样那样的原因无缘与观众见面，不少好的、艺术价值高的作品直接被排除在电影院的大门之外，这实际上是对电影资源的一种闲置浪费，所以从行业角度，我们也希望能尽快建立电影的分级体制，让《银饰》这类本身具有相当艺术价值的影片能进入市场。

◎图28 《银饰》剧照

经历了《大鸿米店》和《银饰》风波，能感觉到黄健中内心的那份难以承受的沉重和难以释怀的悲壮。只是，他没有过分咀嚼这份沉重，而是以他特有的达观化解心中之重。

也许是悲剧的一种吧。

这不仅在中国，在西方文化进程中也是走过这样的痛苦和尴尬。劳伦斯的小说《查泰莱夫人的情人》光是法庭审查就经历了将近一个世纪。弗拉基米尔·纳博科夫的小说《洛丽塔》，在美国不也是1958年才允许出版吗？而阿德里安·莱恩根据这个小说拍摄的影片在美国也是直至1998年9月25日才允许在小规模的局部上映。

……但艺术创造中的快乐毕竟是无可企及的。至高无上的快乐，会冲淡一切悲凉、悲苦、悲凄，而成就一种悲壮。

以悲壮情怀直面沉重，黄健中向我讲述了一则寓言。《蒙田文集》"论穿衣服的习惯"有一则故事：有一日你看见我们的一个叫花子在隆冬时分只穿了一件衬衣，却跟在那些裹住貂皮大衣一直盖过耳朵的人一样逍遥自得，便问他怎么如此耐寒。他答道："那你呢，先生，你的脸不也露出来了吗？至于我，不过全身是脸。"

是啊，影片“全身是脸”！

“人性的深度探幽”

在真实生活中捕捉诗意的韵味是黄健中一贯的艺术追求。20世纪90年代以来，这种追求与此前80年代创作的《如意》和《良家妇女》等似乎又有所不同，他在更加着意于作品具有文化品位的同时，又很有观赏性，使观众喜闻乐见。

对观众接受和观赏性的重视，是黄健中近年影视创作中一种审美倾向性的转变，也是从计划经济时代自觉地向商品经济时代的迈进。作为与共和国一同成长的一代导演，主流意识形态和计划经济的旨归在他的心中已经根深蒂固，但是经过艰难的摸索和痛苦的裂变，他的艺术实践始终跟随着时代的脉动。市场经济时代，影视作为文化商品，和其他商品一样，也面临着市场的考验。在一定程度上，市场就是一块试金石。但是，在黄健中的内心深处，有一点十分明了，好的导演应该也是思想家。在访谈中，黄健中曾经谈到了对自己的创作给予了这样的期许：

> 我一直认为，好的艺术作品第一唤醒人的内心，第二陶冶人的灵魂，第三让人们认识社会，认识社会中是有邪恶的。
>
> 文艺作品就是要提升人的灵魂。经典作品不管是中世纪还是文艺复兴时期的，你看过之后总会觉得有提升，总能穿越时空给人愉悦，这样的作品才构成经典。不是作家文辞如何漂亮而是作品中总有那种穿越时空的蕴含。
>
> 艺术除了要看故事以外，最重要的是品味，它能够从故事当中，从人物的行为举止当中品出一种味道，一种艺术上、美学上的美感，我想这就是一种吸引力。就是既悦目又悦心。

而且，随着年龄增加，黄健中越来越深切体会到“文学就是人学”。他说：“高尔基这句话听起来很容易，但就是这么一句话，随着年龄的增长会越发觉这是很大的一个难关，它是最容易悟到也是最难完成的事……”

◎图29 《银饰》剧照

在《银饰》中，他不是为了卖弄，不是为了吸引观众的眼球，也不仅仅为了票房，黄健中更看重的是故事本身所展示的"人"——人的复杂性，人性的复杂性。尽管同性恋题材在《银饰》之前也有影视剧作品涉及，但是如此深入而细密的考究其内心本性的还不多见。而伴随人的解放，伴随世界全球化多元化，现代生活的日益宽容，"同性恋"某种程度上已经成为不可回避的情感问题，现代人不能不正视的——人的问题。尽管影片的故事发生在封建时代的明德府，影片中悲剧的真正凶手是封建礼教，但是不被社会接受和理解的情感，爱恨不能自由自主的无奈，对真爱的渴求与祈望，人性的繁复人心的难测……却是超越时代、超越性别和国界的，是人类亘古未解、永恒的困惑！

面对一个个未解之谜，对人的探究、对人性的深度探幽，让黄健中继《大鸿米店》之后再次跨越"雷池"，经由影像再度向人的精神世界探险。

数字电影的尝试

对于黄健中而言，《银饰》还是他向电影数字技术探索的一个尝试。《银饰》是黄健中的第一部数字电影。

拍数字电影的想法缘起于2000年的美国之行。当时在美国，黄健中看到美国电影院的数字电影，很吃惊。当时代表团的人里除了黄健中是导演出身对胶片有研究以外，其他人都说这跟胶片没有什么区别。黄健中说只有一个区别，就是低密度那个层次不够丰富，后来哥伦比亚公司的人指着黄健中说，这个人很懂胶片。黄健中说，我拍了20多年的胶片电影。当时，美方给代表团一部电影只有一张名片大小的一张芯片，在放映机上放。

美国之行触动了黄健中敏感的神经，他强烈地意识到，高科技就是我们中国电影的未来；或说，数字电影是我们的未来。美国很多导演都用数字和胶片混合，因为数码的东西做高科技比较方便，作为一个导演，黄健中不想落伍。如果不想落伍的话，那么技术一定要往前走。电影有100多年的历史了，电影每一个阶段的发展跟科学的进步与发展都密切联系在一起，就像电影从黑白片到彩色片，从无声片到有声片，从单声道、立体声到环绕声，都是跟当时的科技相联系的，电影的手段越来越丰富。

当时的黄健中已经接近退休，但对新事物的敏锐和挑战自我的心态丝毫不减当年。他再一次走进新的领域，再次迎来了他人生中的第一次……当然，他当时很清醒地认识到，数字电影对于未来还是初级阶段，他愿意不断尝试并试图以电影的手段拍得精细一点，拍出一个系列的作品。尽管这第一部数字电影命运多舛，尽管黄健中没有如愿拍出一个系列，但这次关于数字电影的探索，对他而言也是经历了一次科学技术的洗礼。面对新技术，和应对一切棘手的难题一样，黄健中总能坦然处置，乐观应对。

“莫听穿林打叶声，何妨吟啸且徐行”，人生就是风风雨雨、坎坎坷坷，且歌且徐行……“回首向来萧瑟处”，“也无风雨也无晴”。黄健中早已经练就了过硬的人生本领：视困厄为坦途的通透……

二、电影民族化之探索

与黄健中导演的多次访谈，直面乃至审视黄健中从影近60年的创作，使我想起了艾略特的一句话："一个人写诗，一定要表现文化的素质，如果只表现个人才气，结果一定很有限。"其实，何止写诗，艺术创作同样靠深厚的文化底蕴作后盾。在日益全球化的世界格局中，尤其如此。1994年，84岁高龄的日本著名导演黑泽明在授予他京都奖纪念会上的演讲有这样一段话："所谓'电影'，就像是个巨大的广场，世界上的人们聚集在这里亲切地交往、交谈，观看电影的人们则共同欢乐与悲伤，一起感受着痛苦与愤怒。"

1984年，在世界电影这个巨大的广场上，黄健中就以自己的"东方情调"的诗性书写与世界对话，交流着人之为人的悲与欢、苦与乐。而此时距以张艺谋为代表的中国当代电影引起世界广泛瞩目还有三年之遥。这部具有"东方情调"的影片就是《良家妇女》。

（一）《良家妇女》：何以"墙内开花墙外香"

《良家妇女》在国内放映时并未火爆，却在海外取得了轰动效应，正可谓"墙内开花墙外香"。据不完全统计，在比利时、法国、日本及中国香

◎ 图30、图31 《良家妇女》国际电影节奖杯

港、台湾，一时间发表《良家妇女》的影评有约160篇。影片在国际上先后获8次大奖，并被比利时电影博物馆收藏。

在西方国家，西方人对该片感兴趣自然与浓郁的东方情调有关，包括中国式的“性”意识：那么含蓄、清纯！满溢着悲悯的人间情怀、弥漫着凄美的诗意叙事与非电影无法表达的中国意味，正是影片《良家妇女》的魅力所在。它超越时空、超越种族与肤色；与人们交流着人之为人的悲戚与欢爱；以及中国女人之为人的沉重的历史。同时，由于艺术上“太较劲”也给影片带来了一些争议。1985年7月24日，中国电影艺术研究中心、当代电影研究室在北京举行了黄健中导演电影《良家妇女》的专家座谈会[①]。与其说是座谈会，不如说恳谈会，专家学者对影片进行了中肯而热烈的研讨，肯定黄健中诗意电影艺术探索向前迈进的同时，也表达了对影片的不满足。其间李陀、刘再复、郑洞天、仲呈祥等的发言切中肯綮，细致犀利而真挚。

① 涉及座谈会相关内容均出自《影片〈良家妇女〉座谈特辑》，载黄侯兴主编《思无邪：黄健中的影视世界》，中国社会科学出版社，2012，第270—318页。

凝重的历史

1984年春意荡漾的季节里，黄健中与《良家妇女》剧组的主创人员行走在黔北、黔西南这片奇崛的土地上。为了演绎一则“十八娇娇三岁郎”式的古老而真实的故事，他们一行人来到了这里。蛮天蛮地里荒僻的岩壁、零落的庙宇、古朴的图腾显示着地老天荒、历史的滞重……一个阴雨天，踩着泥泞，他们走进了剧本原作作者、小说家李宽定的家乡。乡亲们给他们讲旧婚俗、老故事，给他们唱民歌吟古调……仿佛穿行在时空的隧道中，就要离开这座小村寨时，黄健中被眼前的“风景”惊呆了：井然有序的坟茔一座座一排排凛然伫立。触目的坟茔激活了黄健中的思绪：几年前在西安观秦俑时的感觉又回来了——“历史与我那么贴近”。透过坟茔，黄健中似乎看到了作古的先人们的生活形态与我们现在的生活那么相似，包括人的表情、动作，甚至那种特有的麻木、滞重。与此同时，影片的基调也在黄健中的意念中勃勃而生，连同影片中那个疯女。

回头再看李宽定的原作，黄健中梳理整合了自己的感受和认知。在《良家妇女》导演阐述里写道：“这是一曲‘古老’的婚姻悲歌……黔北山区，终年雾雨，阴冷潮湿。这里，世世代代流行着大媳妇、小丈夫的婚配制度。畸形的婚姻、落后的习俗、残酷的族规，如同没有阳光的天气，使人的精神世界变得扭曲。”“这是青年作家对父母婚姻生活，作了一次哲学的巡礼。作品在一个古老的题材里翻出了旨趣上的新意，幽香醉人，但却哀而不怨，悲而不伤，很有一些耐人咀嚼的深沉意蕴。”[①]

在影片的摄制中，黄健中力图对小说所展示的历史做纵向和横向的延伸，以期达到两个目的：一是为故事增加历史感和哲学意味；二是表现历史的凝滞、悠远、漫长的凝滞。

纵向历史的延伸，首先体现在影片的片头的字幕。但不是一般的字幕，它是在一片片“汉像砖”浮雕上叠出的甲骨文。内容是讨论“妇”“女”这两个汉字与中国妇女的命运。在黄健中看来，“在我们中国，

① 黄健中：《〈良家妇女〉：性的魅力与浪漫气息》，载《黄健中导演笔记》，作家出版社，2011，第34页。

最可敬的是女子；最可悲的呢，也是女子。我们从最早的汉字形态——甲骨文中‘妇’‘女’二字的字形可以验证我们的祖先给予女子的地位是十分低下的。‘妇’‘女’在甲骨文中是这样写的：一个是跪地持帚的女子，一个是跪地的女子”。接着，以浮雕形式对新中国成立前中国历代妇女的婚丧嫁娶、生老病死等生活形态和习俗做了特别展示。

横向上，为了更加深入地演绎中国妇女的命运，在影片中增加了一个女性角色——疯女，用以象征中国女人不幸的婚姻和命运。而且在音响设计上，作曲家听取了黄健中的建议，把古埙作为主要乐器。据史料记载，这种古埙已经有6000年的历史。黄健中是在一次参观博物馆时发现这种奇音并为之震动的……一片苍茫万古如斯。不凡的片头似乎尝试着为女性不公平的命运寻文化之根、溯历史之源。影片片头不俗的视听笔法极具凝重而沉浑的震撼力。当时，导演郑洞天看过片子后在座谈会上说：“看了片头很震动，可以说到现在我们还没有一个导演这样关注过片头。”“当时我很激动，觉得处理得了不得。”

如此了不得的片头将观众的审美期待推向了一个高点。许多观众也许会和郑洞天导演一样设想，接下去的故事与片头一样古典而滞重。可是，如果如此顺流而下，就太流于一般，太不富于挑战意味，也就不属于黄健中了。

黄健中尝试将“十八娇娇三岁郎”这曲古老的民歌赋予新的曲调。此时的黄健中正沉醉于探寻民族性与现代性的统一，试图将气韵、意象、意境等中国古典美学元素中注入现代意识，将古典东方哲学与现代西方美学技法交融在故事的血肉与表述之中——故事因此更加气韵生动，更敞开而现代，更具启示性。这样，这曲古老的民歌，演绎成了一曲浑厚的交响乐。

在《良家妇女》座谈会上，许多专家学者对这部影片的大胆探索给予了高度评价。刘再复认为：“这部影片表现了一种宏观的反思。立意是宏观的，整个影片是放在中国封建体系的参照系统下进行的。……这说明新的一代导演多少都带有一种思想家的特色，能够进行一种宏观的思维，视野是广阔的。……可以看到我们这些导演在文化观念上正发生着变化。……

这部电影是在一种非常和谐的气氛之下去看它的不合理性的，在和谐中看中国妇女命运的不合理，它的深刻性也在这里。"李陀指出："《良家妇女》为我们做了一个贡献，以前我曾经为之着急的，我们还没有过心理分析影片，现在黄健中这部片子就是心理分析式的影片。我们的电影很少从心理经验、心理历史方面表现人物形象，结构情节，这一点，黄健中的这个片子的贡献是不容忽视的。"

当然，尝试之中也有丧失——尝试必要的代价。

间离及"疯女"的设置

间离手法的启用和疯女形象的添加，是影片最大的争议和分歧所在。

影片表述的是18岁的妙龄少女杏仙难违父命，身不由己地嫁给了6岁的小男孩少伟；后来又与青梅竹马的青年开炳相爱，逃离了不幸婚姻。应该说，这个貌似凡俗的故事在影片中的演绎很不俗：杏仙没有遇到一个恶婆婆，婆婆是一个只比她大8岁，与她有相似命运的女子，婆媳同病相怜、亲如姐妹；也没有遭遇到恶少的欺辱，她的小夫婿是一个顽皮可爱的小男孩，像小弟弟一样的依恋着杏仙。他们一家三口相安无事，甚至有那么一点其乐融融的味道。

然而，非常态的生活注定不能持久。

伴随着杏仙青春的觉醒，她爱的欲望

◎图32、图33《良家妇女》剧照

越来越焦渴。情感的涌动使杏仙陷入了两难境地：无法割舍爱情，又难以丢弃一家三口的“亲情”……最后，杏仙终于告别旧生活，迎来了新生。

影片的剧终，仍旧不俗，杏仙与婆婆和少伟没有反目。对于杏仙的命运特别是她心理的处理，看片后，座谈会上刘再复曾经有这样的评价：“杏仙的感情不是简单化的东西，是对自己内在感情的一种自我肯定。她一方面内心有正当感情的要求，一方面又对弟弟说：‘我没有良心。’这实际是在她的潜意识里用理念的东西谴责自己。所以她一方面在感情上进行自我发现和自我肯定，并把这种外化为行为，一方面又以理念的东西来责备自己，表现了情与理的矛盾。接下来又表现了情与情的矛盾……就是后来她要走了，那是一种很多感情的模糊集合，不是很简单化的。”

在故事的原型中，承传数千年的大媳妇小丈夫婚姻陋习，造成了山寨妇女心灵的扭曲与精神的畸变。为了凸显和扩张这种“扭曲”与“畸变”，黄健中极具主观色彩地设计了一个疯女形象，她年轻、俊美，却精神忧郁、分裂——其实她是山寨所有女人的影子，又是人们心中的一种不祥之物。人们畏惧她，如同畏惧压在灵魂最底层几近疯狂而真实的欲望一样。女主人公杏仙嫁到易家山寨，陪伴着她的整个婚礼的便是疯女缥缥缈缈的歌声：

青口口的茅茅草
趴在地上偷偷地笑，
趴在地上悄悄地哭；
由绿变黄，
由黄变焦；
啊，就这样死了，
死了……

山歌是为杏仙而唱，为疯女而唱，更是为无法逾越命运的所有苦难的女人而唱。她们都是“由绿变黄、由黄变焦”自生自灭的茅茅草。在黄健中的审美世界里，杏仙和疯女复调式地并置叙事，可谓你中有我，我中有你。影片的结尾：疯女自沉水中，更是意味深长。黄健中说：杏仙在新的时代里得到了解脱；而疯女因为在旧的时代精神已经崩溃，她寻找了另一种"解脱"，干干净净地离开了人间。

尽管疯女作为象征贯穿影片的始终，达到了一定的艺术效果，但是问题还是浮出水面。在《良家妇女》座谈会上，黄健中对这个形象的得与失进行了认真的梳理和深刻的反思。他说：我对这个人物的处理，失误很多，我在总结时把设置和处理分开。我仍认为，她的设置是必要的，我把她作为一个若即若离的人物来安排。"离"的时候比较多的人能接受，因为她呈现了象征符号性质；"即"呢，比较费解了，这个符号怎么又直接介入到生活中来呢?

影片中疯女直接介入生活，主要指她同杏仙的接触，一共有三次，没有一句台词。她只是一个象征符号，是杏仙精神世界的一部分变异和外化。如果没有这个符号，杏仙的婚姻和生活，特别是心理处境就难以达到一定的深度，她被推向精神崩溃边缘的信息就容易被平和的生活掩盖和抹杀。而经由疯女，在她的对照下，杏仙灵魂深处的孤苦和内心的挣扎都得以艺术地呈现，导演的电影美学意图也得以诗意地再现于银幕之上。

玩味疯女出现时影片画面构图，黄健中追求的哲理深度和文化意蕴的内涵便昭然若揭。最典型的有两处非常态的画面构图，用疯女与杏仙面部特写镜头凸显了电影语言隐含的深意。第一处是杏仙同三嫂赶场的路上，在绝壁小道遇到疯女在摸岩壁画上的画，画的内容是繁衍后代的生活图景。杏仙挑担子走过她身边，回过头好奇地看她，她也回过头看杏仙，三嫂把杏仙推走了。接着在大路上杏仙谈起疯女长得很好看，"好看才疯了"，三嫂和大嫂不愿意让杏仙了解疯女，把她作为不祥之物来避讳。第二处，在石匠棚。在好奇心的驱使下，杏仙到石匠棚看疯女，两人有两次对视。这一次杏仙获得疯女给她的那尊乳房非常突出的石刻，把它深藏在谷桶里。当她们交接裸女石雕时，画面上先出现了疯女的半张脸，之后又出现杏仙的半边脸；两个半张面孔的特写镜头只要看过影片都不会淡忘。

◎图34 《良家妇女》剧照

不完整的脸部，预示着残缺的生活和畸形生活对女人的压榨……当开炳被乡亲们捉起来时，疯女赶来了，这时她和杏仙的半边脸出现在同一帧画面上。对照之前两人遥相望的半张脸，至此合在一起，意味着疯女和杏仙精神和心灵的接通相连，彼此在眉目交流中传递着内心最隐秘也是最无助的情思。第一次杏仙接过疯女的石人雕像，跑回家里埋在谷堆里；第二次从疯女那里接来的不是实在的物体，而是眼神中魂灵深处传递出的反抗与绝望……仿佛神谕般创作灵感，点燃了生活与艺术的积淀；意味深长的画面和镜头尽情释放着黄健中的生命体验、哲学思考和美学追求。

在黔北、黔西南采景生活时，黄健中常常不知不觉地陷入一个旧婚姻的感情里。剧组在李宽定家乡采访的那一天，仿佛上苍有意赐给他们灵感，天下起雨，满地泥泞，路上时有踩过的稀牛粪，鞋湿了，衣裳也潮乎乎，从身体到脚都感到冰冷。他们围坐在一个大屋子里，听着许多旧婚姻的故事、听着民歌。离开村子时，大家虽然很热情，很客气地寒暄着，但上了车，却每个人的心都很闷、很堵。那一大堆的故事，就像村边的那一堆堆坟茔，给人一种“天阴雨湿声啾啾”之感。这以后，在贵州农村一看到老坟堆、看到贞节牌坊就产生条件反射，仿佛感到那地下有女鬼的哭声。就在这一天的车上，在沉闷了不知有多长时间以后，黄健中向李宽定提出要增加一个疯女的想法。在黄健中看来，畸形的婚姻使人扭曲，不单在杏仙身上，也在其他妇女身上。当然，一般地设置一个疯女的人物是没有多大意思，她应该是所有妇女心灵的折射，一个象征，一个起间离效果的人物，李宽定同意了。这一天的收获，引出一连串的连锁反应，影片的基调也逐渐把握住。开场杏仙出嫁，读小说时，黄健中想把娶亲的场面处理得喜气洋洋，而且应该是很有地方特色的婚礼场面，对这部影片，黄健中曾想从民俗学的角度去观照这个封闭的山区妇女的命运。但在那天以后，他改变了想法，开场的婚俗民俗退居次要，而着意创造悲剧气氛：晦暗的太阳，灰沉沉的天，到处是山雾，疯女的悲歌贯穿整场婚礼。①

从风俗人情，上升为哲学思考和美学追求，黄健中在这部影片的创作中常常夜不能寐、激情难抑。尽管案头翔实、心思细密，但探索幅度和难度之大，创作难免带来一些偏失和争议，正如黄健中自己检讨过的：来自于对疯女的造型把握得不准确，还有就是象征手法过于直露，没有达到预期的艺术效果。

在艺术尝试的旅途中很难找到均衡稳妥的跷跷板。

1986年第2期《电影艺术》特别开辟了"探索的探索"栏目，编者按指出："近年来我国影坛出现的一些探索性影片，引起了电影圈内外人士的关注和不同评价。我们热情欢迎艺术上的探索和理论上的争鸣精神。为此，我们专辟《探索的探索》一栏，对这类影片进行争鸣、讨论。"栏目的第一篇选定的就是关于黄健中《良家妇女》的讨论文章：《〈良家妇女〉的遗憾》。文章指出："这部影片以其舒缓而凝重的节奏，单纯而古朴的画面，淡泊而充满幽怨的情调，力图表现出一种耐人寻味的深沉的意蕴。它有自身的不可忽视的艺术价值，但更重要的是，它还有一种超越其自身价值的价值，正是这一点引起了许多评论家的兴趣……《良家妇女》是一部探索

① 黄健中：《〈良家妇女〉：性的魅力与浪漫气息》，载《黄健中导演笔记》，作家出版社，2011，第40页。

性影片，唯其是探索性的，因而必然会有不成熟的地方。但同时，它又是一部很值得一看的影片。它记载着作者和导演在艺术上的努力与追求，它引起了更加深入的探讨和新的探索。”[①]在影片专家座谈会上，有专家详述了他的观影体会：我看了三遍《良家妇女》。开始也不满足，但越看越觉得有味，我觉得要集合健中的风格来看这部影片，要充分理解他的艺术追求。看这部影片应该看他给出什么信息。这些信息是否是我们觉得能够强大，以至于使我们能够按照艺术家引领我们的方向去思考一些问题。如果一部影片做到了这些，我们对他应该有基本的肯定，至于阳刚多了，还是阴柔多了，那要看每个观众自己的判断，每个人对这些因素的认识都是不同的。黄健中在里边一直保持自己不太一致的风格是非常可贵的。[②]

诗意风格："似与不似之间"

黄健中独立执导的第一部影片《如意》的美学风格十分鲜明，影片蕴藉深厚的"意味世界"，深得中国诗画文化的精髓，在人与自然的浑然天成中，整部影片仿佛一首爱情、岁月与命运的抒情诗。与之相比，创新意识十足的《良家妇女》，却是一曲在"似与不似之间"吟咏人与自然和历史的寓言诗。

一次，黄健中曾经就小说改编为电影后的风格问题与作者李宽定交换意见。李宽定明确地回答说："似与不似之间。"

这也是黄健中寻找的感觉。他要这部片子达到一种含蓄、泊远、诗情画意。

为了寻求情与景的交融，在电影中更好地展示石的意蕴，黄健中同摄影师、美术师登门请教中央美术学院王沂东教授。他的许多作品画面只有山野和石头，那种以形写神的韵味，给人远远超越石头自身魅力的艺术享受。他告诉黄健中，他喜欢在两种条件下描绘石头，一是顶光显示石的力度，一是阴雨天显示石的古远与隽永，而这些正合黄健中之意："外师造化，中得心源。"

① 刘绪恒：《〈良家妇女〉的遗憾》,《电影艺术》1986年第2期。

② 黄侯兴主编《思无邪：黄健中的影视世界》，中国社会科学出版社，2012，第311页。

为了这个追求，黄健中刻意为影片加入了一些"不协和音程"。黄健中的"不协和音程"是从黑格尔的音乐美学理论中得到的启示。影片有意设置了两个声部。在导演阐述中他解释道："娶亲、无论贫富、无论其后的婚姻生活如何，它总是喜气的（生活本身如此），我们将这一声部处理成原位和弦；而将娶亲以外的另一个声部、疯女的悲歌，作为变和弦。'变和弦'在这里常有浓厚的创作主体的主观色彩，的确我是强调了这一点，强调了我心里的感情，强调了哲学认识……如果音乐要用艺术方式去表达最深刻的内在意义和主体情感……它就必须在声音领域里找到一种手段，可以描绘这种对立面的斗争。所谓第七度与第九度两种不协调的和音就向音乐提供了这种手段。这种把音乐上不协和音程的原理，运用到电影的内容、结构和形式上来，一时无资可证，明知这样的试验可能会由于观赏的不习惯而招致非议，我还是去做了。"①

石头与瀑布，与猫叫和狼嚎等不和谐音一样，成为影片引人关注的视听语言，也是争议的焦点。很多专家和观众对影片中的瀑布语汇的使用多有微词，以李陀为代表的专家认为，瀑布冲淡了以石头为环境的沉重凝滞感。在专家研讨会上，黄健中直言：开始拍摄时我跟李陀说，我要全部拍石头，以表现一种凝滞感，所以李陀现在批评我说你那个石头多好多有沉重感，怎么又去拍瀑布？说实在的，瀑布我是到了那儿以后才想拍的。是我产生了一种冲动，所以我拍瀑布时没有用一种风光片的那种平角度，是从两个角度拍，一个是仰视，一个是彻底的俯瞰。好几次黄昏，我一个人站在瀑布的下面，这时候一切嘈杂的声音都没有了，只听见五股水打到深潭底下的声音，像低音鼓一般，大地就像一只低音鼓，震撼着人的心灵，我当时甚至忘记了水流声，所以我来拍瀑布用了很多俯角……我并不想表现大波大澜。

对影片中象征性视觉语汇的细读慢品是件饶有趣味的事，以瀑布为例。《良家妇女》三次出现瀑布，每一次都有不同的意趣。第一次杏仙背着

① 黄健中：《〈良家妇女〉：性的魅力与浪漫气息》，载《黄健中导演笔记》，作家出版社，2011，第41页。

少伟，路过一远一近、一高一矮两处瀑布，与两人一问一答亲和恬静的生活场景呼应。杏仙问少伟，长大了做什么啊？少伟说，做大官。杏仙说，你别做大官，做了大官心就变坏了。少伟马上说，那我做买卖。杏仙说，我不喜欢，做生意光想着赚钱，心是黑的，你长大了，要做好人，不说假话，不起心害人，要做个善良的人……少伟说，长大进山卖了五倍子，赚了钱给姐姐买新衣，给娘买羊皮袄。杏仙问，先给谁？少伟毫不犹豫地说“给姐”。杏仙说“那我不要”。少伟天真地改口说“给妈”……生活的宁静、杏仙和少伟纯净质朴的心灵，依附在清灵的瀑布、水柱和扑面而来的阵阵雾气掩映下的易家寨。美若仙境的景色之中，人在画中，画里有诗、诗中有画，美不胜收。第二次杏仙独坐在瀑布形成的水潭前。她因为与开炳的关系而焦虑。瀑布也不再淡定，显得狂野焦躁，释放着天地间无法舒张的戾气。这时镜头拉近了杏仙和瀑布的距离，水珠击打水潭发出的声响令人战栗，与杏仙的心境契合。第三次是疯女在水潭自沉后，仰拍镜头的18秒，瀑布从高处缓慢匀速摇下，降到水潭后又停留了8秒，倾泻而下。水潭正是民俗中不规矩的男女沉潭的地方。此时如雨的水柱不可一世地倾泻下来，砸在岩石上发出震天响声，呼应着疯女之死的惨境……如此，瀑布、水滴、水柱与石雕、石堡、石崖相映成趣，一静一动，一阴一阳，刚柔相济，映照沉重岁月、凝滞历史。同时也反映着作者积极乐观的情思。“一切景语皆情语”，瀑布语汇的象征意味令影片更加含蓄蕴藉，充满哲思和理趣。

在《良家妇女》座谈会上，从中国电影的发展格局出发，李陀等谈到了黄健中《良家妇女》“似与不似”的“优势”。李陀说：“黄健中这部片子，象征色彩是非常浓的，或者说是以象征这个元素做优势要素的这样一个艺术构成的意象体系。所以分析、解读这部片子，离开象征就会找不到钥匙、找不到门，但恰恰在这个问题上，我们应当做比较深入的探讨，因为电影运用象征是比较困难的。”

观看《良家妇女》后，香港作家李碧华在《东方日报》发表评论道：“最令我欣赏的，是这个戏仿佛‘导演在演戏’。导演在一个不现身的角落，演得不着痕迹，似有还无。如以才情论，便属‘才’戏。”徐光耀、严文井等观看电影后很是欢喜，给黄健中发去洋洋洒洒情真意实的书信。徐光耀在信中说：“《良家妇女》，我以为是北影厂的翻身之作，我极为羡慕。它是新的，又是民族的；是传统的，又是大有突破的；吸取了外来的手法和技巧，又是现实主义的。人情味儿很浓，可不庸俗；很真实，却一点不刻板；是个老主题，却给人很强的新鲜感，很独特，开拓了一个新的认识领域。朴实得像一片树叶，却又震动人心——似树叶在风中颤抖。我不是在舞文弄墨，我是在真实地诉说我的感受。我觉得搞文艺就得有那么一点追求，追求实现了才是创造者最大的愉快。”与徐光耀的信中感性认知不同，严文井的信中更多的是关于艺术创作的理性思考：“文艺的创新也‘创造’着观众。其实，是新的观众和读者在推动文艺创新。有掌声，不等于成功。没有掌声，不等于失败。那种开始有些犹豫然后逐渐加强，已变为经久不息的热烈掌声才使人震惊，引人思考。掌声是一个过程，艺术探索也是一个过程。我们都处在种种过程中，没有勇气就走不下去。我还不能说这个影片已经是无懈可击了。我在阅读文学剧本和分镜头剧本后发现你在创作过程中，是在不断追求艺术上的完善，有所压缩，有所发展，以致形成了这样一部独特风格的影片。你浓缩了、升华了许多东西，然而还免不了留下一些未消化的原料。浓缩与升华，加强了哲理性，同时也带来了晦涩。那剩下的原料就不用说了，对整个格调不免就显得有些不协调，可能会引起一部分人注意力的转移或分散。无论如何在艺术的总体构思上这个影片是吸引我的……这就是我们被历史规定而又想超越历史的我们。”[①]《良家妇女》的艺术尝试在见仁见智、议论纷纷之中，最有争议的焦点是黄健中将布莱希特戏剧“间离”理论的电影化运用以及象征性的诗意叙事。黄健中将间离和诗性故事所展示的人物情绪联系在了一起，成为影片重要的一笔。这一笔是否用力过猛而失重失衡，公说公的理，婆说婆的理。

毋庸置疑的是，黄健中的艺术探索非但没有止步，相反，更加大了马

① 黄侯兴主编《思无邪：黄健中的影视世界》，中国社会科学出版社，2012，第559、561页。

力。之后创作的《一个死者对生者的访问》是在此基础上的大胆前行，对陌生化及理趣和诗意的探索走得更远、更极致。

（二）《一个死者对生者的访问》：镜头下的哲学诗篇

《一个死者对生者的访问》是黄健中导演创作中的最先锋、最个人化的特例，也是他导演生涯的分水岭。

该片摄于1986年。1987年只卖了三四个拷贝，票房惨败。1988年第38届柏林国际电影节上，该片作为中国电影的代表在“新电影论坛”单元展映。当《红高粱》获得本届“金熊奖”时，黄健中兴奋异常，备受鼓舞。同时德国报纸对《一个死者对生者的访问》的相关报道，也让他感到欣慰……30年后再回首，黄健中对德国报纸报道的内容记忆犹新：一个幼儿式电影教育的国家，创作了一部不可思议的哲学电影。

“历史的中间物”

尽管当年德国媒体报道的字里行间对我国电影和电影教育的态度不乏轻蔑，有误解的成分，但是，20世纪80年代中期之前中国电影、电影教育的确存在滞后的现象。当时在我国，《一个死者对生者的访问》这样象征色彩浓郁、颇具超现实主义风格的艺术电影确实是异数，一般观众看不懂不买账也在所难免。一篇记录当时观众反响的文章写道：“一部影片放映三场，观众共八十余人，其中百分之九十的观众说没有看懂，调查结果是令人惊讶的。至少在我的观片历史上似乎没有遇到过。……该片导演的大胆构思是令人赞叹的。但问题也就跟着出来了。复杂多变的手法，荒诞离奇的情节，把影片本来就单薄的内涵淹没了。形式为内容服务。但近些年来，总有些青年导演想把它推翻，似乎形式比内容重要，离开了形式就无所谓内容。手法越离奇，情节越淡化，影片就越高明。据有关资料提示，这部影片旨在呼唤我们对人进行自审，对民族进行自省。艺术家的本意是好的。但要做到这一点，其中一个重要前提必须要让观众看得懂。”[①]文章典

① 文佳：《淹没了内涵的形式——评〈一个死者对生者的访问〉》，《电影评介》1988年第7期。

型地代表了一些学者和一般观众的观点。文章所说的近来青年导演对电影形式的重视也是事实。但是，即使在当时对这部影片也见仁见智。1987年在黄建新导演电影《错位》的研讨会上，黄式宪发表了自己对《一个死者对生者的访问》的见解。他说："去年，出现了一批历史巨片，也出现了像《一个死者对生者的访问》和《错位》这样的超越传统叙事并具有一定表现色彩的影片，这些现象表明我们的电影创作已经从一般的社会思考进入到历史哲学的思考……涵盖的社会面和人生的内容比较深厚，与其说它是荒诞的，倒不如说它是现实的；与其说它是一种荒诞的发现，不如说它是主体性美学的突进，也就是说艺术家的主体在银幕上表现得更鲜明、突出。《错位》和《一个死者对生者的访问》完成了一次对传统的否定，走向审美的现代性，这是这两部影片的功绩。尽管影片的探索有失误，但创新精神可嘉。"①

艺术是艺术家的精神输出，同时，正如丹纳《艺术哲学》指出的："作品的产生取决于时代精神和周围的风俗。"②《一个死者对生者的访问》是黄健中对电影艺术不懈探索的结果，也是那个特定时代的产物。20世纪80年代是中国当代艺术全面革新的时代。80年代中期，伴随中国社会改革开放不断深入，既有思维模式与生活秩序日益被新的思想和视野消解，思想界和文学艺术界思想空前解放，艺术创新进入了"85新潮"这个鼎盛时期。艺术创造中凝结的艺术家与民族、时代和现存世界的审美关系在"85新潮"中得以曝光，也在黄健中1986年拍摄的这部影片中留下了余响。

20世纪80年代中期，尽管思想活跃、艺术探索势头强劲，但长期的闭关锁国僵化思想，西方思想文化及现代派艺术缺乏广泛的土壤。特别是"85新潮"后的几年里，社会氛围、精神气候等因素的影响，即便不乏有识之士对这部电影的肯定，也难以力挽狂澜。不妨假设，这类想象力、创造性极度奔放贲张的艺术电影，如果如此一路狂奔、如此先锋下去，其前景将如何限量。抑或，如果黄健中等艺术家的创新得到公平对待、支持甚至

① 黄式宪等：《〈错位〉·错位？》，《电影艺术》1987年第6期。

② ［法］丹纳：《艺术哲学》，安徽文艺出版社，1998，第70页。

保护的话，中国当代电影艺术的现代化一定会有不一样的进程，中国电影的历史也会被不同程度地改写。

当然，历史是严酷的，不会给假设以喘息之机；但历史也会不时流露出公平、温情的一面，近年不断有学者对这部影片给予关注和公允的评价。陈宝光指出："《一个死者对生者的访问》同古今，齐生死，在探索片中走得最远。虽然据说没卖出一个拷贝，但似不应据此一笔抹杀，至今看仍有它的价值。"[①]陈旭光说："《一个死者对生者的访问》反思了现在社会里人的怯懦自私、人际关系的虚伪冷漠。这是黄健中电影中最为阴冷乖缪的一部，是对人性最悲观的性恶论的表达。但《一个死者对生者的访问》试图打破现实与历史之间的时间界限，打破物理与心理之间的空间界限，打破生死与阴阳之间的想象时空界限。因而他让死者与生者的对话，想象力、形式探索性极强……我们对黄健中这种叙述实验的研究显然很不够。"[②]

确实，黄健中这部电影尚有巨大的研究空间被搁置在影片的镜头深处和影像背后，被冷漠了太久。在重读经典之风浓郁的今天，重读这部"探索失败"的经典案例，同样会启人心智。同时，也只有走进影片对文本重新细读，才能拨开迷雾，让"雾中风景"浮现其本来面目。

2018年春夏之交，在对黄健中访谈之前，再次观看《一个死者对生者的访问》感叹影片颇具现代意味的象征主义表现手法、极度形式感的镜头语汇、演员的肢体语言等，与30年后的今天一些活跃于世界戏剧的前沿创作惊人相似；该片对当下为数不多的超现实电影的探索更具启发性……其前瞻性先锋实验尽管生不逢时，却不失为为下一个世纪、为今天而进行的艺术高蹈，而且也已成为中国当代电影现代化进程中不可或缺的一环。"一切事物，在转变中，是总有多少中间物的。"[③]作为历史的"中间物"，黄健中这部电影的意义和价值也许正在于，它真切地记录了当代电影人融汇东

① 陈宝光：《晓风残月与大江东去——黄健中电影散论》，《电影艺术》2001年第9期。

② 陈旭光：《历史的中间物：矛盾与张力的现代性追求》，载黄侯兴主编《思无邪：黄健中的影像世界》，中国社会科学出版社，2012，第420页。

③ 鲁迅：《写在〈坟〉后面》，载《鲁迅全集（一）》，人民文学出版社，1998，第285页。

西方文化艺术、接通古今不同寻常的艺术探索和心路历程……追忆当时的创作状态，陷入沉思的黄健中有感而发：

> 艺术家要完全用自己的血与肉去感受生活，永远在感受自己情感的时候去感受世界。我拍《一个死者对生者的访问》就是这样，虽然手法上是荒诞的，但思想意蕴、感情内涵、表现力和艺术容量等都得到了拓展。我们不能总是从事件到世界，总是见物不见人。
>
> 1984年我在法国看哑剧，被演出吸引，觉得表现力特别强。相比之下，当时我们国内哑剧给观众留下的空间太小，缺少内在思想和回味，太表面化。
>
> 我们参观法国奥赛博物馆，其中的现代派艺术给我很深印象，很多至今难忘。《一个死者对生者的访问》超现实、幻想部分形式感特别强，与这些思考和触动不无关系。
>
> 那时候劲头特别足，无所顾忌。

电影《一个死者对生者的访问》改编自刘树纲编剧的同名戏剧剧本。1985年同名话剧由中央实验话剧院演出。该剧“在表现十年浩劫导致灵魂扭曲的悲剧故事时，以果决的切换把跨度很大的复杂时空糅为一体，打通了真实与虚幻之间的界限，制造了深邃神奇而又扑朔迷离的舞台视像”[①]。更有趣的是，该剧的舞台设计别出心裁：“舞台是由各种形状、不同角度互相映衬的硕大镜子组成。人物的不同侧面的许多幻象都展示在观众面前，连观众自己也投影在镜子里，他们从不同角度看到自己和演员的表演，台上台下浑然一体，交织在一起。观众仿佛时时参与其中，你中有我，我中有你。”[②]

舞台剧与此后同名电影的命运截然不同，演出不仅当时反响热烈，并大获成功，被誉为“当代实验戏剧的扛鼎之作”。而且之后的30年间不断有

---

① 周安华：《论当代中国戏剧的电影化倾向》，《文艺研究》2002年第5期。

② 吴戈：《论新时期戏剧观念的变化》，《思想战线》1986年第6期。

高校大学生剧社排演。但是，不管是当年的剧团还是当下的校园，排演舞台剧《一个死者对生者的访问》的诉求多在于该剧故事中的“道德问题”，或说“道德审判”，即刘树纲以当年武汉公交车上的真实事件为原型讲述的真实故事：见义勇为的勇士被匪徒刺伤，整个车厢上竟无一人挺身而出。舞台剧虚实相间、采用歌队等形式跳进跳出，完成了真实、生动、本土化的舞台呈现。

舞台剧的排演在先，后有电影拍摄，类似创作情形在中国电影乃至世界电影史上都不乏先例。自电影诞生之日起，与戏剧的关系就一直十分暧昧，或亲或疏，纠缠不清。在我国，早期电影的发展拄着戏剧的拐杖，两者亲密无间。20世纪70年代末80年代初，钟惦棐为代表的电影艺术家曾呼吁：电影应该和戏剧“离婚”。近年《驴得水》《你好，疯子！》等舞台剧改编电影的频繁出现，电影与戏剧似乎又亲热起来，它们之间的关系，再次进入学界视野。姑且不论当下中国电影和戏剧是否应该或已经“复婚”，其友好关系似乎毋庸置疑。而且，从舞台剧到电影，在艺术媒介发生改变的情况下，其间发生了哪些或隐或显的变异，怎样的改编和电影创作才能做到彰显电影艺术个性……这些问题在近期电影创作中给出的答案，远没有黄健中当年《一个死者对生者的访问》有力度。由此能否推断，这也是这部电影继当年艺术探索后，又一次历史性着陆的恒久价值和现实意义。

30年后，当黄健中再度回忆电影《一个死生对生者的访问》的创作及其命运时，显得异常平和、淡定，又不时流露出难以抑制的激动……不难想象当年在影片研讨会上他大胆放言时的激情和悲壮：“一百个人有一个人看懂，我也要为这个人创作。”

“思想摄影”：诗意的象征

从《一个死者对生者的访问》戏剧剧本出发，黄健中导演的同名电影从内容到形式进行了充分延展与深化。当时黄健中创新热情高涨，剧组汇集了多位新锐艺术家，他们在电影笔法，特别是在哲学理趣和艺术想象力上大胆探索。在刘树纲原剧作虚实相间的两条线叙事的基础上，又加入了两个叙事空间，拓宽了叙事时空，有效扩大并深化了影片内涵和哲思。

◎图35 《一个死者对生者的访问》剧照

影片保留了原作现实性的叙事空间，即公交车上和肖肖单位等实有空间，凸显了事件的现场感，镜头语言真实质朴，强化了纪实性。

黄健中加入的第二个空间，即历史性的场域性空间。这是体现导演审美意图的历史性叙事空间。为了凸显历史感，电影选择古都西安作外景地，而且古城的历史地域性、武则天墓前的无头石像，特别是，按一比一比例精心制作的兵马俑等，让这个特定的场域在与现实和历史的勾连中被激活。这部分的创作黄健中延伸了1984年《良家妇女》对中国传统文化的思考。从历史到现代，空间的挪移和时空跨越与交融，为寻民族文化之根，以及对传统文化的反省、重估和审判，营造了时空支点和历史、文化场域。

第三个幻象空间的艺术创造，是这部电影最具现代艺术气质的部分。也是电影在戏剧舞台空间基础上最成功的象征性空间。其中河滩地及之上的圆形线球，是副导演秦川的创意。他迷恋现代派绘画，设计了很多极具想象力的构图，刺激黄健中的艺术想象并不断被吸纳，成为影片不俗的画面。

停尸房，是影片中特别的空间，带有灵异色彩，兼顾阴阳，颇具传统文化的神韵和现代哲学意味。

当然，影片的几个空间并非独立绝缘，而是相互交织彼此兼容，共同营造这部艺术电影诗意的象征和荒诞派超现实美学风格。

事实上，作为“有意味”的镜头语言，四种环境空间构成了演员表演赖以存在的视觉空间。它始终指向表演，成为表演的有机组成部分，而且是其中较为隐秘的、富于活力的部分。比如在西北塬上的击鼓者和200个全身裸露土野的顽童，他们既是幻象时空叙事的对象，又构成了历史空间，透露了对原始、野性生命的憧憬，以及冲破传统文化对人性的禁锢和对生命的生机与活力的渴望。与此相映成趣，没有脑袋的石头人及兵马俑，还有僵硬的时装模特儿矩阵，似乎隐喻着没有血性，丧失了活力与生趣，身体残缺或精神残疾的古今之人……从个体的人到整个民族何以疾患缠身，如何健全身心，是一代代有良知的思想家、文学艺术家孜孜以求的，也是多年以来一直让黄健中魂牵梦绕的话题。多年对人与人性的关注、对民族精神与心灵世界的内在探索，不断唤起黄健中思想者的人文情怀，不断催逼他以镜头书写哲思、幻想和渴望；镜头已然成了导演者黄健中独具个性的心灵之镜和思想的武器。

作为导演，黄健中的任务就是在不间断地找寻与其心灵之镜具有互文性的时空语汇和叙事方式。他的影片就是他的“思想摄影”，镜头语言的每一组画面、每一个人物表情、每一个景深和每一次布光等都向世人展示着他内心的文化取向、价值趋附、美感追求和诗意情怀，这些正是他精神世界的内在韵味，也是这部影片独一无二的表现形式与品位。只是这种诗意比之前的《如意》《良家妇女》更多了一份文化审判和哲学思辨。以在影片30分钟的结点上，警察第二次出现到肖肖单位调查的段落为例。单位向警察反映肖肖不务正业，演员都当不了，还迷上了时装设计，给唐恬恬画画，生活作风不好，唐恬恬还是一个风流的个体户。此时镜头从单位的房间第一种现实环境，切换到众多无头石像和兵马俑坑。之后，圆球特写，切换到头戴面具、全身被密不透风的紧身衣紧箍着的死神，再到肖肖，他不愿意当演员，只想做好人，可是碰不到机会做好人，只能打杂。在层层推进的铺垫之后，肖肖发出了“我是谁”的追问，自然展开语义繁复、颇具哲学思辨性的片段——恬恬的幻觉世界——恬恬坐在模特儿矩阵中，想象中的肖肖迎面走来：

> 肖肖：我到处找你，找不到。
> 恬恬：我已经筋疲力尽了，快撑不住了。
> 肖肖：你忙什么呢？
> 恬恬：不知道。我要搞明白的事儿太多了。

恬恬迷茫、绝望的面部特写，书写了现代人的困惑、孤独与无助，以及永恒的追问——"我是谁，从哪儿来，到哪儿去"。接着镜头由远而近，死神越来越近，圆的绳球错落其间；随后切换到恬恬工作间裸体模特儿的模型矩阵，恬恬和曾经戴着面具的时装模特儿的身体慢慢蠕动着；伴随怪异、阴冷、刺耳的重金属音，死神把绳球上的绳子一圈圈缠绕在恬恬和脱下面具的时装模特儿身上。之后，一个椭圆形全景、恬恬的面部特写，身体在一个圆中摇动、卷曲，双腿伸拉绕着圆球上的绳子，自己把自己的腿缠住了，挣扎起身，身边凌乱的绳子萎靡一地。死神特写——离去，恬恬几度愁苦气闷压抑的喘息声……死神的出场和200个生龙活虎的孩子形成鲜明对照。恬恬的现实处境即是现代人的生存和精神困境，即被来自文化、现实等他者和自身的诸多原因陷入困厄。此刻，生与死、历史与现实、幻境与实境有机交融在镜头语言之中。

影片除了主线死者对生者的访问外，还保留了原作中生者对死者的怀念、调查和追认烈士这一副线；双线并进，深度审视民族文化与文明以及人类的生存困境带来的精神压抑与悲苦。对自私与虚伪、圆滑世故、强权与奴

◎图36 《一个死者对生者的访问》剧照

性和急功近利等国民性批判和剖析尖锐犀利。这些民族的劣根性是车上见死不救的习武者、郝处长和新婚恋人的，又不仅仅属于车上人，也不单单属于我们民族，而是人类在私欲驱使下的通病。习武者违背了仁、义、勇的古训与传统；为官者，不能以身作则，表里不一阳奉阴违，在精神分裂的状态下自我保护。“一个时代之精神生活的分裂，和一个人之精神生活的激烈变化，其形式是一样的。”[①]至此，导演黄健中强劲的思想批判能力露出了冰山一角。诸多思辨意味浓郁的思想都是如此机巧地埋伏在镜头语言和视听文本的“字里行间”。

影片中肖肖访问的第二个目击者——被扒手偷钱包的当事人郝处长和盲童女儿亮亮是影片叙述的重点。亮亮给爸爸按摩，神思恍惚中郝处长觉得门口闯进了肖肖，结果是恬恬。因为时装表演被叫停，她无奈之下来送礼求情。当得知被停办的理由是设计者肖肖卷进了流氓斗殴恶性事件。正直的亮亮说，那人是好人。郝处长怕女儿引来麻烦，马上说，她能知道什么，她又看不见。亮亮说，她梦见了肖肖，还梦见他有个漂亮的女朋友。此时幻象中的肖肖——爽朗、憨厚的大笑和亮亮的真挚纯洁交织，成为压抑沉闷情境中的清灵甜美。

肖肖说，我可以忍受真实，不能忍受欺骗。郝处长等世故的成人的眼睛都被自私世故遮蔽，混混沌沌；而盲人眼明，只有纯真的亮亮心明眼亮。为亮亮庆祝生日。点燃的生日蜡烛，幻化成熊熊燃烧的火堆，三人烤火。击鼓人出现。火堆，裸体孩童群像，全景—近景，恬恬特写，与野人们狂舞。两分钟的长镜头展示了火爆的劲舞场面：恬恬被野人拥戴，高高举起，两个野人身体的特写、击鼓人身体的特写与群舞交叉呈现。在这个仪式感极强的片段，恬恬受到了女神般的追捧。整个片段充满了野性与神性的光芒，再次透露出黄健中的电影美学理想中对美好人性与女性的礼赞。

影片的构思与立意、人物关系的设置、音乐和绘画等象征性语汇等，凸显了主人公沉重的肉身、心魂的挣扎与漂泊以及对生命困境的审视。借

① ［瑞士］荣格：《现代灵魂的自我拯救》，工人出版社，1987，第302页。

助于特写镜头，影片把观者的注意力吸引到一个个象征性的具象和细节上，以镜头书写了人物隐秘的内心生活；运用特写 、闪回以及叠化等电影修辞，增强故事的阐释力。这些无疑都融入了黄健中导演自己切身的生命感受、精神探索和文化视域，彰显了其思想者的艺术功力，同时也充分显示了西方异质文化与东方思想的有机交融。影片思辨烧脑的同时，更令人耳目为之一新。当然，也不可避免地暴露出现代派艺术语意繁复晦涩的通病。

以影像书写的现代诗

《一个死者对生者的访问》剧本发表时的“编后记”写道：“与戏剧构思相一致的是戏中充溢着一种粗粝的氛围、浓郁的诗情和动人的情感交流，使整个戏像一篇抒情诗，一首梦幻曲。舞台剧剧本和舞台呈现中，大量运用歌队、面具、鼓，特别是歌队抒情演出达成间离效果的同时，也不断感染和打动读者和观众。”在影片中，与高冷、怪诞的象征性影像造型相应和，歌队的抒情性音乐和歌唱代之以怪诞，或阴森或灵异的音乐和人声等超现实类的听觉语汇。同时，影片以电影式的高度视觉化的布景、道具，凸显了有意味的画面感和视觉刺激力；淡化故事、强化人物表情，简化台词增进肢体语汇，化“说”为“演”，以影像造型建构了“ 电影式隐喻”；通过回忆 、幻觉 、梦境等手段，开启了对灵魂的叩问。

如果说舞台剧《一个死者对生者的访问》是一首以舞台叙事铺陈的荒诞派抒情诗，那么，这部同名电影则是一首以影像书写的超现实哲理诗。

影像作为电影本体，往往是电影的生命力所在；以电影化替代戏剧性、以镜头语言替代戏剧叙事，黄健中对原剧本的改编注入了电影个性化的元素。他取消原剧作中的歌队，极有限地使用面具，鼓的视听语汇被有效强化。鼓，由原作节奏性音源，成为影片中富于象征性的视觉和听觉语汇的复合体。击鼓者，也由原作中“一个男性老人”，改为女性先民。为了保证创作严谨，导演和剧组有关人员专程访问了半坡村遗址，在考察中受到启发，选用了一位20多岁非职业演员的姑娘，而且征得她的同意后，依据半坡母系氏族的先民光着黝黑的脊梁，把蓬乱的头发用精心磨制的骨笄

◎图37 《一个死者对生者的访问》剧照

别在头上等特点，又对她进行了大胆的造型处理，精心设计了裸露的上身，使击鼓人的造型得到了有深度的确立和原生态的影像表达。

影像的构成离不开画面。“画面组成镜头，再由一个个镜头组成一部电影，因此电影艺术家首先是借助画面进行思维，无论电影剧作家还是电影导演，总是通过画面同观众交流，或叙述故事，或抒发情感，或表情达意，或传达感觉。”[①]很明显，这部电影的创作衔接并集中体现了黄健中20世纪80年代提出的诸如“电影画面的张力”“视觉激情”等观点。1982年《如意》拍摄之后，他在创作总结《人 美学 电影》一文中，系统总结和探讨了电影思维，特别认同“作为视觉电影，目前并不是在纯粹的视觉中寻找激情，这是最大的遗憾”[②]。而且，对画面和电影镜头语言的自觉认知伴随创作实践不断深入。与之前重抒情写意的民族化美学追求不同，在这部影片里，黄健中近乎痴迷地在视觉中寻找激情、释放激情；极力寻求一种附着于镜头之中的形式美感及画面的灵魂。而这方面的探索很大程度上受到了费里尼、伯格曼等导演大师的影响，因此在影片中依稀可见伯格曼个性化电影创作的思想和笔法，甚至死神和孩童的出场，与《第七封印》中“死神之舞”经典场面神似。与伯格曼的电影美学相似，黄健中这部电影里，一切都是灵魂的影子，比如兵马俑、绳子、击鼓者、死神、孩童等，而且布景、人物和情节设置等都具有鲜明的象征性。现实生活与幻想梦境之间的游弋，个体人与民族文化间的关联，爱与恨、孤独与温情等

① 黄健中：《电影思维与电影的美感》，《电影文化》1982年第1期。

② 黄健中：《从电影的艺术容量谈视觉元素——外国影片学习点滴》，载《黄健中导演笔记》，作家出版社，2011，第115页。

都铺陈在镜头之中，书写了创作者内心的才情。正因此，影片多采用"不同的景别"强化或弱化构图的冲击力，从而有力扩散了镜头语言的思想，传递造型的节奏美和画面的现代气质，形成了这部电影现代意味的美学追求。特别是，"特写"的运用反映出镜头运用的饱满激情和气魄。它"改变了电影故事和剧本的整个风格"，"在逼视那些隐蔽的事物时给人一种体察入微的感觉"，上乘的特写都是富有抒情味的，"作用于我们的心灵，而不是眼睛"[①]。30年后，黄健中依旧念念不忘该片拍摄时与摄影师的愉快合作：

> 《一个死者对生者的访问》的摄影师是赵非，张艺谋北京电影学院读书时的同学，这部电影是他独立摄影拍的第一部戏。后来，赵非不仅和国内众多大导演拍戏，还去美国和伍迪·艾伦拍了三四部戏。电影《太平轮》的摄影也是他，已经是国际型大摄影师。当时为了彰显这部影片美学特质，在拍摄时他一直和我强调镜头要固定不动，要对称，要稳。
>
> 我也特别追求形式感，形式中有一种理念在里面。

很显然，大量密集的象征语汇是导演和主创有意埋伏在影片中的思想密码，破解这些密码对深度理解导演及主创的创作机心不失为一件饶有趣味的艺术探险。以停尸房片段为例。停尸房一场戏，看过影片的人都不会淡忘。老人语调绵软筋道，和停尸房阴冷场景形成对比，特别有味儿。恬恬来到停尸房带着追悔看望肖肖。老人反复多次感叹"人啊人""人啊，不易，不易啊"。他话里有话地说："不怕见死人就怕见活人。"诡异之感的音乐响起，伴随恬恬幻想中肖肖起死回生，阴森凄冷，老人身体全景转为脸部特写，打坐，念经。法医来验尸，音乐再起，音质变为惊悚的人声：哦咦哦咦……法医问谁在唱，好像从太平间传出来

① ［匈］贝拉·巴拉兹：《电影美学》，中国电影出版社，1986，第79页。

的。镜头切换——裸体击鼓人，全景，旋即转为老人脸部特写：沧桑、超脱、平淡。与接下去恬恬在兵马俑堆无调地弹琴及面部表情特写的冷、硬、焦灼形成对称和对比。女法医冰冷生硬的声音：到太平间别忘了调取叶肖肖的指纹，查查有没有前科。之后，巨大手的特写，恬恬弹琴的纤细柔美的手指，盛怒之下把琴砸在兵马俑头上；旋即，一群裸体孩童的大全景：孩子震耳欲聋的笑声，涌动，奔跑；远景、中景、近景——击鼓人特写。月光下，两个孩子，稚气的童声，你知道这些石头人为什么没有脑子吗……大人真笨，石头人真笨。反复多次。如此，从人啊人，人不易啊，到怕见活着的人，写出了停尸房这位阅人无数的长者对人的悲悯，对人性复杂、生活艰难困苦的悲叹。老人沉潜在老祖宗留下的经文里为死者超度，也是看破红尘的智者灵魂的自我超脱。与老人对称出现在镜头里的是生龙活虎的孩子们，他们的纯真、生龙活虎，童言无忌，让人感受美好，对人、人生和人类寄予了希望。“为什么没有脑子了”，以及击鼓人不绝于耳越发震耳欲聋的鼓声，敲打着人和人的良知，也警示着，人不能没有思想没有活力，不能像活死人那样地活……停尸房镜头语言表面冷涩，却有温情暗流涌动；孩童们十分狂野，热闹中击鼓人又令人冷静、启人深思。情绪的冷热、节奏的急缓；全景闪回的镜头挥墨如泼，近景特写语汇精雕细刻。如此运镜笔法影片比比皆是，心思缜密，充满了哲学和文化色彩视觉张力；同时很多视听语汇，频繁密集出现，有的深藏不露、有的晦涩难解，没有一定文化艺术修养难以体会。这无疑增加了观赏的难度，提高了观看的门槛。

这部电影和很多影片一样以特写镜头突出细节描写。“这种特写镜头充满了使人直接感受到的魅力的热浪。是感情丰富，而永远不是多愁善感赋予这些镜头以特殊的艺术意义。这些镜头质朴无华、讲究实际，唤起了我们内心对事物的温馨的爱的感情，而又毫无粗俗的情调。”[①]大量特写镜头悄无声息地展现了重要的人物特性、事物本质。在电影修辞中，这些特写镜

① ［匈］贝拉·巴拉兹：《电影美学》，中国电影出版社，1986，第46页。

◎图38 《一个死者对生者的访问》剧照

头不仅描写，也评价；富含温度和力度。艺术电影经常用面部表情进行对话的特写，描写人与人之间的戏剧矛盾。影片中林芳兵面部表情的特写镜头，令人难以忘怀，她扮演的恬恬的面部表情既有抒情性，又极具戏剧性；既有雕塑的线条又不乏迷人的气质。大量分寸拿捏精当、内敛高冷的表演远比大量对白的言辞更蕴藉、犀利。各种感情及大量潜台词在恬恬的脸上同时出现，就如同音乐的和声，衬托出恬恬内心活动的节奏和美的质感。他彰显的不仅仅是现实或超现实世界里恬恬的灵魂，同时也是恬恬灵魂深处的繁复驳杂的世界及其重影。

影片中的情节和事件，往往通过恬恬心理联想的蒙太奇得以清晰表现；她潜意识的幻想和内心活动，为这部电影打上了心理剧的标签。事实上，从黄健中导演确定林芳兵作为恬恬的饰演者开始，导演的创作就已经开始，他找到的不仅仅是一个演员，更是人物的性格、影像的气质和韵味。当年黄健中发现林芳兵时，北影厂的汪洋厂长曾私底下和黄健中说，林芳兵是个好苗子，你要像带陈冲那样把林芳兵带出来。

林芳兵与当年扮演《小花》的陈冲确实有那么点神似。

林芳兵有一定戏曲功底，还有多种艺术修养。她能写诗、爱画画，很感性；她有些神经质，又很知性。敏锐的艺术感受力和丰富的内心生活打底，她的面部表情从不苍白乏味。为了帮她入戏，黄健中在剧组为她营造了一种特别的气氛。全剧组都对她不理不睬，让她在孤独、无助中，充分感受来自内心深处的疏离感。在《一个死者对生者的访问》的角色准备和拍摄时，林芳兵还是北京电影学院表演系的学生。由于天赋异禀加之对艺术的热爱和奉献，1987年，凭借与张丰毅主演的《夜行货车》以及电影《一个死者对生者的访问》，同时提名第10届《大众电影》百花奖最佳女演员。1986年第2期《电影学院学报》发表的林芳兵等几位应届毕业生的毕业论文，加了编者按："表演系86届毕业论文是在思想解放运动和教育改革深入发展的背景下完成的。这批学生既经过了几年系统的专业技巧和理论知识学习，又参加了三四部电影、电视的创作实践，大多数担任了主要角色。他们的毕业论文都是在理论学习的基础上，就他们表演创作实践中感受较深的问题进行了理论上的探讨和阐述，并发表了自己独特的见解。"在毕业论文中，林芳兵记录并分析了她在《一个死者对生者的访问》角色创作中的艺术实践：

导演黄健中让演员做一些模拟性小品，这种小品不是出自剧本的某一段落，而是演员模拟本片荒诞风格所进行的一种随意性很强的表演……在角色准备过程中，我采取间隔阅读剧本的方法，我发现每次阅读总能产生一些新的想法。比如"太平间"这场戏是描写恬恬去太平间与已死的肖肖会面。第一次读剧本时，我想我弹着吉他为他唱一首歌，虽然外表上感觉不到她的悲伤，看起来是平静的，但内心却是充满动感的。第二次读剧本时，我感到恬恬不应该觉得是与一个死去的人见面，而应该像是同自己的情人幽会，她可能穿一身红色的衣服，也没有唱歌给肖肖听，我为恬恬设计了这样几句含义模糊的诗："你说白色的雾在动，不是空气在动，不，是心在动……"随着与导演进一步交换想法，第三次读剧本时，我又产生了新的想法，在她眼前出现的是一片无头石像，她想象中的歌出现，没有清晰的歌词，呈现出一片浑浊的音韵，虽是她想象中的歌，却被太平间的看守老人和验尸员听见了，他们为此感到一阵阵的惊诧……不断地体验生活，不断地丰富自我，去掉各种束缚，全身心地投入创作。这便是我在离开母校之前对自己未来艺术创作的自勉。

（三）《过年》：“酒香不怕巷子深”

《一个死者对生者的访问》票房失败后，1988年和1989年黄健中两年没有拍片。调整的两年里，更多的是反省和深思。醒思中的黄健中听到了一些朋友的诚挚批评，在《寻寻觅觅到中年》一文中，沈及明尖锐地指出：“我觉得他到了这样一个关口，一个需要认真总结自己，一个准备第二次腾飞的关口。”[①] 正是在这个关口，黄健中读到了《歌德谈话录》，书中歌德劝爱克曼要从抽象中解脱出来启发了他。歌德对爱克曼说：你必须闯艺术的真正高大的难关，这就是对个别事物的掌握；你必须费大力挣扎使自己从观念中解脱出来……大师的启迪深深触动了黄健中，他意识到必须从观念中解脱出来，放弃电影中对哲学的执迷。他说：“多年之后，当我的创作真正摆脱了观念的羁绊之后，从另一个角度说，我对哲学的兴趣对我的创作产生了影响，它也营养了我，使我对事物的认识比以往更深刻，使我能够比较宏观地把握作品，在这一方面无疑还要感谢哲学。”[②]

作为“第四代”导演的代表，黄健中的艺术探索和心路历程也是那一代电影人的典型。“只有摆脱‘故事’和‘理念’的束缚，强化电影创作者的内心体验和个人情绪，将中国电影一以贯之的‘转变’和‘成长’的母题转化为‘体验’和‘凝视’，中国电影才会更加‘电影化’，才能完成思想启蒙文化反思和人性诉求的宏大命题。”[③]1990 年拍摄《龙年警官》和1991年拍摄《过年》，黄健中感觉到自己已经从既有的一些观念中解脱出来了。这两部影片更追求“不显山不露水”，更质朴无华，“不耍镜头不玩色彩”，取得了“叫好又叫座”的效果。

1991年《过年》参加了9月27日至10月6日的第4届东京国际电影节。

---

① 沈及明：《寻寻觅觅到中年》，载黄侯兴主编《思无邪：黄健中的影像世界》，中国社会科学出版社，2012，第435页。

② 黄健中：《云深不知处》，《当代电影》2001年第5期。

③ 李道新：《第四代导演的历史意识及其在中国电影史上的独特地位（下）》，《海南师范学院学报》2003年第1期。

电影节有30多个国家和地区参加。在众多的参加评奖的影片中,《过年》确实是“不显山，不露水”的一部。最初没有引起评委会的注意，甚至放映的时间被排在了最后。这是一个极不利于评奖获胜的因素。因为人的承受程度有限，就是再好看的电影连看几天也会腻烦。而最后,《过年》还是以它的朴素与平实征服了评委会，特别是被评委会主席大加赞扬，获得了评委特别奖。之所以如此，概括起来由于具有以下几方面的优长：第一，影片内容贴近中国现实。反映的问题具有普遍性，能引起广泛兴趣，被普遍接受和理解，增进对中国的了解。第二，导演水平高，有功力，成熟。第三，演员阵容强，表演总体水平很高。第四，富有中国特色，包括时代特色、民族特色、地方特色。人和事、情与景、民俗、音乐、服装道具等一看就知道是中国。①看来，黄健中用生活的稻子酿造的这杯美酒，味道还真的不错。而且,《过年》获得的广泛好评正应了那句老话：“酒香不怕巷子深。”

有关《龙年警官》的景观

1989年，体验了失衡而省悟的黄健中做出了一个明智的选择：走出艺术的狭路，走进生活、走近生活中的人。黄健中特别渴望亲身了解和感受这场经济改革给农村、农民带来的变化。因为他同意费孝通的观点：“乡土中国”，从本质而言，乡村才是我国的关键。黄健中来到了无锡，在苏南一带乡村一住就是百余日。他调查、走访，与各类农民和农民企业家朝夕相处。并拍下了长达200分钟的“电视报告文学”——《异军突起》。

这时的黄健中也真有那么股异军突起的劲儿。接下去，他拍了一部八集电视连续剧《撞击世纪之门》(1989)、四集电视连续剧《爱与仇》(1991)。后者在全国电视剧“飞天”奖中荣获中篇电视剧二等奖和优秀摄影奖两个奖项。

在这两部电视剧拍摄中间，黄健中曾拍了一部对他自己及对中国电影来说都有代表作性的影片《龙年警官》；这部影片也开启了黄健中电影创作

① 《思无邪：黄健中的影视世界》,《北影通讯》1991年第10期。

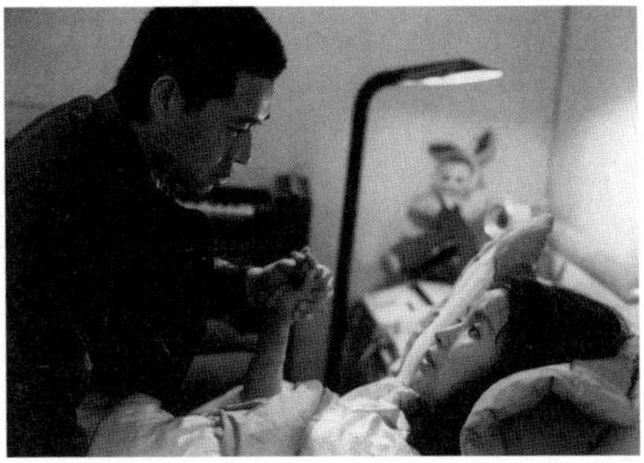

◎图39、图40 《龙年警官》剧照

别样的景观。

当年接到《龙年警官》的剧本时，黄健中远没有《如意》《良家妇女》那般难以扼制的激情。这个剧本不属于他迷恋的那一类。但黄健中不能不做现实的思考：他已连拍了两部赔钱片，北影厂经济形势严峻，他决不能再拍赔钱片了；再者，他当时是北影厂屈指可数的一级导演之一，他必须回报北影厂对他的重视才能问心无愧。更关键的是，心理与思维的调整已完成，“洗脑”之后的黄健中，对现实的认识更加清醒。

黄健中接受了这个剧本，也接受了一种现实；同时，他更接受了一个新的课题：他想探索一条市场化时代电影生存竞争的新路径。

与以往创作路数不同，这次他把观赏性、上座率列在了第一位。可是，最初拿着初稿本到中影公司和北京电影公司请有关人士对该片前景做预测时，得到的答复并不乐观。一向执着的黄健中并未泄气，而是沉下心踏踏实实地干了起来。

他来到了北京市公安局朝阳分局体验生活，与刑警们朝夕相处了两个多星期，亲身体验了他们的苦与乐，并共同探讨新中国成立以来公安题材影片的得与失。同时，黄健中有个意外的发现，公安干警和其他百姓对40年来公安题材最认同的影片是《今天我休息》及其中仲星火塑造的民警形象。黄健中还接受了干警们的一致推荐：张丰毅演影片中的警官，再造80年代的“仲星火”。

有了充分的准备与思考，黄健中又回到了书斋开始了案头工作和剧本的修改。他想在影片中塑造一个从警官中来又能到警官与群众中去被广为接受的当代警官形象。而这时的张丰毅已到朝阳分局体验生活，与刑警队的干警们打成了一片。开机之前，摄制组来到了刑警队，听到年轻的刑警们都热乎乎地叫张丰毅“祥哥”（因其出演过《骆驼祥子》中的祥子而获得的昵称）。本来张丰毅的皮肤就黑，在炎炎烈日下“办案”十几天，晒得更黑了，为此这部片子差点改名叫“黑脸警长”。

剧本和演员经过艰苦的“改造”后终于与观众见面了。

黄健中、张丰毅及《龙年警官》剧组这群电影人终于成功了。

《龙年警官》为北影厂赢得了100多万元的利润。黄健中“赔钱导演”的帽子被摘掉了。一时间，在京沪两地，新闻发布会、座谈会、首映式等接连不断，黄健中成了焦点人物；影片也被树为“样板”：业内人士一致认为，影片在“思想性、艺术性、观赏性”的统一中找到了中国式主流电影的新路；这部影片也为之后《过年》的创作奠定了基础。

稻子与酒

1991年“大年初一”，黄健中50岁生日后的第一天。整50岁了，却有一种从头拼搏的感觉。当他与我谈及时说，那感觉很特别，终生难忘。

面对无情的时间老人、面对电影——他始终热恋着的情人，黄健中品味着岁月和事业对他的意味。他不敢有一丝怠惰，又开始了新的探索。

与以往不同的是，在心智与情思、在内热与外力的交融中，黄健中更加从容。在黄健中导演的影片《龙年警官》座谈会上，他曾经坦言：“我在50岁以前的电影是我的准备阶段，今后我希望我的爆发或比较成熟的爆发，在50岁到60岁之间。”之后，他导演的电影《过年》与《大鸿米店》在某种程度上实现了他的期许。

1991年春节，黄健中从从容容地投入了《过年》的筹拍，又顺顺畅畅地拍摄成功，从接剧本到开机大约20天。1991年2月15日“大年初一”开机到4月12日关机也只50多天。5月4日又顺利通过电影局的审查。这不仅在黄健中的影像历史上是一个奇迹，在中国电影史上也不多见。惊人的速度、上乘的质量得益于许多因素。就导演而言，多年的生活体验和艺术积淀，特别是，得益于1989年黄健中苏南的百日行。1989年在无锡一带三个多月的深入生活，使黄健中对我国农村巨大变革中的家庭与人了如指掌，因此，拍摄《过年》这样反映变革中农村家庭及社会变化的戏，对他来说更加游刃有余。为此他对自己两年来的深入生活有颇多感慨。

> 艺术家深入生活是为创作作品，这中间的关系就好比是种稻子和酿酒的关系。生活像种稻子，艺术作品像酒。艺术家深入生活，就是将稻子收上来进行酝酿。酿造的过程是很长的，方法是多样的，是不能简单规定的。稻子变为酒，重要的是产生了质变。深入生活靠的是日积月累，不能急功近利。

20世纪80年代末沉默的两年里，黄健中不仅跑遍了中关村这样的科学城，还“走南闯北”深入生活第一线，感受着改革后中国的变化。这之前的1987年冬天，他还在东北黑河写剧本，对冻土带文化也有一些探究，东北的民俗、民情更不待说。这些连同他《过年》前多年的生活与艺术积累，就是他在生活中收割的稻子；而到了《过年》便酿成了香气四溢的美酒。

《过年》得益于黄健中的“生活”，也得益于他“自觉的文化选择”。

关于《过年》，黄健中曾写下这样一段话：“我要求影片就是素描式地表现生活本身，而不再额外说什么。”“艺术处理越平和越好，娓娓道来，质朴无华，不要镜头，不玩色彩。艺术风格力求不显山不露水。”

“质朴无华，不要镜头，不玩色彩”——黄健中有意识地向自己早期创作提出了挑战；或者说他有意与早期创作倾向相悖，抛弃了某种程度上的刻意与唯美。这并不意味着黄健中想把《过年》搞成当时流行的比生活还生活的那一类。因为电影毕竟是电影，“电影应该电影化”是他一贯的主张。

在对大量中外同类作品的比较研究后，黄健中确定了自己影片的切入点、立足点：“人”，在人物身上下功夫，力争“好看、耐看”。要“好看”除了揭示生活本真而生动的一面外，更重要的是每一个人物“人各有貌”，而且人物要容纳生活形态本身的具体生动性。影片反映的这个家庭生活着

13个人，是两代人，又可以分为四个不同层面。他们活画出了改革后中国传统家庭模式和中国人的情感模式的变化，总之，人的观念的变化。第一层面是父母双亲。他们最具传统的中国的家庭模式，包括婚姻模式和情感模式。这是一对老夫妻，女比男大8岁，是旧婚姻制度的产物。他们全部的婚姻生活，无不折射出过去岁月的辛酸、艰难与不幸，这个因妻子的忍耐而逐渐稳定下来的家庭及家庭成员的人生，在影片中得到了含蓄而深刻的展示。

开场，老头从裤腰里把挣来的钱全部放在老伴跟前："全归你。"老伴为此而失声大哭，哀叹于自己"老了"，有感于"我没白疼你"，到剧终，子女打架，母亲面对大女婿的不轨行为劝大女儿说：你爹年轻的时候也有那么一阵儿，"老了，孩子大了，也就好了……"。前前后后包容了中国旧家庭的婚姻模式和感情模式。结局是老夫妻的出走，说明商品经济使这对老人也产生了一些观念的变化。这也是影片浪漫的一笔，他们不把家庭、金钱攥得那么死了。加上那样一首歌，有着东北人的豪爽、幽默，让人在不自觉中感受或体会根深蒂固的宗法观念正在动摇，尽管这一定是一个漫长的过程。影片人物的第二层面是大哥、大姐两对。他们出生在公社化、"大跃进"时期，成长在"文革"中，在他们身上可以窥视到父母的烙印，带一定守旧性、悲剧性。第三层面是二哥、二姐两对。这两对是在改革开放中成长，具有新的思想意识；他们身上带着改革的气息。第四层面是小儿子这一对，带着茫然感。

这部影片一层层的人物，各司其职，人各有貌；这样避免了重视戏剧冲突和观念，而忽略人物的性格刻画。人物性格又都围绕着"过年"这一传统展开，在喜庆中不乏心酸与凄苦，令人回味。

赵丽蓉的魅力

当然，导演意图再精妙，如果演员不入戏的话，一切也只能化为泡影。《过年》的成功很大程度上归功于演员们精湛的演技。

父亲的扮演者李保田与黄健中多次联手，成了多年的好友。在黄健中乡下的家里，书房门廊两侧挂着一对十分别致的挂饰——葫芦上雕刻的脸谱，没想到这竟然是李保田的手艺。一次在安徽拍戏，随处可见的葫芦瓢在李保田的一番打扮之下，竟这般神采奕奕。他不仅有绝活，演技更是炉火纯青。在拍片现场，李保田、赵丽蓉等演员与黄健中经常讨论的话题是：这场戏观众看什么？他们不仅关注角色，也关注角色与观众之间在审美情趣上能产生共鸣的那些点。其中，赵丽蓉的表演亲切可爱熨帖自然，深受观众热爱，也为影片增色不少。

选赵丽蓉做女主角时，还有那么一段插曲。

拍摄前，为了造成明星效应，投资方提出了投资条件：名演员请到才拍戏。他们还开了若干当时大红大紫的名角的单子。靠黄导的声望明星们几乎没费什么周折就接受了。唯有女主角候选人王玉梅不在北京，而拍戏又得抢时间：大年初一拍《过年》，因为晚了东北的雪就融化了，东北过年的原汁原味儿也就没了。急切之中，黄导提议由赵丽蓉主演。不巧的事又来了，赵丽蓉那一阵子身体欠佳，儿子刚从国外回来探亲，难得的几年一聚，当妈的实在有点难割舍这份亲情。她犹豫了，没有立即接受。后来摄制组几次游说，又请她看了分镜头剧本。出人意料的是，赵丽蓉看了剧本后非常喜欢，欣然接受，很投入地进入了角色，又绝妙地塑造了乡下老妈的形象。因为成功的表演，后来在东京国际电影节荣获最佳女演员大奖。

◎图41、图42 《过年》剧照

这部影片演员选择的总体思路是追求明星效应。没有众明星的加盟，

◎图43 《过年》剧照

没有他们精彩演出，这部作品达不到这种水准。拍摄过程中，黄健中从他们身上学会很多东西。比如他们拍片对人物的塑造比较注重性格刻画。除此之外，还十分注重给观众看什么，能不能抓住观众。赵丽蓉动不动就会对他说：“这没哏啊！”要么就说：“这没彩儿，这样不行。”

《过年》的演出使黄健中更加认识到了赵丽蓉的可爱和可贵之处。特别是赵丽蓉的艺术完全扎根于民间，跟老百姓在一起如鱼得水，这一点一直影响着黄健中。与黄健中合作，同样使赵丽蓉感受颇深。一次，谈到《过年》时，赵丽蓉由衷地说：“人家黄导是干正事的，跟他拍戏，我不敢有一点怠慢。”他们俩在圈里都以敬业闻名。而且除此之外，还有许多相通之处：比如对艺术的执着，对人的真情和友善等。

《过年》之后，他们成了可以长谈的好朋友。黄健中经常以赵丽蓉为榜样告诫自己：不要做生活的贵族和精神的贵族。

“电影是商业，但导演不是商人”

《过年》公映后，到密云农村放映，反响十分热烈。在座谈会上，许多乡亲觉得影片很亲切，里面的某某人物，就像自己村里的某某人。他们对人物的理解，让黄健中感到比有些理论家还透彻。不仅当时，之后的漫长岁月里，时间检验了这部影片，使之成为“经典”。从20世纪90年代起，该片基本成了央视电影频道每年春节档的保留节目。尽管当时国内还没有

◎图44 《过年》剧照

后来愈演愈烈的贺岁片的概念，但无法否认的是，《过年》正是名副其实的"贺岁片"。在不少观众心中，它无可取代，是关于中国人过年最好的电影之一，如果说没有"之一"也不为过。

这样一部大众喜闻乐见的"贺岁片"，见证了黄健中电影创作突围中的自我突破。

面对呼啸而来的全球化市场经济时代的到来，黄健中必须面对和实现由计划经济向市场经济转化中观念的转变与调整。早在1983年黄健中的文章中就曾谈到一个超前的观点：电影史上的大师级导演伯格曼、黑泽明等，有一个共同的特点，就是摆脱电影的商业化，注重表现艺术家对社会生活的独特观察和独特表现手段。经历了十几年的风风雨雨之后再回首，黄健中有了新的体认，在访谈中黄健中说：

文化市场并非排斥艺术个性；费里尼有一句名言：创造观众。我厂的青年导演夏刚说过一句话："电影是商业，但导演不是商人。"很精彩。

1990年黄健中的《龙年警官》，为北影厂赢得了100多万元的利润，人们谈到中国电影探索艺术性与商业性时，总忘不了这部片子。它和《过年》同样已成为我国电影界探索艺术性与商业性的典型案例。

黄健中独立执筒成为导演以来的影片，多数属于"作者电影"，他更热衷于诗意叙事的"作者电影"。应该说，自从电影诞生之日起，电影就与大众发生了密切关联，过分推崇作者立场自然会远离大多数观众，而且从世界各地的实际情况看"作者电影"曾经在欧洲风靡一时，随着电视业的发展和纪录片、专题片等的发展，抒发艺术家个人生活感受的"作者电影"不可避免地受到冲击。对世界电影和中国电影发展变化的理性分析，令黄健中改变了自己曾经固守的观点。过去他认为既然高层次的文化品位，是包括电影在内的所有艺术的未来发展方向，那么一百个人中，哪怕只有一

◎图45 《过年》工作照

个人爱看，我都要为这个人来拍。一番醒思和调整后，他更热衷于为百分之九十九的观众拍片。但他所指的百分之九十九，并非廉价地迎合观众趣味。在访谈中，他坚持认为，电影作为艺术，不能只靠市场的检验，还必须经得住艺术科学的检验。以《过年》第一场戏为例，这场大年三十晚上的戏，如果只强调可看性，这场戏可以排成《过年》中的过场戏，一带而过。因为如果影片一开始就沉下来，细腻刻画老两口等待的苦闷观众很难坐得住。但是，黄健中觉得影片不能只追求故事如何进展，应该尽力拓展人物心理和情感的空间，为此根据对中国传统家庭的了解和观察，他给这场戏补充了一些对话和细节描写。这部影片的成功很大程度上有赖于黄健中在努力增强电影可看性的同时，并未降低在细节刻画人物拓宽思想文化内涵方面的艺术追求。

而这种艺术追求也是黄健中对中国电影传统的继承与发展。黄健中曾经说：不懂得继承传统的导演，不可能成为他那个时代优秀的艺术家。当思想上彷徨困惑已经过去，又将在创作上开始新的探索时，黄健中时常想起艺术成长道路上前辈艺术家的精神与艺术给养。他未曾忘记，《小花》拍摄之后，在一片赞美声中，第一个给他提出批评的是"北影"老导演王炎。他认为这部影片玩儿形式比较多。有一天，他站在摄影车间门口对黄建中说："小黄你是个很聪明的人，但你将来会抛弃你现在的东西。"黄健中平时很少与王炎老师交往，但他人品正派创作严谨，他深厚的艺术底蕴，青年和中年时期的艺术活力都是黄健中敬佩的。从《战火中的青春》到《独立大队》，他的作品在新中国电影中独树一帜，新时期拍摄的电影《许茂和他的女儿们》更是质朴无华、不显山不露水。当时《小花》一片叫好声中，王炎导演能那样冷静而负责任地批评黄健中，说明他看重黄健中这个人，相信他将来会是个有发展的导演。对此，黄健中心存感恩。在"北影"钟惦棐老师也一直热情扶持黄健中，但他从未当面表扬过一次。相反，对黄健中的批评反倒是最厉害的。他知道黄健中很刻苦，勤于探索，但看到黄健中后来越走路越窄，很恼火，对黄健中说："你的电影要走向死胡同了。"他还批评黄健中"有一条很长的唯美主义的尾巴"。20世纪80年代末，黄健中在醒思调整中，曾无数次追忆中国电影史上前辈艺术家的艺术造诣与传统。黄健中认为，崔嵬、水华、凌子风等青年时代就投身革命，50年代电影进入鼎盛时期，有20多年深厚积累和经验。因此创作爆发力特别强，他们厚积薄发，成为“北影”当时整体的优势。今天的作品从未超过他们，他们树立了一个时代的标杆儿。黄健中非常敬佩这些前辈艺术家，尤其是水华。尽管师从崔嵬，从未做过水华一天的学生，但黄健中认为，自己的个人风格和内在性情似乎更接近水华，因为太粗犷的东西他做不到，他更喜欢细腻。水华平时不善言辞，分析起作品来思路非常清晰，一点一点掰开揉碎，最后归纳为一个整体。他的《林家铺子》可谓是对生活咀嚼又咀嚼之后的经典之作，也是黄健中渴望企及的美学典范。黄健中《过年》以及之后《大鸿米店》《我的1919》依稀看到水华影片的影子；或说这些影片继承并弘扬了水华为代表的质朴细腻的诗意电影，即兼顾深刻的思想和鲜明的民族形式的中国电影的美学风格。

（四）《我的1919》：影像中的爱国情怀

1999年《我的1919》是黄健中跨出国门拍片的第一次尝试。语言、文化、地域甚至肤色的差异与融合为导演工作增添了难以想象的难度。黄健中以自己的艺术修养、学识、胆略，包括身体等的实力顺利完成了这次跨国拍片的任务。

影片《我的1919》成为承载当代中国人家国想象和民族记忆的一部佳作，荣获了1999年度中国电影“华表奖”；黄健中也获得了华表奖评委会“导演奖”的殊荣。荣誉并不重要，黄健中更看重的是，他以自己的镜头语言对民族精神进行了一次酣畅淋漓的表述，而且通过影片让世界更加了解中国的过去和现在，让世界观众更了解中国、中华民族和中国电影。《我的1919》之后，黄健中还跨国执导了电视连续剧《盖世太保枪口下的中国女人》和《世纪末的晚钟》。作为艺术家，黄健中已经不再是一个个体的人，而是一个负荷人类精神的“总体的人”，在世界影像时代中，他以自己的镜头打造着属于民族的也属于世界的人文空间。他相信，正如鲁迅说的：“只有真的声音才能感动中国的人和世界的人。"

倾听黄健中讲述跨国拍片的故事，很难不被他的真诚与挚情感动。跨国拍片是中国人与世界的美丽约会。同样美丽的还有2000年春天一个春雨之夜。

2000年春，北京的大学生们又迎来了他们自己的节日："大学生电影节"。电影节期间放映了《我的1919》。那是一个细雨迷蒙的春夜，雨滴无声地浸润着干涸的大地，夜鸟已高飞，只因夜深。就在这个宁静的春雨之夜，北京师范大学的校园里却激荡着一颗颗无法平静的心。看了《我的1919》，中文系一群大学生和研究生按捺不住内心的激动，渴望见见黄健中。几经周折，他们拨通了黄导的宅电。而这时的黄导早已到无锡"笑傲江湖"去了。黄导的爱人金萍导演热情地接待了他们。大学生们疑问最多的是——黄导何以将这段难拍的历史拍得如此生动、感人，又是如何将容易煽情的爱国主题表述得这样丰富饱满又鼓舞人心……

观众喜欢看的严肃电影

《我的1919》是作为向"国庆50周年献礼"的"献礼片"拍摄的。影片用电影艺术形式演绎了中国现代史上划时代的历史事件。这部影片对黄健中而言是"本子找我"。当时，这部献礼影片计划由西安电影制片厂拍摄。西安电影制片厂请黄健中出任导演时，因为事关重大，他没有马上接下，请对方给他十天的时间论证和思考。当天黄健中就跑到三联书店买了一堆书。读了五天资料，正在兴致勃勃地阅读和思考的黄健中接到了广电总局常务副局长赵实打来的电话。赵实问他想好了没有。之前黄健中不知道，正是赵实推荐他出任这部戏的导演。赵实请黄健中一定要接下来。她说，希望这部片子能够成为留世之作。其实，几天的案头工作，黄健中的兴趣也在这儿。同时他还特别想对一个严肃的电影题材做一点尝试，就是探索如何让观众喜欢看严肃电影。中国传统的严肃电影为了让人爱看就拼命地煽情。他想另辟蹊径，努力避免这一点，做自己的摸索。

黄健中是1998年9月9日第一次参加文学剧本讨论的。这是剧本的第六稿。9月14日正式接受广电总局、电影局交付导演此片的任务。之后，近半年多的时间里，他阅读了200余万字的文字资料，并收集了一批相关的图片和影视资料，编撰了有关“巴黎和会”“五四运动”“中国外交史”“国际关系史”和“顾维钧资料”，印制成册分发给主创人员；同时还编写了《顾维钧在巴黎和会前性格成长的历史》《巴黎和会与影片相关的大事记》供摄制组研究讨论。

在案头工作初期，赵实两次同黄健中谈话，具体提出这部作品“要有历史的厚重感”“以史鉴今，以史喻人”，并明确指出：“这部影片的观赏性是由艺术质量决定的”，“思想越深刻观赏性就越强”。她一直强调拍摄中一定要特别注意“历史的真实性”“消灭虚假”，做到“精制作，巧制作”。在整个案头工作和拍摄期间，黄健中和摄制组一直非常重视广电总局和电影局对这部影片的要求和期待。

1999年5月4日开机，7月2日封镜，8月31日混录双片送电影局审委会审查，9月20日标拷送电影局，9月21日正式发布“通过令”……在8月31日审片会上，电影局刘建中局长总结审委会的意见说：“大家一致公认《我的1919》是部好影片。从文学形象到银幕形象都成功，影片非常鼓舞人心。”后来，赵实在为《“我的1919”：从剧本到影片》一书作的序中写道：“当我观看《我的1919》这部影片以及为这本书作序时，我心中涌动着一股股热血。历史学家、外交家们接受并赞扬了这部影片，参加中美世贸谈判的中方代表们高度评价这部影片的现实意义。在这部影片中，我们还欣喜地看到，黄健中导演一些细腻的笔触，不仅触及个人感情，同时直抒民族与国家的情怀，使影片大气磅礴，浑然一体。这是黄健中导演创作中一个新的收获。”

从影片的筹备到艺术总结，其中的“主旋律”意味十分明显。其中“国家意识”“历史情结”“民族主义”昭然若揭；而这一切无不显现时代的情绪和民族的心声。面对20世纪90年代世界新格局，伴随香港、澳门的相继回归，新中国成立50周年的来临，国家政治又面临一个关键时期……申办奥运的失败，加入WTO的层层阻力，特别是1999年美国对中国的刁难，以至于对中国驻南斯拉夫大使馆的轰炸，这一切都强烈地激发了中国民众

◎图46 《我的1919》剧照

的民族精神，一时间，"中国可以说'不'"成了时代的主旋律。

在这个特定的时代语境中孕育的影片，它的影像蕴涵便鲜明地带上了特定的时代精神。国家意识形态与民众社会文化心理交融，成了影片的文化支点。不过，把这么一部严肃电影，拍得既好看又耐看，确实不容易。这方面，黄健中做了最大的努力。为了"好看"，他有意强化了主要人物之间的矛盾；为了"耐看"，又自觉地在影片中强化了强与弱的关系对比。在纪实与虚构中释放他的艺术想象力和创造力，为中国近代历史留下了影像中的家国想象与理想情怀。

纪实与虚构

记录时代，要求历史的真实，即体现其纪实性；而记录心灵，则又暗含某种务虚性，虚构是必不可少的手段。尤其对于影视艺术而言。影片的框架的纪实性，要求故事的真实性，但作为艺术的真实，又不乏想象和虚构。

"五四运动"和"巴黎和会"这段历史中隐含着一个人世间的普遍生存规则：弱肉强食。它是无论何种种族与肤色，不管大人物还是小百姓都无法逃脱、必须面对的生存境遇。正因如此，面对历史、面对现实，面对公众与自我，黄健中在创作手记中这样写道：

> 当我的情感全部进入剧中那个年代、那个环境，我真切地感受顾维钧、肖克俭那样一批人的精神世界之后，我时时涌动着一种热力，经常不由自主地在纸上记录着一段台词，一个细节，抑或一个场景的气氛。我隐约感觉依靠写实的手法不能抒发自己的全部情感，在构思未来影片时，在我脑子里出现的往往是浪漫主义时期那些音乐大师极为强烈的旋律，肖邦、舒曼、李斯特甚至瓦格纳。当我冷静下来的时候，理性告诉我，把握这样重大题材，仅仅靠自己的情感情绪的冲动是很难包容整个主体的。分镜头剧本产生之前，我渐渐确定全片的风格：把握历史、严谨叙事和充分抒发情感相结合。

重大而严肃的题材无疑强烈激发了黄健中的智性与激情。但他的兴趣并不在影片所展示的故事本身，他同时着意于“对一个严肃的电影题材做一点尝试，就是怎么让观众喜欢看严肃电影”！因此，他做了一番摸索。

首先，深挖严肃的内核，使之不留于片面化的“运动”和简单化的“民族性”。

为此，黄健中强化了影片的戏剧冲突和哲学命题，有意强化了顾维钧与克列孟梭这对矛盾，又自觉地在影片中强化了一个基本的哲学命题：强与弱的关系。而巴黎和会，其本质就是一次弱肉强食的会议。现实的世界格局，国际会议永远是一个权益争夺的问题。任何人都改变不了实力均衡的规则。现实生活也一样。当时的中国是弱国，但顾维钧不是个弱者，英国首相劳合·乔治说顾维钧是“一个很智慧的中国外交官”，“是一个剪掉辫子的中国人”。这之中，黄健中对他们之间的政治冲突与戏剧冲突做了些文章。在戏剧冲突中，强化了情感色彩和性格塑造。而且，他是想尝试改变一种冲突方式：在国与国的激烈冲突中，威尔逊总统却非常欣赏顾维钧，克列孟梭也非常欣赏顾维钧。

同时，黄健中也力图突破传统的历史观念。具体体现在《我的1919》

中就是家与国的大历史和小人物的个人史有机地融合。在故事的表述中体现的这种历史观，是这一时期中国电影的一种进步，也是世界文化的一种潮流。在我国体现为所谓的“后现代”的倾向：反权威、反历史。这也正是历史的发展与文化宽容。

其次，对严肃内核的艺术转化。影片对严肃内核和哲学意义上的深入挖掘和艺术呈现，体现了黄健中在执导这部片子时对历史敏锐的感悟力和个性化美学追求。影片采用第一人称“我”为叙事视角，唯其因为是“我”亲力亲为切身感受，才使影片中的一言一行，一草一木，异步移景都带有了极浓郁的个人色彩和主观意味。“我”叙事视角的选择，使影片切入历史事件时不至于负载超重，也使其更加鲜活和生动。“我”——顾维钧，是一个生动的个体的人，而“我”的身后是亿万的民众，亿万个“我”；“我”个人的胆识、魄力和智慧都有强大的民族后盾。“我”，是一个觉醒者，一个近代知识分子的典型代表，“我的觉醒”，就是一代人乃至一个民族的觉醒。对此在访谈中黄健中曾经有这样的阐释：

> 每一个人都能在影片中看到“我”，带有浪漫主义的色彩的大我，这也是过去诗人经常抒发的“我”。比如说，一开头我就用旁白说出他在第一次世界大战时研究世界格局，这次和会使中国有机会来改变半个世纪以来中国在世界上的这种不利局面。这是他在回忆录中写的，我读这段时感到，顾维钧自觉地要在巴黎和会上改变中国的命运，在这一点上他很大气。我要的是一个大我的情绪，而不是一个娓娓道来的小情感。

“舍小求大”是使这部影片浑然大气的主要原因之一。寻求“浪漫”和“好看”并没有使黄健中误入小情趣之中，被小情趣迷惑。剧本中的许多小趣味、小情境的细节被他砍掉了。他抓住“大气”不放，仰视着——撼人的，煽情的大的时代波澜。大则大矣，浑然大气，的确达到了。但同时也不得不舍去本不该失去的长久而深入人心的感动力。有撼动，而缺乏长

◎图47 《我的1919》剧照

久的感动，不能不说是“主旋律”影片的通病，黄健中也没有逃出这个创作缺憾。

但不管怎么说，把一个重大历史事件讲述到如此这般，已经是相当不容易。而且，黄健中惯用的“黑白两道”也使用得恰到好处，几乎达到了一种自然天成的境界。这就是在影片中，当进入真实的历史事件时，黄健中使用的是黑白影像；而进入“戏说”的故事时，运用的就是彩色影像。这一点不能不使人联想到黄健中第一次成功执导的《小花》，及其相似的色彩处理。只是这一次的技法更加娴熟老到。

陈道明演绎顾维钧

《我的1919》的成功，在一定程度上，也是陈道明演绎顾维钧的成功。顾维钧的爱国激情、机智与学识相结合这一点，陈道明体会得恰到好处，也演绎得恰到好处。正因此影片主人公顾维钧具有了强大的吸引力。

在近代外交史上，最自觉地研究外交和国际政治的第一人，当属顾维钧。他是站在一个自觉的角度去观察当时的世界格局，观察和研究中国和外国之间的外交关系的。顾维钧是上海嘉定人。小时候就是一个聪明早慧的少年，11岁开始向往革命。16岁留学美国的时候，他第一次演讲的题目是《觉醒了的中国》。他在美国读了8年的外交政治，博士论文写的正是外国对中国政府的要求即特权。他27岁任中国驻美公使。中国参加“一战”，第一个建议的人也是他。1918年春，顾维钧在美国组织了一个研究小组，他们做了一系列的研究，认为这场战争协约国必须要胜利，协约国战胜之后必然会有一次和平的会议，那么在这次和平会议上，中国应该提出什么。顾维钧参加巴黎和会谈判之前，甚至在前往巴黎的路上，已经非常清楚中国应该在巴黎和会上提出哪些问题，应该得到什么。这些也正是黄健中在影片片头加进去的点睛之笔。

筹拍拍摄的日子里，黄健中的心颇不宁静。

接受角色的陈道明也无法平静。

陈道明接受顾维钧角色前询问了谁导演这部戏，这对他很关键。答曰：黄健中。他点点头，表示信得过。不过，他还是向黄健中发出了两个疑问：

其一，你准备将影片拍成什么样？

其二，是你自己有信心有激情，还是作为一项任务，不得不拍？

黄健中的坦然与真诚使陈道明相信他的付出不会是简单地应付政治任务，更多的是一位艺术家的艺术良心和使命。

陈道明之前拍过相关影视剧，熟悉美国生活，顾维钧也长时间生活在美国，他很快就找到了顾维钧的感觉，而且他性格中儒雅的绅士风度和顾维钧也有颇多相似之处。在戏中陈道明有两次发言很精彩，他表演到位，处理得很漂亮。黄健中至今仍记忆犹新：

> 陈道明那大段的讲话，8分钟的会议要让人激动，我几乎没有这种拍片经验。这次意外的收获是所有人看完了都觉得从台词的组织、台词的表现和演员的把握，镜头的运用、光效、节奏都非常完整，我想这是有道理的。陈道明设计的这三段，哪儿高潮、哪儿要叙述得铿锵有力、哪儿娓娓道来，非常得当。他一再向我强调，影片结尾的发言绝对不能慷慨激昂。他在和会的第一次发言，我都是一次拍两条，一条比较慷慨陈词，一条比较平和处理。他说，黄导你最后选择什么，对我来说很重要，我告诉他全部选择慷慨激昂的。他说，如果你选这部分，我希望"拒签"的发言，我要冷静些带有比较沉痛的低调，这是陈道明跟我提的，我说可以。他说从这个角度来说，现在剧本的台

词就没有力量，必须有相当的感性化的台词，我说你写。所以结尾这段台词是他自己写的。我一个字都没改。他说黄导能不能我一个镜头一气呵成，我说可以。这个镜头从他离开桌子一直到发言完，是一个镜头下来的。

◎图48 《我的1919》剧照

这一段戏在影片中有极惊人的冲击力。陈道明这段表演在很大程度上，可以与《巴顿将军》中那一大段世界电影中“经典”片段媲美。

在拍摄《我的1919》重场戏顾维钧在巴黎和会上的发言，出于质朴真实的镜头语言考虑，黄健中大胆地把顾维钧置于全景稍俯瞰的镜头，有意营造一种地位的压迫感。陈道明看过之后很恼火。第二天见面他毫不掩饰对黄健中镜头处理的不满，说：“全片的重场戏，我只有两个近景镜头，日本人还六个近景，我的镜头还都是全景、俯瞰，样片里还都不用运动镜头。”黄健中没有马上说服他，但他对自己的镜头处理是有充足信心的。这种大胆的处理源于他对历史、对人物的把握。因为在此前他翻看了20余万字的相关资料，对顾维钧的性格，巴黎和会及当时中国的处境做了详细的了解。还对中国参会的当时会场做了实地考察：中国尽管是战胜国，座位却是排在相当靠后的位置。他把顾维钧置于全景稍俯瞰的镜头，是有意营造一种地位的压迫感。样片出来之后，陈道明服气了，这场重头戏也因为不俗的镜头处理给观众留下了深刻印象。

陈道明高超的表演与黄健中等主创的共同创造，终于将顾维钧这一独特艺术形象贡献给中国电影，成为我国电影画廊中独特的人物形象。正如有评论指出的：“影片《我的1919》中黄健中展开他丰富的想象，在不违背历史真实前提下，适当‘实事求是’，大胆塑造刻画，为观众展现了一个个新中国电影艺术长廊中前所未有的艺术形象……就影片的整体叙事而言，顾维钧无疑是众多所要表现的人物中最重要的一个，黄健中并没有简单地将其仅仅作为一个爱国的外交家来塑造，而是在收集和博览大量相关人物传记的基础上，将艺术创作的力度集中于顾维钧作为一个年轻外交家的超凡智慧上，充分展现人物自身的人格魅力……宏大的历史视野中，黄健中充分把握人物自身应有的性格特点，任其在自己的叙述中辗转腾挪，或飞扬得意，或热血澎湃。"[①]

"跨国拍片故事很多"

作为中国电影史上以重大国际事件为直接叙事对象的影片，同时又作为新中国成立50周年的一个献礼片。时间紧任务重，《我的1919》在国外拍片，选演员、选场景、挑道具等难免遇到一些意想不到的棘手问题。力争创作出精品，而且要深入当时当地的文化风情之中，难度自然更大。不过，这对于一向就喜欢享受艰难的黄健中来说，更有魅力，更富于挑战意味。黄健中喜欢挑战，更喜欢在挑战中张扬自己的艺术生命力，而且还能使他方方面面的"库存"更大限度地被利用。

《我的1919》中让娜的扮演者萨哈是法国正处在上升期的明星。黄导第一次去法国选演员时，一眼就挑中了她。不过制片人担心她不会接受，建议看几个片酬便宜些的演员。黄导不死心，结果真的被制片人不幸言中。两个月后，第二次去法国挑演员，黄导的朋友带来一盘录像带，说里面有14位女演员供他挑选，看过录像后，他选了两位女演员亲自试戏。试戏的方法，除了世界通用的戏剧片段、台词之外，黄健中有自己独特的方法，他坐在演员跟前，面对面咫尺之遥，观察对方在表演中眼神、脸部肌肉细微的表现，他称之为电影中"特写的表演"。经反复试戏，黄导选中了一个，可心中对萨哈仍念念不忘。下午朋友只好再陪黄导到演员公司查看资料，黄导一下就抽出萨哈的资料，朋友一看，仰头大笑："你上午选的就是她呀！"

---

① 黄添水：《回到80年前——黄健中及其新片〈我的1919〉》，《电影创作》1999年第6期。

于是，黄导马上请她在中国大使馆的大食堂吃饭。萨哈终于来到了剧组。后来她说，中国人、中国导演给她留下的印象太好了，她第一次碰到导演用这种方式试戏，还请她吃饭，当时她想不管多少酬金，她都不想放弃与中国同行合作的机会。

也许是精诚所至吧，黄导以特殊的方式打动了萨哈。不过，黄导也有让萨哈受不了的地方。在中国，拍戏加班加点、没白没黑，似乎是家常便饭，而法国人最怕“加夜班”，也许他们更看中夜生活这块私人领地，神圣不可侵犯。也许还有别的。更使萨哈受不了的是那天恰好又是拍下雨的戏，她被淋得浑身湿漉漉的，哭着跑了……

正巧第二天是萨哈一部新片的首映式。此前她曾经盛情邀请黄导参加她的新片首映式，遇上她的临阵脱逃，黄导并不泄气，还亲自带领中国演员亲临，并送上了很大很气派的花篮；之后又请她去中餐馆吃饭。诚意之下，萨哈终于对黄导实话实说。其实，她那天哭着跑掉，是生法方的气。她抱怨他们对她照顾得太不够了。因为那天同样一场戏，我们的许晴被照顾得很周到，相比之下，她心酸了。

萨哈对黄导说，她觉得中国人特别善良，特别有人情味。

其实，好的导演都像爱护眼睛一样爱护演员，正像瑞典导演伯格曼说的：“我很敬爱演员。”黄导也曾说过：导演与演员的特殊关系“是艺术的需要，创作心理的需要，并非一种个人关系”。

和外国人合作拍片，黄健中感觉最明显的是他们十分尊重规律，而且多数演员的职业道德非常好。

《我的1919》剧中的法国老太太，在演出时要束胸，那时天很热，她本来可以松一下带子，她却一直把妆画好认真等待。由于拍片需要，她两天没有拍上，却一直束胸等待。拍完片，黄健中跟她道歉说，因为现场太忙忽略了她已经化完妆束胸等待。而她十分宽容，很理解地说：“这没有什么，很正常。在法国我也经常碰到，在我年轻的时候，由于导演临时改变了计划，我也曾被通知来拍戏而没有拍的，我只有耐心等待，没有拍我的戏我不会有任何怨言。”作为法国资深演员能这么体谅和理解导演，黄健中十分欣慰。

电影《我的1919》摄制组的工作总结中，法方演职员多次称赞黄健中导演说："中国的导演大气，艺术水准高。和中国电影工作者在一起合作是一种学习，一种享受。"还有一位法方演员幽默地说："我在摄制组里偷到了黄导很多精深的艺术思路和技巧。"

赴法国拍片无疑是一次中国文化艺术的远行，在法国剧组留下了很多故事。

黄健中曾经讲过拍古堡那段的趣事。《我的1919》要在七个古堡拍戏。在那里，应该说树立了良好的中国人的形象。他们在一个费里耶尔城堡（Ferrieres）拍了十几天，拍完之后古堡的主人（市长）专门找黄健中说："我非常高兴中国电影能在我这儿拍摄，我以前从来没有接触过中国人，不知道你们这么好，这么有礼貌。"还有拍摄法国总理府书房，那个古堡主人是87岁的侯爵，银行家。剧组去他的古堡是拍他的书房。第一天去时，他的女管家把每个角落都反复拍了照片，不许剧组乱动东西，不许把水杯带进现场，她怕水洒在昂贵的地毯上。他家的书房真的很气派，写字台是19世纪的，房间里有许多文物，感觉就像进了故宫似的。剧组的纪律很严，每天拍完戏把房间打扫得干干净净，一切恢复原样。那个女管家看了一天后就放心了，第二天她没踏进拍摄现场一步。剧组走的时候，她不断地和剧组人员拍照留影。她说，她一年要接待几十个摄制组，第一次接待中国的摄制组，也是最好的一个。无怪摄制组离开古堡的时候，87岁的侯爵和夫人站在门口欢送他们。这在法国上层社会，是很高的礼仪了。

两年后，2001年拍电视剧《盖世太保枪口下的中国女人》从比利时回国时，途经法国，黄健中特意宴请《我的1919》的法国演员吃饭，他们非常开心，说：拍过这么多戏，从来没有导演过了一年两年还把我们召集到一起，请我们吃饭。

再聚首，他们深深感受到了中国人的人情味，感受到了东方文化的温暖。

三、“第四代”：结束，也是开始

2011年黄健中从影50周年研讨会上，主持研讨的黄式宪说，今天我们要谈黄健中不是谈他个人，是“第四代”这个群体，他们在历史反思和人性关怀的意义上是怎样推进了中国电影往前走。①研讨会上马德波总结了黄健中，更对“第四代”导演给予了中肯的评说：“第四代”是幸运的，比起“第二代”“第三代”你们受到的政治方面的限制少多了，有较多的自由，比起“第五代”你们受商业的压力也比较少……那是一个中国电影难忘的时代，短短十年的时间成就了“第四代”导演一大批人。“第四代”导演人才辈出，很多作品都受中外关注。如果说“第三代”受到了很多限制，“第五代”来势汹汹，后来很快就被商业打回去了。但是“第四代”这个队伍非常非常整齐，而且有各种风格和流派，“第四代”导演，每个人都散发着光彩。这样一个时代是值得我们怀念的。②

确实，20世纪80年代令人追怀、无法复制。从20世纪80年代走来的黄健中，其电影创作和大量电影艺术的著述也是不可重复和替代的。作

① 《黄健中影视作品研讨会纪实》，载黄侯兴主编《思无邪：黄健中的影像世界》，中国社会科学出版社，2012，第206页。

② 《黄健中影视作品研讨会纪实》，载黄侯兴主编《思无邪：黄健中的影像世界》，中国社会科学出版社，2012，第207页。

为"第四代"导演的中坚力量，黄健中在80年代除了他电影创作和艺术探索外，还为中国电影艺术宝库留下了不可多得的理论资源。从创作实践出发，黄健中不曾间断地梳理、反思、感悟与认知，充分体现了其艺术生涯中高度的理性自觉和不懈追求。20世纪80年代是黄健中电影艺术生命的黄金期，是其激情勃发的年代，也是锤炼、造就黄健中的时代。行走在"北影""肥沃的土地上"，80年代的文化、精神气候和艺术气氛深刻烙印在其精神血脉之中。

澳大利亚学者迈克肯兹·沃克（Mckenzie Wark）曾提出"电影记忆"（Film Memory）的概念，认为电影记录了特定时期文化现象与生活形态。[①]从这个角度而言，包括黄健中在内的"第四代"导演，留下的"电影记忆"生动记录了我们民族特定历史时期的现实生活、精神境遇和文化状态，耐人寻味。其后的30余年里，作为电影导演，黄健中走过了一条不同寻常的艺术之路：在独步于电影观众与市场、独步于传统与创新之间，他为世人展示的始终是内心的激情，对民族与生命的关爱，在大电影时代转入多媒体时代时对影视艺术创作的不懈执着……他以自己独特的生命际遇建构并贲张了在艺术王国中关于个人及个性化创作的魅力。

每每谈及"第四代"导演电影，黄健中的影片和他撰写的《"第四代"已经结束》常常被提及，这篇文章已经成为"第四代"导演的代表性发言。戴锦华在《雾中风景》一书中说："第四代电影艺术家及其作品，无疑是新时期最重要的电影与文化现象之一。所谓的第四代，不仅仅是一个根据年龄层及创作年代划分的艺术家群落。它指一批特定的电影导演，一个特定的艺术潮流，以及一种特殊的风格追求。这一群包括丁荫楠、滕文骥、吴贻弓、黄健中、谢飞、郑洞天、张暖忻、杨延晋、黄蜀芹、吴天明……1990年第四代重要导演黄健中曾撰文《'第四代'已经结束》。事实上，在此之前，八十年代中期第四代作为一个艺术群落，一种共同的艺术

① 卢非易：《台湾电影：政治、经济、美学》，台湾远流出版事业股份有限公司，1998，第165、166页。

追求已经解体。”[①]

《“第四代”已经结束》是1990年初《电影艺术》杂志举办的“第四代导演研讨会”上黄健中的发言。当时一石激起千层浪，波光水影至今尤清晰可见。他认为：“第四代作为一种现象、一种思潮，已经在学术意义上结束了。”“一代人的出现就是对上一代的否定与叛逆，如果新的一代不具更强大的优势，它无法出现，无力更替，纳新吐故，不可能纳新存故，这是自然法则。第四代人的出现宣告第三代的终结，第五代人的出现也宣告了第四代人的结束。”“第四代”从1979年出现，到20世纪80年代初，他们的整体理想、整体追求，是作为一种力量、一种思潮、一种运动，显示整体的优势超越了“第三代”的整体；当80年代中期，“第五代”出现时，同样以整体的力量，在观念、理想、追求等方面超越了“第四代”的整体，是他们的观念使中国电影出现一代人的整体走向世界。他们的观念也影响着“第四代”。他们的出现使“第四代”原有的整体理想、整体追求分崩离析。“第四代”作为一种现象、一种思潮，已经在学术意义上结束了。

黄健中特别强调作为整体，“第四代”已经结束。但作为个体，无数“第四代”的导演仍然是有力量的，他们还要长时间活跃于、贡献于中国影坛，甚至创造奇迹。

实践证明，确实如此。

（一）“电影，应该电影化”

怎样认识“第四代”导演？他们的艺术创作有哪些特征，他们与“第三代”和“第五代”导演有哪些异同，在中国电影史上的位置如何？身在其中的黄健中，有过深切体会，更有深入思考。在《“第四代”已经结束》一文中，他说：“我审视自己，也审视我们这一代人。我们从思想僵化的年代走向思想解放时期，从封闭走向开放，加之政治、经济体制改革，观

① 戴锦华：《雾中风景》，北京大学出版社，2000，第3页。

念的急速更替，有些适应了，有些还不适应，因为人到中年，新陈代谢缓慢。我们这一代导演，是充满自身矛盾的一代。做人、做艺都不松弛。作品也显得很不松弛。""同第三代导演相比，两代人有着彻头彻尾、彻里彻外的不同，发生了质变。夹在他们当中的第四代就其观念和作品，继承多于反叛，似是而非，像蝌蚪留有尾巴……"有趣的是，小蝌蚪似的导演们，在20世纪80年代中后期，特别是90年代后多数人都和黄健中一样变异成了断尾求生的壁虎式导演。

蝌蚪没有成为青蛙王子，却变异成为断尾求生的壁虎，其间暗含诸多话题耐人寻味。

反思黄健中及"第四代"导演，无法脱离其所处时代和中国电影发展的历史与现实。反思作为思维方式，是一种反观自省，是反思者对过往的重新审视。当我们对20世纪80年代的思想文化思潮与电影创作中各种有争议的影片进行反思性分析时，不能不把目光锁定在没有足够重视的作品和事件背后的隐喻，不能不把目光伸向问题的深处，挖掘在实现电影艺术本体建构之路上，电影艺术家内在情怀，直面和挣脱着来自社会政治、来自人自身的、电影人内在与外部的矛盾与困境。

同"五四"时期一样，20世纪80年代是"文的自觉"的年代。伴随"人的自觉"而生的"文的自觉"，主要表现在对"文以载道"传统文艺观念的批判和对文艺本质的探究。基于对电影独立品格和价值的探究，电影艺术的本体探寻，成了80年代中国电影人的共同志趣，更是黄健中等"第四代"导演内心的迫切渴望。一部部影片的"离经叛道"，一次次作品审查与争鸣，特别是关于中国电影语言和民族形式的探讨……使80年代中国电影显示了旺盛的生命力和强劲的艺术精神。作为创作整体，其集体性的真诚、热情和焕发，及对艺术苦苦求索已经成为中国电影的历史记忆和精神资源。也许正因此，黄健中非常认同张艺谋所说的："第四代"导演是成长后的痛苦；"第五代"是痛苦中成长。[①]深入探究不难发现，在"中国电

① 黄健中：《风急天高——电影新时期，我的视角》，载《黄健中导演笔记》，作家出版社，2011，第143页。

影发展史上，通过历史诗化策略，第四代导演第一次把中国电影的道德处境、民族形象和家国梦想整合在文化阐发的历史维度，并表现出现代中国电影难得一见的批判性和内省性气质，为此后中国电影的文化探索矗立了一座不可忽略的丰碑……建立在人道主义基础之上的人性和人情，由于将道德评判与文化批评结合在一起，第四代导演的道德关怀已经不再是单纯的道德关怀，而是在整合民族形象和家国梦想之后浮现出来的一种文化重负和人伦理想”[①]。文化使命感、人道主义和人文关怀体现在“第四代”导演整体性创作中，也具体而微地呈现在黄健中的电影创作和心路历程里。冲破保守僵化的思想、忧国忧民、礼赞美好人性，已经不仅仅是黄健中个人的爱好，也是作为一代导演的共性。车尔尼雪夫斯基曾指出：“每一代的美都是为而且也应该为那一代而存在，它毫不破坏和谐，毫不违反那一代的美。当美与那一代一同消失的时候，另一代就会有它自己的美，新的美……今天能有多少美的享受，今天就给多少，明天是新的一天，有新的要求，只有新的美才能满足他们。”[②]

在中国电影史上，呼应历史和时代，张扬导演个人主体性的美学风格，是从“第四代”导演的电影创作开始的。他们创作的早期影片中，极力摆脱“戏剧”的拐棍，在继承前辈“戏人电影”“文人电影”传统的基础上，对电影语言进行了大胆的艺术探索。作为新时期以来革新电影美学观念的一代人，“第四代”导演最彰显的美学趋势除了摆脱“工具论”的束缚，还要摆脱戏剧性思维的主宰，探寻独特的、属于电影艺术本体的叙事美学，真正发挥电影艺术自身独有的审美特质；正因此，在叙事策略、镜头语言与影像表达和情感结构等方面形成了群体风格；从而在中国电影语言现代化和民族艺术形式的探索中，继20世纪30年代和50年代后，迎来了80年代我国电影艺术发展的第三次高峰。早在1996年的“长沙电影工作会议”上已经充分肯定了80年代的电影是中国电影史上的一次高峰。“第四

① 李道新：《第四代导演的历史意识及其在中国电影史上的独特地位（下）》，《海南师范学院学报》2003 年第1期。

② 北京大学哲学系美学教研室编《西方美学家论美和美感》，商务印书馆，1980，第246页。

代”导演艺术家们也历史性地成了第一代“影人电影”导演。

“影人电影”的概念先后由黄继持、林年同提出，他们认为，中国电影从自身发展可分为“戏人电影”“文人电影”和“影人电影”。把郑正秋等人早期“受到文明戏与戏曲的巨大影响”的电影称之为“戏人电影”；把20世纪30年代左翼文艺工作者编导的电影称之为“文人电影”，“他们并非电影科班出身，以文人或话剧工作者进入电影，特别重视电影的文学性，强调主题思想，也发展出与此相应的一套‘现实主义手法’”；把“电影科班出身”的孙瑜的作品称之为“影人电影”。[①]“第四代”导演绝大多数是电影学院专业出身，不仅阵营之大令人关注，他们整体性地对电影本体的艺术探索更被世人瞩目；也正是在这个意义上，“第四代”导演创作的电影可以说是中国真正的“影人电影”，他们对电影语言的现代化构建和电影民族化的艺术探索的痴迷，黄健中无疑具有代表性。在中国电影历史上，“第三代”导演艺术家们多半是戏剧家或戏剧爱好者。黄健中曾经说：“老年导演多是由话剧转入电影，话剧意识多于电影意识；我们中年一代因为师承的缘故，有许多半话剧半电影的意识，我们很难搞纯粹的电影，我们是杂交的一代，而第五代导演，从小接触的就是电影，他们可以搞纯电影，他们是提纯的一代。”[②]正因如此的艺术传承，黄健中从执筒成为导演之日起，就没有停止过对电影思维和镜头语言的理论探索和艺术实验，并撰写了多篇具有创见的文章。正是在对电影艺术本体的不懈探索和实践中，黄健中电影形成了其温柔、敦厚、个性化的诗美特色。

（二）电影民族化与个性化

20世纪80年代是中国电影的嘉年华，也是黄健中艺术生命的“青春期”。

20世纪80年代当代中国的文化和艺术精神激活了他的内心激情，更点亮了他被前辈艺术家启蒙了的艺术生命……尽管30余年过去了，每每谈及

① 林年同：《中国电影美学》，台湾允晨文化出版社，1991，第187—188页。

② 简波：《对历史和现实的回答》，《电影新作》1987年第4期。

80年代和老一辈艺术家，黄健中总会感慨系之，感恩在“北影”这片沃土上，遇上了中国电影发展关键性的历史时期。

80年代时代激流中的黄健中是一个不折不扣的少壮派、激进派，他以一部部激情创作融入了激越的时代。特别是，作为青年导演，黄健中以电影创作实践加入了电影艺术相关理论的积极探索和热烈争鸣之中。除了电影创作实践外，此时他还写下了多篇理论密切联系创作的论文：《电影应该电影化》《改编应注入导演的因素》《电影，面临声音的挑战》《电影思维与电影的美感》《画面与空间——我的影片造型观念》等。从这些文章的字里行间可以看出黄健中对电影艺术本体的深入思考，尤其是对电影语言、电影表现手法以及电影与观众的观演关系等电影艺术问题的有益探索。这些无疑为黄健中其后的创作留下了难得的经验，同时也记录了黄健中的理性认知和文化自觉，以及他的困惑与求索。

早在1979年，黄健中撰写的《电影应该电影化》令其初露理性锋芒。文章是黄健中1979年在“电影语言现代化问题座谈会”上发言的整理稿，思维活跃、思想犀利，观点切中肯綮，击中了中国电影发展的要害问题。针对当时多数影片电影语言陈旧落后，结合自身创作探索，黄健中提出了自己的观点：我们的电影语言（包括电影语汇、语法）往往停留在最初级的阶段，停留在只讲清楚故事的阶段（有的影片连故事也没讲清楚）。我们的电影语言较少研究如何更好地表达思想，表达情感。现在我们许多影片的表现手法倒退了，普遍存在的一个问题就是只注重故事本身。编剧无穷无尽地编戏，导演无尽无穷地把戏拍到画面上，镜头的任务变成只单纯图解内容，不给人以任何回味的余地。文章中，黄健中结合自己《小花》的创作探讨了剪辑的重要及创作的误区。他认为，我们的电影生产在停机以后往往把后期剪辑工作挤得很紧，当导演还没有完全摆脱案头工作中设计的那些框框的束缚时，影片已经按场记单上的顺序全部剪辑好了。导演的精力也因为受到时间的限制，往往只能在镜头尺数的长短上，故事情节的删减上动动剪刀，而真正应该费一番工夫的重新组接镜头，产生新的蒙太奇、新的语言这样重要的工作，则因为时间的关系，被导演忽略了。电影语言是导演表现自己的思想和感情的工具，结合“新浪潮”经典影片和国外大师论点，黄健中指出：“新的语言主要是述说含义，而不是故事。”他探讨了产生新的蒙太奇、新的电影语言被忽视的状况，以及造成我们的电影语汇贫乏和语法陈旧的现状，并尖锐指出：因循守旧、墨守成规的保守思想是我们电影语言不能迅速更新的一个阻力。动不动就是观众看不懂我们的。我们电影工作者有责任有义务不断提高观众的欣赏水平。一种新的语汇、语法出现时，虽然开始大家不一定习惯。但是当他们感到它所产生的艺术魅力之后，自然而然就会承认它。①

在电影新的语法和修辞中，空间、画面，特别是蒙太奇的运用，视觉的美感和画面的灵魂等问题，在黄健中看来是电影个性化创作的重要课题。在《电影的思维与电影的美感》一文中，他从导演立场出发，在中西文化艺术中吸取精华形成了对电影美感的认知，并探讨了创作充满视觉情绪和美感画面的路径和方法。“艺术家在这里对于现实的独特感受和认识，以及他所运用的独特的表现方法”就是艺术家独具一格的电影思维。“一切伟大的艺术家都是由于他们具有自己鲜明的创作个性，才能对艺术的发展做出独特的贡献。”②

与电影语言陈旧同样，在电影改编上的观念滞后也是阻碍20世纪80年代初期中国电影发展的一个重要因素。当时黄健中撰文提出了新锐、超前的观点——《改编应注入导演的因素》。换言之，正是对当时陈旧的电影语言创新的诉求，对个性化电影的渴望，黄健中提出了自己在影片创作中剧本改编的立场与观点。他指出，如果观察近20年世界电影艺术的发展，我们会发现一个突出的现象，在整个电影艺术史上出现的一个重要的分支及个性化电影。个性化的电影艺术家，他们创造的艺术价值可以同世界上同时代著名作家齐名。他们一个共同的特点就是摆脱电影的商业化，注重表现艺术家对社会生活的观察和独特的表现手段。这是艺术的个性。这个分支的形成是电影作为一门艺术越来越走向成熟的一个重要标志。因为个

① 黄健中：《电影应该电影化》，《电影艺术》1979年第5期。
② 黄健中：《电影的思维与电影的美感》，《电影文化》1982年第1期。

性化，他们的作品不能被任何人所取代的。这一批个性化导演相继出现之后，艺术家的个性才在电影屏幕上出现。这一门独立出来的“第七艺术”才成为真正的成熟的艺术。

正是以个性化电影和电影艺术的探索与追求为前提，黄健中提出了，“电影艺术越来越走向成熟，就越来越显现这样一个美学原理，电影的艺术个性只能是促使整体融汇在个人里”。因此，电影剧本的改编方式除了移植式、注释式、近似式之外，他特别强调“神似”，认为，“神似”比“近似”会更接近原著的精神。因为作为电影和小说是两种不同的思维方法，两种不同的手段。“近似”实际上很难传神；两个有个性的艺术家——作家和导演，要使他们的“个性”达到近似很难，但神似是完全可能的。当然，神似还是要受原著的制约，形神兼备，把原著全部的气质、神态、灵魂把握住。神似式的改编既可以充分发挥导演的创作个性，又可充分运用电影的思维方法，而不带任何中性色彩。改编与拍摄正是紧紧把握作家这种独特的构思，独特的美学追求，这是“神思”——“思理为妙，神与物游。神居胸臆，而志气统其关键”。抓住这一点，对改编来说就能达到“神似”。[①]

多年来改编一直是电影创作的重要组成部分，尊重原作是公认的、成功改编的基本前提。然而，如何“尊重”却见仁见智。黄健中主张的神似所强调的是，创作精神的相通，是与原作保持内在统一，并赋予原作以新鲜的审美创造性。众多创作成功案例已证明，原作照搬未必是尊重，大幅改动未见得就是背离。导演和改编者的尊重当然不是机械复制，更不是曲意逢迎或肢解。尊重应该是在契合原作文本精神的前提下，与原作者深度对话，是两者间的会意与神交，而且，一定是符合艺术规律的再创造。作为再创造，是“破茧为蝶”，是更生，也是超越。即如贝拉·巴拉兹所言：“如果一位艺术家是真正名副其实的艺术家而不是个劣等工匠的话，那么他在改编小说为舞台剧或改编舞台剧为电影时，就会把原著仅仅当成未经加

① 黄健中：《改编应注入导演的因素》，《电影艺术》1983年第8期。

工的素材，从自己的艺术形式的特殊角度来对这段未经加工的现实生活进行观察，而根本不注意素材所已具有的形式。"[①]一部改编成功的电影作品必备品格之一即其独创性美学价值，换言之，拥有审美自主性的作品，才有可能成为真正的艺术品。这是黄健中多年来一直奉行的改编思想。

与电影改编一样，中国电影民族化更是构建并形成中国特色电影美学的关键。

在中国电影发展的历史中，关于民族化问题曾经有两次较有影响的探讨。第一次是20世纪三四十年代，以费穆为代表。他以电影创作实践积极探索如何借助中国古典艺术的优秀传统，使影片具有中国风格，创作了《小城之春》等经典影片。第二次是20世纪五六十年代，以夏衍等为代表，提出在电影创作中注意民族化的问题。这一时期夏衍、郑君里、袁文殊等人纷纷撰文对电影在实际创作中如何继承民族传统进行总结，徐昌霖的《向传统文艺探胜求宝》是此间研究的成果总结，系统论述了电影向传统艺术借鉴的问题。20世纪80年代展开的讨论，是目前为止相关讨论最具影响力的。电影民族化问题在1980年的电影导演会议上被提出，电影界反应热烈，争论的焦点有两个。一是关于民族化的内涵；二是关于电影民族化的必要性。每个民族都有自己独特的民族精神和审美习惯，这些不可能不在艺术作品上打上烙印，电影传到中国后，经过本土文化的选择最终呈现出民族特色。民族化问题的提出是为了以中国传统美学为主，更好地吸收借鉴国外的经验，提高中国电影的质量，建设有中国特色的社会主义电影体系。

新时期以来，中国民族电影一方面面临自身发展的生存危机，另一方面在西方现代电影的冲击之下，致使民族电影的文化身份也面临潜在的危机。双重危机之下，中国电影民族化美学构建备受关注并形成理论思潮，几乎贯穿整个20世纪80年代。值得深思的是，电影内容上的民族化探索很大程度上是受哲学和文艺美学思潮的影响，而形式则是更多地受到西方电

① ［匈］贝拉·巴拉兹：《电影美学》，中国电影出版社，2003，第280页。

影技术与艺术革新的冲击，这些在黄健中创作探索中都有明显显现。当年创作《如意》后，黄健中执笔写了一篇关于“形式问题”的文章，为自己和当时被质疑的电影艺术形式的探索作了辩护。他说，此前我读过郭沫若先生所著的《今昔蒲剑》一书，他在《民族形式商兑》一文中强调民族形式是一种历史范畴，它不是一成不变的格式，“它是要求适合于民族今日的新形式的创造”，它的将来“一定是多样的形式、自由的形式。人类的精神是更加解放了”……这种观点一直影响和指导着黄健中的创作。拍摄《如意》作导演阐述时，论及影片风格时他就明确提出对形式的探索，形式即内容，形式有其独立的审美价值。“影片中那组暴风雨的镜头和批斗会镜头的分法、最具代表的清代建筑屋脊六兽强调出来逐个拍成特写，同中世纪建筑的代表哥特式教堂路灯组合在一起，这两种空间压缩在一起便是两种精神状态、两种文化观念道德情操的组合。”[①]这种形式就是其内容所产生的哲学意义，并不亚于叙述一个故事。后来无论是拍摄《良家妇女》《大鸿米店》，还是《过年》《我的1919》，黄健中都“遵循这一原则使作品的形式更松弛、更贴近时代”。

1985年，当陈凯歌导演的《黄土地》因其独具的艺术个性备受关注并毁誉参半时，黄健中明确表达了自己对陈凯歌艺术探索的赞誉，并从我国电影实际和自身多年创作实践出发，撰文疾呼“电影作为艺术，要发展，要突破，导演的艺术个性必须得到解放”。他认为：“思考使个性显现。不同民族对自己民族的思考所体现艺术家的艺术个性，有其共性和规律性可寻。”“艺术家的思考和艺术个性的总和体现在作品里。”具体手段是潜沉的意象，潜沉意象总是潜伏在全部视觉之下，而诉诸感官以具体的意象。“导演的思考引导观众的思考，产生共振。艺术的电影，过去我们更多的是讨论其综合性，而较少涉猎导演的艺术个性（当然也包括不注意编剧、摄影、表演等的艺术个性）。于是，几十年里，我们的银幕上大量的是无个性或个性不鲜明的电影。没有个性，就没有艺术……”

① 黄健中：《云深不知处》，《当代电影》2001年第5期。

从诸多理论著述中，不难发现，在电影艺术探索中，电影民族化和个性化一直贯穿在黄健中电影创作中，并成为其自觉的美学理想和艺术追求。正是这种大胆尝试与探索使其创作呈现出意蕴生动的诗性品格；特别是，黄健中的电影创作实践及理论主张，业已成为了中国电影民族形式构建中的有机组成部分。在继承传统的基础上，黄健中始终勇于创新：一方面继承传统文化的精华，把握时代的脉搏，古为今用；一方面又敏锐地吸取、借鉴当代世界电影的先进经验技术，洋为中用，兼容并收。从而在创作中有效地探索及拓宽了电影的思想内容和艺术表现形式。对其电影作品的探析与理论著述的细读，不仅能够清晰梳理黄健中个人的艺术探索，在很大程度上，也透视出新时期中国电影艺术民族化的演变与发展。

（三）形式，生命的样式

电影《一个死者对生者的访问》中有这样一个特写镜头：死神脸上爬着一只壁虎。对此，有文章认为晦涩难懂，并说，黄健中导演也说不明白什么寓意。[①]也许，正如当年人们问贝克特，戈多到底什么意思，贝克特意味深长地说，我要是知道就写出来了。相信身为导演的黄健中对壁虎的所指一定暗藏心机，也许是宁愿保持那份神秘，为影片留有余味吧。壁虎，通常被称作四脚蛇，生活中常见，是蜥蜴的一种；在中国传统文化中亦称之为天龙。它的特别之处是，断尾再生。壁虎断尾，是一种"自卫"，当遭遇危险时，壁虎尾部肌肉就会强烈收缩，使尾部断落，自我保护，之后再生。因此可以说，壁虎是绝处逢生的高手。

尽管黄健中1986年拍摄的电影《一个死者对生者的访问》受挫，但远没有到"绝处"。与这次创作相似的经历还有，《如意》之后拍摄的《一叶小舟》（1983）和《二十六个姑娘》（1984）等。与《一个死者对生者的访问》的先锋不同，这两部作品是平庸之作，它们当然没有给黄健中带来此前《如意》那样审批上的麻烦，也没有引来《小花》那样艺术上的争

① 文佳：《淹没了内涵的形式——评〈一个死者对生者的访问〉》，《电影评介》1988年第7期。

议……然而，创作中思想的平庸和艺术的滑坡，用黄健中的话说，给他带来了长时间的“艺术心绞痛”。痛定思痛，“平庸”中的失败，使黄健中悟出了一个道理：

> 生活可以中庸，艺术不能平庸。

在这类影片的拍摄中，黄健中似乎自觉地承担了社会宣传员的社会角色，而没有用艺术家的思维审视题材、挖掘生活和人物微妙的内宇宙。尽管他依旧煞费苦心地以他钟爱的诗意化的镜头语言述说着、表达着。

在分析黄健中这次艺术上的滑坡时，陈墨曾经谈到以下几点原因：首先，是作者身份的微妙变化：在《小花》和《如意》中，作者的艺术家身份十分明显，他可以大胆表现自己的思想趣味，追求艺术的自由境界；而在《一叶小舟》和《二十六个姑娘》中，作者的身份实际上与工匠无异，因为影片的主题已经先在——要求表现时代的、集体主义的精神。其次，题材与式样的规定和制约使艺术家的才智难以得到充分的展示和发挥。再次，《小花》和《如意》是努力将英雄凡人化，而《一叶小舟》和《二十六个姑娘》则恰恰相反，需要将凡人英雄化。又次，中国电影的创作之所以会出现讲过去的历史故事容易出色，而讲当下现实的故事则困难重重，原因是人们对现实的思考和把握受到严格的意识形态制约，艺术家的想象和创造能力缺少独立发挥的空间。最后，之所以如此，是作者的电影功能观念再度发生矛盾危机：是把电影作为一个人心灵的艺术表达，还是把它当成一种政府宣传的手段？尽管黄健中使尽全身解数，但这一明显的矛盾并没有

◎图49《二十六个姑娘》工作照

得到真正的解决，影片当然就不可能获得成功。[1]

相信黄健中的矛盾和困惑，不仅仅是黄健中个人的，也不仅仅是彼时的……1988年和1989年两年没有拍片。当时40多岁的黄健中，正年富力强，也是对生活和艺术的认识更为成熟的时候。停顿两年，很难说他没有痛苦，但更多的是反省和深思，其结果是创作路向的调整和变异。在"第五代"导演势头迅猛、自己创作的电影票房惨败时，其创作无疑进入了瓶颈期，渴望度过关口……黄健中为代表的"第四代"导演，由20世纪80年代初期的小蝌蚪，80年代中后期演变成了断尾求生的壁虎。借用神奇的自然，黄健中生命与艺术的存在形式获得了绝妙的隐喻；隐喻，也是暗合。"我们所谓的大自然的生命其实就是各种形式间的一种关系，这种关系是如此不可抗拒，以至于缺少了它大自然的生命就不复存在了。艺术也是如此。""生命是形式，形式是生命的样式。"[2]

黄健中是断尾求生的壁虎，也是浴火更生的凤凰。

当我们的思维与视野徜徉在黄健中的电影世界时，不难发现并领悟贯穿其80 年代艺术创作中导演个人的人文背景、人文理想、美学追求，他的电影观念和特点，甚至他个人的性格素质；也不难领悟这一切是怎样深刻而细致入微地影响着、"导演"着他影片的文化内涵、视觉观感、个性风格与艺术魅力……无疑，黄健中是一名勇于创新的导演，然而，我们更感兴趣的是，是谁、如何"导演"着黄健中？他是否被一只看不见摸不到又无所不在的大手操纵着。在1990年2月召开的"第四代导演研讨会"上，作为"第四代"的"前卫"与"先锋"，黄健中说："我审视自己，也审视我们这一代人。我们从思想僵化的年代走向思想解放时期，从封闭走向开放，加之政治、经济体制改革，观念的急速更替，有些适应了，有些还不适应。"审思之后，他发出了"'第四代'已经结束"这令人震惊的宣言。其实，"结束"之于"第四代"的黄健中而言，结束的是僵化与封闭，更生的是鲜活与开放。结束，也是"开始"。

---

① 陈墨：《浪漫与忧患——黄健中电影阅读札记》，《当代电影》2001年第5期。

② ［法］福西永：《形式的生命》，北京大学出版社，2011，第38页。

◎图50 《贞女》工作照

◎图51 《贞女》剧照

然而，只有黄健中知道他这只“凤凰”“涅槃”中的种种苦衷。

1985年上映的电影《良家妇女》的拍摄意味着黄健中导演的个性风格日益成熟。来自国际与国内的肯定并没有使他陶醉。相反，他始终不满意自己，拍完之后很快便意识到失误太多……“看一次，痛苦一次。”“不能再重复自己”，黄健中向自己发出了怒号。他要超越自己，他有足够的勇气、足够的能力……可是，他失败了。1986年他执导的超现实主义影片《一个死者对生者的访问》和1987年的“女性三部曲”之二《贞女》都“票房失利”。尽管，影片对中国电影艺术的“可能性”进行了诸多尝试，有些被西方电影界看好，但其在中国电影观众中的“可行性”成了个大问题。一时间“赔钱导演”这顶无形的帽子压在了黄健中的头上。

当“赔钱导演”的滋味怎么能好受呢？

问题到底在哪里？

“第四代”导演乃至电影人，大多在20世纪60年代受教育，70年代走上

"岗位"。他们在计划经济时代所受的教育，强调电影是艺术，是艺术殿堂中神圣的"第七艺术"。所树立的电影观念是，电影为工农兵服务，是为社会主义服务的文艺武器。批判的是电影票房论，追求票房价值的影片被视为资本主义的毒草。

艺术家贝拉·巴拉兹曾感叹："任何一个天才的人都不可能脱离时代的趣味或偏见去创作杰作。"黄健中亦然。神圣而执着的艺术探索是出自他艺术家自身的本性；同时，也是时代使然。广而言之，一方面，追求雅艺术的世界使那个时代的中国电影限于狭隘的视界之中，承受着封闭的政治体制的庇护，而遮蔽了自身更广泛的视野，比如，电影作为商品的意义与价值；另一方面，雅艺术中"先锋""前卫"的那部分往往以失去更广泛的民间性为代价而孤独地存在着。

最孤独的是艺术上的高蹈者。

挥动着"长袖"，那几年，黄健中孤独地上演着他的生命之舞！

曾经痛批过电影票房论的黄健中在20世纪80年代中后期一度被淹没在票房失利的大泽中。面对"冷酷如铁""黑暗如漆""腥秽如血"，他没有向他人呼救，没有停止抗争。因为他知道只有他自己才能拯救自己；并且，他终于懂得了观众是上帝。但是，他必须突破固有观念的重围，突破"火光熊熊""香气蓬蓬"去拥抱"再生"。

被"淹没"的失衡中，黄健中终于体悟到：电影是门工业和大众娱乐，只接受电影是门经典艺术是不合时宜的，必被市场淘汰、被"上帝"抛弃。他说："过去有一个观众我也去为他拍；现在我更看中那99，为那99人而拍。"认识到这一点已经是1989年了，是够迟的了。这种电影市场观念的姗姗来迟，不是黄健中个人的事，它是我国内地电影整体性的与历史性的滞后。

不管怎样，黄健中终于"更生了"！

一切的一，更生了！

一的一切，更生了！

我们便是他，他们便是我。

我中也有你，你中也有我。

黄健中让我们想到了郭沫若笔下涅槃的凤凰。

经历了从政治而市场、从封闭而开放、从单一而多元的文化漂移，曾经漂泊中的你我或许都能从黄健中的身影中看到自己。也许，说“再生”有些言重了。不过，换脑筋或洗脑子、换活法或改变思路、抽丝或拔筋般的感觉谁没体验过呢？在这场正在进行着的经济革命、市场革命乃至网络革命中，体验失衡的学者、文人、艺术家乃至普通人岂止一个黄健中！

从整个世界电影发展格局而言，早在“二战”后，电影观众便陡减，他们大多转向了电视。电影业处于经常性的危机状况。这种危机威胁着在商业中赢利的人，也威胁着以电影为其生命与生存方式的艺术家们。为了再造曾经拥有的辉煌，他们先用越来越宽的银幕，继而是用越来越多的暴力，最后是用越来越露的性内容，竭力引诱观众重返电影院……虽说电影无法风采依旧，但也决非明日黄花。今天，它更与高科技联姻并与电视情同手足。

对导演来说，电影与电视是他们借以理解人类的工具，他们要用这一媒介进行创作。

电影和电视同样是艺术家们表达渴望的媒体。

在我国，由于商品经济与科学技术发展的相对滞后，电视普及时间较晚；此前电影、电视几乎井水不犯河水。随着多元时代的到来，许多界限被打破，百川归大海。可不管怎么说，由电影大银幕而走向电视小荧屏，对黄健中等“第四代”电影导演来说总有点悲壮的意味，或者说有点被逼无奈的滋味。

1989年，体验了失衡而省悟的黄健中做出了一个明智的选择：走出艺术的狭路，走进生活，走近生活中的人。黄健中终于以显著的个性特征异军突起。从《龙年警官》开始，《过年》《我的1919》更赋予沉实之美、自然大气，看似偶然，实则必然。20世纪80年代的电影创作和理论阐述是黄健中艺术精神的高蹈，更是其几十年实践的厚积薄发。如果没有足够的生命体验和生活积淀，没有足够的艺术能量的储备，很难想象会有其心灵图像如此这般的审美转型与再次释放。

与80年代生命的郁热、困境和憧憬等相对，此后的黄健中更多了一份生命的沧桑、警醒与智性。多年历练使其对现实际遇的感知更加睿智而深切，对时代精神境遇的警觉更加锐利。对于什么是与这个时代、与人心相关的，什么是应该做和能够做好的，黄健中更加了然于心。而且，在艺术家的生命系统里往往会有一种属于自己的感受力。黄健中本人就是拥有并极善于调动自己生命系统中独具的感受能力，尤其是，更关注把对艺术的感受与对时代、生命的领悟有机交融，为时代创造了桑塔格之谓"独特的灵性"。苏珊·桑塔格在《静默之美学》中说："每个时代都必须再创自己独特的'灵性'（spirituality），所谓'灵性'就是力图解决人类生存中痛苦的结构性矛盾，力图完善人之思想，旨在超越的行为举止之策略、术语和思想。"[①]就此而言，黄健中的电影创作已经超越了一般艺术创作的范畴，成了民族与时代的精神载体。而且，愈是深入地研究艺术品的结构，就愈会清楚地发现艺术结构与生命结构的相似之处……正是由于这两种结构之间的相似性，才使得（艺术品）它们看上去像是一种生命的形式；使它看上去像是创造出来的，而不是用机械的方法制造出来的，使它的表现意义看上去像是直接包含在艺术品之中。[②]

黄健中导演作品，尽管一直处于变异和发展的态势，但深层结构中都隐藏着黄健中式的艺术"规律"；不断发展、更新的艺术创作与其生命结构和精神状态密切相关，比如人性关怀、逼视内心；在反思中省与悟；在超越性中建构博大的精神维度。而内倾化和省思能力等不仅仅是黄健中电影创作的结构及态势，更折射出其创作精神的内在格局与气象，是其"生命的形式"。从影近60年来，他始终是一个具有健全精神视野的思想者，始终

① ［美］苏珊·桑塔格：《激进意志的样式》，上海译文出版社，2007，第5页。
② ［美］苏珊·朗格：《艺术问题》，中国社科出版社，1983，第55页。

站在电影艺术发展的格局与趋势中为中国当代电影，也为自己的艺术生命寻觅求索，对于电影艺术的动态与走向具有深远的视野和强劲的行动力，从而避免了某些当代电影创作中的精神短视甚至残缺，保有了创作的胸襟与视野，以及充满诗意的个性化电影美学。

下　篇

访谈与札记：家国理想与人间情怀

在梳理从影以来的心路历程时，黄健中对贾岛的诗《访隐者不遇》颇有心得："松下问童子，言师采药去，只在此山中，云深不知处。"在文章中，黄健中写下了这样一段肺腑之言："自己仿佛在山中攀登求索，对'隐者'的高山仰止、倾慕不遇耿耿于心。艺术的追求，理想的目标，也许一生都无法达到。但追求使人有了活力，不断地追求会有不同层次的境界，茫然之后，尘埃落定，留下来的还是追求。"

"道通天地有形外，思入风云变态中。"（程颢《偶成》）经过了"寻寻觅觅"的中年，年过六旬的黄健中大有"60起步""大干一场"的架势。自2001年退休后，厚积薄发的黄健中以老骥伏枥的姿态，迎来了一个又一个千里之行……至十年后的2011年黄健中从影50年，据不完全统计，其拍电视剧数百集、十几部，还有两部电影。难怪很多人称他是影视导演圈子里的"劳模"。这些影视剧主要包括：

2001年《盖世太保枪口下的中国女人》

2002年《世纪末的晚钟》

2003年《海棠依旧》

2005年《银饰》

2005年《风满楼》

2005年《越王勾践》(合作导演：元彬、延艺)

2006年《大秦帝国》(合作导演：延艺)

2007年《雾柳镇》

2007年《美丽无声》

2008年《母仪天下》

2008年《大风歌》

2009年《经纬天地》

2010年《天堂秀》

之后还有《攻心》《暗花》《王海涛今年四十一》《蓬莱八仙》《忽必烈》等。

一、《笑傲江湖》："风格即人"

有的艺术品，没有艺术，只有艺术家；有的艺术品，呈现艺术，隐退艺术家；还有的艺术品，只见艺术，不见艺术家。而黄健中向往的艺术境界是——饱含艺术家人文情怀与个性追求的艺术品。

搞艺术，必先做人。艺术的魅力在很大程度上来自艺术家本人的魅力。艺术家的人格、人品都会在他的作品中打下深刻的烙印。

风格即人。这几乎是人所共知的艺术原理。

2000年前后，目睹了黄健中和《笑傲江湖》剧组的一个个不眠之夜。而今，一切早已烟消云散。曲终人散后，我更清晰了，作为导演黄健中强大的威力——人的魅力。在拍摄过程中，黄健中承受了来自各方面的压力，却始终坚韧自信地担当着。他说：

> "宁可在探索中失败，也不在固守中成功。"
>
> 这是我多年来一直恪守的信念，而且向港台模式挑战我有一定自信，我相信除了我，别人拍不了这么好，我对自己各方面的准备心中有数。
>
> 我不愿什么事都听别人的意见，那样不可能获得成功，更成不了

艺术家。

我狂妄，但我不轻浮；我知道我的能量。

我清楚自己该干什么，也懂得怎么干好。

我这个人从来不会因为人家说好就飘飘然；也不会因为别人说不好，就自己下到十八层地狱。

有独立主见的人不会受各种思潮的羁绊。

人生在世，缺乏自信和缺钙一样，难以使人挺直腰杆。

就某种意义而言，黄健中的自信和义无反顾造就了这部央视版的武侠艺术片。

这部电视剧，在中国电视剧艺术史上将如何评价姑且不论，单就执着于艺术，对中国传统文化的守护与人文精神的关爱、对影视文化经验的忧患意识与大胆矫正，其意义都是可圈可点的。

坚持了自己的艺术操守，无论如何，也是黄健中的一种胜利。在创新行为中，黄健中实现了对真、善、美的追求，把自己内心所珍视的人文理念、文化价值和艺术精神灌注在可观可感的艺术对象之中，完成了气韵生动的艺术创作。

（一）挑战，为了创新

在拍摄电视剧《笑傲江湖》时，黄健中面对的第一个挑战——挑战自我，从不读武侠小说而接受执导武侠戏开始。

不重复自己、向自己挑战，是黄健中一贯的性格。在迎接一次次的挑战中，黄健中关于人生与艺术的诸多前瞻性思考找到了展示的舞台；生命的力度与强度得到了考验，个性得以更加充分地张扬……每每回顾接受这个对他极具挑战意味的电视剧情形，黄健中总有异常沉醉的感觉：

1999年9月，我为我导演兼制片的电影《我的1919》赴澳大利亚做拷贝，启程前匆匆忙忙拿了两册小说《笑傲江湖》上了飞机，系上安全带便开始了阅读。没想到的是，我竟渐渐被吸引，十来个小时的航程，中途的饮食、飞机着陆我竟全然不知。到了墨尔本没顾上逛街景，除了到洗印厂工作，便是看小说，几天时间就把两册小说看完了。回国后急切地把后两册读完。这洋洋洒洒100多万字的小说，我不仅被迷住，也被震撼了。

我答应了拍这部40集的电视剧，开始了闯荡江湖的生活。

对于导演，这段“江湖生涯”中最艰难、最关键的倒不是当时被媒体炒得热火朝天的诸多“江湖的险恶”，比如“水火交加”、高温难耐和换演员等排戏中的诸多意外，而是黄健中自己的案头，因为那是一个特别重要的时期，影响着整个剧的“灵魂”和“体魄”。黄健中说：

最初，我遇到了王朔向金庸的挑战。

金庸到底俗不俗？我问自己。

细细地回顾了读小说的全部印象，思考着对我产生震撼的那些因素，品味书中蕴含的历史和社会的人生百态及其丰富复杂的现实内容。我很难和王朔共鸣。邓小平见金庸说：我这是第三次重出江湖啊！你书中的主角大多历经磨难才成大事，这是人生规律。金庸小说不仅普通工人、农民、市民爱读，大科学家如华罗庚、杨振宁、李政道……作家、艺术家、政治家“金迷”者不乏其人。喜欢金庸作品的多是历经磨难的，我被震撼的恰恰就是这个部分。

仔细品味金庸作品，我得出了这样的结论：不但不俗，而且可视为经典。

黄健中认为，凡是经典之作都具有跨越时空的意义。金庸的作品从诞生至今历经几代读者，它被不同年龄、不同地域、不同社会制度、不同政治观念的读者所接受所喜爱；多次被搬上银幕和荧屏，这在20世纪中国文学中实属罕见。

也正是基于这种基本认识，我把《笑傲江湖》立意在了拍成一部大众喜闻乐见，而且具有经典意识的武侠艺术片。

1999年10月22日，我与金庸先生在杭州会面。见面之前，我在卡片上写了谈话的三个要点：

一、对金庸小说的整体认识，兼谈对港台影视剧拍摄及作品的看法；

二、《笑傲江湖》的浪漫主义，兼谈法国经典所具有的跨时空意义；

三、风格、意象：中国水墨画、山水画风格。

从事影视艺术的人常有一种无奈，许多时候愿望归愿望，而落实到具体创作往往又是另一码事儿了。这就是人们称影视为“遗憾的艺术”的原因之一。影视创作是集体性的艺术行为，是兵团作战，个人在其中很难使自己的意愿全部达成。即使导演也一样。1999年11月4日，黄健中读完剧本初稿后，很不满意，认为改编者过于拘泥原著。他直觉剧本是“形似神离”，他想要的是与原著的“神似”。于是，提出了这部戏的改编方针：写戏写人写悬念，写情写景写意境。最终达到通俗通雅、通古通今。1999年12月黄健中读了第二稿，读到第10集竟找不到任何感觉，这时他非常茫然，脑子里空空荡荡。剧本找不准定位，主创们讨论起造型、服装、道具、环境，又八九离不开徐克、王家卫。仿佛武侠片的经验、路数已经被港台几十年的摸索全部堵死了。报上、网上多数的建议，包括欣赏的选择，都无法越过港台武侠片的审美标杆，似乎你只能择其经验循之蹈之。

痛苦与无奈交加。

黄健中不断体会着“冷冷清清，寻寻觅觅”的况味，更深怀“路漫漫其修远兮，吾将上下而求索”之慨。

创作习惯终于又把他推向金庸。看过许多改编自金庸小说的影视作品之后，他意识到必须回到金庸本身，必须实实在在地再体验金庸、感觉金庸，触摸他的灵魂。

置身众人之外，拒绝参加“合唱”，黄健中艰难地保持着“独醒”。

1999年10月31日，《北京青年报》发表题为《黄健中闭关修炼，别具一格闯“江湖”》一文。这时，黄健中的书桌上摆着倪匡著《金庸笔下的人生》《金庸笔下的男女》，曹正文著《中国侠文化史》《金庸小说人物谱》，陈墨著《金庸小说人论》《孤独之侠——金庸小说论》，温瑞安著《谈〈笑傲江湖〉》，苏墱基著《金庸的武侠世界》，潘国森著《话说金庸》，陈佐才著《武侠人生》，读得最仔细的是严家炎著《金庸小说论稿》。严家炎称，“金庸小说的出现，标志着运用中国新文学和西方近代文学的经验来改造通俗文学的努力获得了巨大的成功”；“金庸的艺术实践又使近代武侠小说第一次进入文学的宫殿。这是另一场文学革命，是一场静悄悄地进行着的革命，金庸小说作为20世纪中华文化的一个奇迹，自当成为文学史上的篇章”。

读了这些书，黄健中感触颇深：

> 站在专家学者的“肩上”看金庸，看《笑傲江湖》，我的心中豁然开朗：拍出中央电视台演绎金庸作品新模式，跳出港台模式就有一番新天地；展示中华文化博大精深，让人观赏之后豪情万丈，体现出它的文化价值、审美价值、观赏价值。

在拍摄《笑傲江湖》的过程中，黄健中向剧组全体成员强调：我们这个剧组从创作思想到作品立意，都要摆脱港台模式。不料被人讹传为“黄健中要消灭港台电视剧”，让黄健中哭笑不得。其实，他的原话是说：

> 随着港台观赏形式的模式化、概念化的北移，内地的音乐、影视都被侵蚀了，很多人不顾及文化背景，不考虑创作对象，张口闭口就是“港台剧是这样拍的，那样不符合港台剧的拍法”。
>
> 我一再强调决不能允许这种观念在剧组占主导地位，一定要“消灭港台模式”，拍摄全新的浑然大气的央视版《笑傲江湖》。

黄健中在有意抵御着流行文化的干扰，不愿意让自己的创作迷失在既定的港台影视文化经验之中，不愿被其侵蚀，生锈。但问题是向港台模式提出挑战时，黄健中能抵挡得住剧组成员乃至观众的接受障碍吗？对此，他说：

> 我一再主张讨论问题不应该有思维定式，而是要有前瞻意识。
>
> 在这方面我是很自信的。这种自信来自几十年艺术生涯的锤炼，来自我多方面的积淀，比如文化的、心理的等。
>
> 最初，我不断引导剧组成员解放观念，开放心胸，勇于前瞻。
>
> 我对他们讲，法国的埃菲尔铁塔，当时出现的时候，几乎是群起而攻之。在一个经典性的城市里突然出现一个庞然大物，一个大怪物、一个铁怪物！而就是这样一个不和谐音才给巴黎带来了今天的光彩。它在19世纪是个怪物，到20世纪它却变成了一座世界名城的标志。如果当时反对它的人活到20世纪，他们会不会脸红？
>
> 还有罗丹雕塑的巴尔扎克。在第一次展览时，很多人甚至是艺术名家都说：巴尔扎克怎么会是这样！巴尔扎克连两只手都没有他怎么写作呀？然而，巴尔扎克不仅是罗丹作品中的一个精品，在20世纪雕塑史上，也堪称经典。

黄健中在艺术史上找出了很多这样的例子来支撑自己，也说服对方。他对剧组提出希望，希望这部电视剧能接近小说的神韵，能像严家炎先生谈到的那样，具有金庸小说的五个特点：神奇的想象，迷人的故事，高雅的格调，深邃的思想，通俗而不媚俗。具体即道出历史和社会的人生百态，体现丰富复杂的现实内容。他努力尝试着在电视剧改编中，还金庸小说的原汁原味；特别是以文化品格和人文精神贴近金庸。关于艺术创作，他强调“超以象外，得其圜中”的境界，对改编和拍摄的要求也是如此。

在黄健中孜孜以求和苦苦坚持之下，《笑傲江湖》确立并呈现了鲜明的精神走向、文化气质和美学风格，一个全新的《笑傲江湖》从此屹立于中国电视剧画廊之中，并且成为不容忽视的一部……

（二）黄健中追忆："没有令狐冲的日子"·自信使我强大

《笑傲江湖》开机15天，就更换了几个演员，而且这之中还有第一主角令狐冲的扮演者。能不能物色到理想的人选，黄健中的心中一度十分惶惑：

"没有令狐冲的日子"是8天，对我来说，更确切的是192个小时的日日夜夜。

在那192个小时里，无论白天黑夜的每一时、每一刻都很难熬。除了角色，我的脑子便是一片空白。

这期间，自告奋勇者、毛遂自荐者，纷至沓来，副导演把原有试过镜的，以及下戏的演员，能联系的都联系上了，只差乞求苍天了。

夜阑人静之时，仰望星空，感受着旧时求雨者的虔诚。一个又一个演员试过了，我还是没有看到令狐冲的影子；我甚至怀疑这部戏是不是将半途而废……但更多的时候，我还是自信的。

自信是我做导演最重要的品格；自信使我强大、有力。

终于，一个偶像型的演员来了，大家兴奋了一阵，只有我没有表态，他不是我心中的令狐冲。

我从不凑合，宁愿失败、宁愿放弃，绝对不降低标准。

过了两天，又一个偶像演员来了，他叫李亚鹏。

我以前不认识李亚鹏，也没看过他的戏。元导先试了他的武戏，蛮有灵气，动作十分灵活，悟性很好。我又试了他的文戏，有点失望，不够活泛，大概是课堂的影响太深，表演百分之百的现实主义。试过令狐冲和岳灵珊的戏之后，我对李亚鹏说："准确不是艺术，生动才是艺术。"

我喜欢表演的色彩感，总认为有色彩才生动，生动的东西个性容易显现。

2000年4月18日，张纪中征求我的意见，我们一致倾向于用李亚鹏。晚上，主创班子投票表决，当场谁也没有优柔寡断，4票全投给了李亚鹏。

确定了李亚鹏，记者要我打分，我只给了他60分。

全剧初剪后，我给他打了演员中的最高分。

（三）张纪中如是说：水火无情·黄导有根坚强的神经

对于《笑傲江湖》的拍摄和导演黄健中，张纪中如是说：

终于挨过了没有“令狐冲”的日子，李亚鹏经过努力渐入佳境，剧组的拍摄进度快马加鞭，换角色的风波日渐平息，拍摄基本顺畅。

而新的事端又出现了，5月4日一场大火烧穿了十几米高的2号摄影棚棚顶，再次把剧组逼入危境。

问题出在“思过崖”。

搭建在这座巨大的摄影棚内的“思过崖”，是2000年1月开始搭建的，费时60天，耗费木材40多立方。摄影棚从外观看像一幢房子，里面则有形形色色的人造景观，亭台、假山，全部由泡沫塑料制成。5月4日下午，摄影棚内正在拍摄小师妹到思过崖的山洞探望大师哥令狐冲的一组文戏，“洞内”的一盏油灯在众目睽睽之下倾倒。摄影棚中多为易燃材料，待在场的工作人员伸手去扶，倾倒的油灯已经顷刻间燃烧起来，火势异常迅猛，几秒钟内火光冲天。在这样用易燃材料搭成的环境里面排戏，剧组一直是有所防范的，消防设施伸手就是。然而最无情的就是水火，等到大家奋力抢救，灭火，及时报警，火势已经窜出摄影棚顶。尽管没有造成人员伤亡和更大的经济损失，但是这件事情对于剧组依然是当头一棒。

说“好事多磨”也好，说“多灾多难”也罢，“江湖”中的事情果然“离奇”“麻烦”。剧组逃出火海一个月后又遭水灾。6月的江南雨水连绵，一场大雨将搭建在水浒城里面，已经做旧的“药王庙”冲刷得“焕然一新”。

这水火交加，让剧组的创作热情大受挫伤。美工和道具一寸一厘

◎图52 《笑傲江湖》剧照

◎图53、图54 《笑傲江湖》剧照

◎图55 《笑傲江湖》剧照

从头忙起，投入了更加紧张的工作。

导演是艺术创作中的灵魂人物，他的坚定不移，他的从容不迫、稳定自如，无形中影响和感染着大家的创作情绪。

（四）再看《笑傲江湖》

据2001年4月18日《北京晚报》调查显示，《笑傲江湖》自开播到结束一直保持70%左右的收视率。在观众抽样调查中，认为“拍得不错”“文戏和武戏都非常好看”的占10%；认为“拍得很糟”“大失原著风韵”的占5%；观众普遍认同的是对港台模式的突破与创新，对人物的塑造也有中肯的意见。应该说，观众对有些细节的指责有的很有道理，但有些观众的意见不免偏执。

热播刚结束时，黄健中收到了一位不曾谋面的观众的长信。信是由北

◎图56、图57 《笑傲江湖》剧照

京某高校的一位教授转交的，洋洋近万言。在这份“万言书”中，这位观众慷慨陈词，对《笑傲江湖》在社会上得到的某些不公平的批评给予了深入剖析，并对无谓的诋毁给予了“回击”。其言辞之激烈足以看出他对《笑傲江湖》的热爱。这位观众甚至说，《笑傲江湖》得到的不公是新中国成立以来电视剧行业的“最大冤案”。

“最大冤案”也许言过其实，但取得了极高的关注度却是一个不争的事实。2003年中央电视台再次重播了《笑傲江湖》，再次得到了良好的收视率。而且与当时近距离观赏不同的是，远离了是是非非的干扰，《笑傲江湖》的本色更加鲜明而客观地呈现在观众面前。这也许就是“时间”考验的一次小小的验证吧。但相信，黄健中所指时间的意义远不止于此。

2003年，黄健中为自己执导的、曾经引起争议的电视剧《笑傲江湖》做了这样的评价：

最近，我曾经对媒体表示我的《笑傲江湖》是很棒的，在相当长一段时间内不会有人超过它。

我这样说的根据是，迄今很少有人像我这样，从文化角度、从人文观照这么深入地探讨一部武侠小说，就在这个品格上，一般人要超过是很难的。

另外，《笑傲江湖》的创作风格首次破坏了港台武侠剧的观赏模式，这方面也是其他武侠剧不能比拟的。

还有一个理由，就是去年在戛纳电视节上，《笑傲江湖》受到各国经销商的肯定，销售量最大，令其他国产电视剧望尘莫及。

更重要的是，鉴定或评价一部作品，有时还需要时间的考验。

二、《盖世太保枪口下的中国女人》：“建立新的秩序比仇恨更重要”

2001年黄健中执导了16集电视连续剧《盖世太保枪口下的中国女人》（以下简称《盖》剧）。该剧是我国电视剧诞生40多年来第一部对第二次世界大战反思的作品，被许多人称为中国的“女辛德勒”。这部剧的创作与《我的1919》有相似的情境，都是在政府主导文化指导下创作的“主旋律”，而且也都是灌注了黄健中的人文关怀、理性思考和当下情怀的作品。剧中对和平的渴望，对人性的拷问，呼唤“建立新的秩序比仇恨更重要”构成了其复调主题。特别是在这部剧的创作中，黄健中十分强调凸显在世界格局中，中国人的形象与中国文化的魅力。

◎图58 《盖世太保枪口下的中国女人》剧照

民族文化的认同和民族意识的强化是全球化以来中国和中华民族必须面对的命运挑战。迎上前去，不卑不亢、不骄不躁，是中华民族的优良品性；弘扬民族文化与民族精神，是世界一体化时期不甘落后的民族的操守。

主题的丰满与深刻使这部“主旋律”电视剧超越了一般主导文化的规定性，具有了深远的精英文化意味和具体的现实意义。

（一）超类型文本

◎图59 《盖世太保枪口下的中国女人》剧照

该剧取材于生活中的真人真事。主人公原名叫钱秀玲，是一位从某种程度上说比辛德勒更加伟大的女性。50多年前，她到比利时留学。不久，比利时被德国纳粹占领，钱秀玲以她的人格力量感化了德国将军，从盖世太保枪口下挽救了近百名反战人士的生命。战争结束后，她被比利时政府授予“国家英雄”勋章，被人民誉为“比利时母亲”。

1999年，新华社报道了钱秀玲的英雄事迹，作家张雅文看到后，自费前往比利时进行实地采访，历时三年完成同名长篇小说和电视文学剧本。

2000年受命于中央电视台和全国妇联，黄健中开始了这部剧的筹备和拍摄工作。

这部电视剧是主导文化语境下的产物，必须进行主流文化的话语表达，但这又是一部观众面极其宽泛的电视剧，是大众文化的一部分，它必须是好看的，否则没人看，一切表述都会化为乌有。

在黄健中从影以来的艺术生涯中，从来也没有放弃自己对精英文化的追求，从来也没有放弃作为一名知识分子的精英思想的表达。这部电视剧也一样。

将主导文化、精英文化和大众文化融为一体，成了黄健中这部剧的一个不是选择的选择。于是多种文化元素的有机交融，构成了这部电视剧的“超类型”文本模式。

在这种“超类型”文本中，剧作的主题思想自然呈现为“复调”“多义”。这正是电视剧内涵博大之所在。而且剧中对于战争主题的挖掘与开拓十分精深，具有鲜明的突破创新，在中国电视剧创作历史上占据了一席之地。

（二）生命救助·救助生命

战争作为人类非常态的生存状态，此类题材历来被各国艺术家所青睐，特别是以视觉冲击力为艺术表达方式的影视艺术家，更是倾心于表现战争。对于第一次和第二次世界大战，黄健中有自己清醒而独到的看法，他也可以称为中国人拍“欧战”题材“第一人”。关于历史和战争，黄健中说：

> 我对隔代写历史有我自己的看法。
>
> 顾维钧站在“一战”的顶点看“一战”和当时的历史格局，他也启迪了我。
>
> 我对“二战”也有我自己的见解和主题，只是这个主题没有被讨论。
>
> 揭示“二战”的时候，我就特别重视揭示一个新的主题——战胜了敌人的国家怎样走向新的秩序：怎样走向公正和秩序。
>
> 法国电视五台全版买了《盖》剧的法国播映权，就是因为中国人没有涉猎过“欧战”题材，他们想知道中国人怎么拍“欧战”的，是否能够拍得好。

早在20多年前，黄健中就以战争片《小花》的出色表现为人称道。对于战争的思考贯穿了他的艺术与生命的黄金时段。特别是1999年导演《我的1919》后，面对“欧战”，黄健中对战争的认识又有了一个新的高度，有了新的超越：不再将战争题材的创作局限在战争本身的残酷与凶险、英雄的无畏与气概；而是重在揭示战争对人性的破坏，借战争这个特殊情境展示人性的多样与变化；特别是面对与国际接轨这个新的历史格局，昭示了公正原则和遵守秩序这些体现人性关怀的现代化原则。战争历史观的更新使这部电视剧有了一个新境界，成为我国战争题材电视剧创作中具有开拓意义的作品。有的学者称这部电视剧的历史观为“人文历史观”。

“战争在继续，生活也在继续”——这是《盖》剧中主人公反复咏叹的一句话，也是生活中一个极浅显又深奥的道理。战争在继续，但它是暂时的；生活在继续，它是长久的。暂时的苦难与迷失，不能代替永久的欢愉和不懈的努力。

直面战争，在战争中失去的生命需要人类缅怀；受伤害的生命需要人类救助——救助生命，救赎心灵！而且，心灵所受的伤害更重，救赎的难度更大。这正是《盖》剧的重心。

由于这个重心的选择，黄健中不惜避简就繁，放弃了轻车熟路，放弃了改编，与《小花》一样，走了“取材”路线，大胆尝试了一个富于挑战意味的话题。

剧本原来写作的重点是女主人公的事迹再现。小说中，维克多医生在认识金玲前就参加了抵抗运动，在家里开的地下医院也是为了医治受伤的比利时人。正是在维克多的帮助下，金玲才逐渐觉醒，并利用自己与霍夫曼将军的私交，展开了对地下抵抗者的救助。原作中金玲与其他人的关系在电视剧中也有明显的变化。

黄健中和编剧更重视的不是事实本身，而是事件的意义，以及文化的、生命的与历史的价值。因此他们大刀阔斧地对原素材进行了再创造，使原型人物与故事为我所用。就这样，《盖》剧把人性的拷问与历史的反思相结合，凸显了博大而深厚的人文关怀，在呼唤人性的同时，更呼唤和平、公正与秩序等现代理念的真正实现。

◎图60 《盖世太保枪口下的中国女人》工作照

这一切文化策略和审美诉求无一不落在了金玲这个成为话语中心的女性形象身上。

（三）理想女性的乌托邦幻想

自电影《我的1919》、央视版电视连续剧《笑傲江湖》后，许晴再一次成为黄健中执导的《盖》剧中的女一号。许多人对他们的合作进行了多种猜测，对此，黄健中坦然道来：

> 我一再选中许晴是因为我认为她适合角色，而且，我很看重的是，她是一名德艺双馨的演员。
>
> 许晴很敬业，从来不耍腕儿。她还是一个很淡泊的人。在拍《我的1919》时，由于摄制组经费紧张，许晴就没有拿一分钱的报酬，毫无怨言，尽职尽责。
>
> 她的勤奋和演技经常被中外同行称道。

◎图61 《盖世太保枪口下的中国女人》剧照

关于接受角色，许晴在网上对自己的影迷娓娓道来：

我接角色的时候，要看它是不是一个有精神的角色，我需要角色对我有心灵的震荡。

我觉得现在的戏特别多，选择余地也特别大，但真正能打动我的却很少，我选择剧本的时候真的很挑。最近真是太巧了，连拍了四部戏，因为四个角色完全不一样，都有特别可爱的地方，所以我就都接了，但是如果没有适合的角色，我是绝对不会去演的。

拍戏时我全身心投入，跟大家在一起特别开心，拍完戏之后的我，就好像又走进了另外一个世界。所以很多了解我的朋友都说我不适合这个圈子，我觉得他们说得特别对，因为在拍戏和创作的时候，有个角色在支撑着我，我喜欢这样，我是一个要去做具体事情的人，演戏刚好是这样。至于是否一定要适合这个圈子，我觉得那是另外一件事。

别人说我是一个太善良、太直接、太真情的人，我觉得这样做是对自己负责，也是对别人负责，这样比较坦荡。有人说，现在的社会被很多虚假的东西笼罩着，怎么办？不喜欢的东西就远离，避开就完了。所以我不是很喜欢参加活动，我愿意特别松弛地跟自己喜欢的人聊天。在某种意义上说，我是一个很懒惰的人。

电视剧完成后，因许晴出色地塑造了中国女性的国际形象，被授予“中国妇女发展基金会形象大使”的称号。

也许，因为负载太过沉重，金玲的形象尚未达到观众的期望值。与剧中另一个女性形象玛格丽特相比，尤其明显。前者因为文化身份的复杂而使形象本身逊其色，后者则因其单纯的人性光芒感人至深。

看来，完美女性是可遇不可求的，多少带有些乌托邦幻想的成分。

三、从《美丽无声》到《天堂秀》：“戏不惊人誓不休”

从2007年到2009年，黄健中除了执导古代题材的电视剧《母仪天下》《大风歌》之外，还先后执导了现代题材的电视剧《美丽无声》《雾柳镇》和《经纬天地》。如果将视线投入后三部作品，会发现其中有几个明显的共同点，比如多改编自文化气息浓郁、内涵厚重的文学作品，而且故事都极具民族性和传奇色彩，剧的结局都是伸张民族正气走向抗日。

连续拍这几部剧，剧中有这么多相通之处，确实有一些偶然的巧合；但偶然中也有必然，这些是黄健中执导原则和趣味使然，也是其导演观念的集中体现。

黄健中导演这几部剧发生了潜移默化的变化，最大的就是导演观念上的变化。黄健中说：

> 对电视剧特性的认识更加深入，特别是对电视剧的观赏性有新的理解，更重视把故事讲好，通过好看、传奇而耐人寻味的故事吸引观众，让观众领略电视剧特有的艺术魅力……我在拍戏时常常说，“戏不惊人誓不休”。

2010年，黄健中还执导了生活剧《天堂秀》。

（一）《美丽无声》："家国之事，身世之感，风流蕴藉"

黄健中用12个字概括他读《美丽无声》剧本后的第一印象：家国之事、身世之感、风流蕴藉。这也自然成为他执导这部剧的整体美学思想和艺术追求。

抱着"戏不惊人誓不休"的信念，从剧本蛰伏两年到黄健中接手后又修改、定稿，从长达8个月选景筹备到全组人员到位后延迟两天开机的最后调整，《美丽无声》摄制组开始了拍摄。在黄健中的严格要求和激情感召下，他们将这部剧定位为：影像优美、风格独特、情节动人的电视剧精品。

为了拍出精品，体现黄健中的艺术追求，接手剧本后，黄健中与编剧沟通后三易其稿。戏的核心故事确定为"阿庆嫂前传"或者说"阿庆嫂是怎么练出来的"。剧中的文化意蕴和地域风情被强化，比如剧中主人公"梳头女"这个职业很新颖独特，为这部电视剧和人物增加了传奇性、趣味性和文化感。《美丽无声》是部女人戏。故事发生在20世纪30年代的江南小镇。在烟雨蒙蒙的水乡乌镇，穷苦人家出身的阿菊在梳头师傅（共产党地下工作者）的悉心培育下，周旋于军阀、船匪和日伪特务

◎ 图62、图63 《美丽无声》剧照

之间，成长为坚定的革命者。黄健中在导演阐述中这样描述阿菊的性格成长——如细雨湿衣、闲花落地，自然清新，沁人心脾。所以整个故事的情节发展同样——清丽、细密、委婉、情深。这些留给导演和演员极大的创作空间，也酝酿了这部电视剧的“以唯美动人，以悲壮感人”的诗美氛围。

用电影手法拍“婉约派”电视剧

《美丽无声》这部电视剧兼具黄健中擅长的唯美和悲壮两种美学风格，又是他极为擅长的女性题材。对主要人物的命运和性格设置，黄健中用了很诗意的8个字：“沉郁顿挫，晚云含雨。”他说：“围绕阿菊的命运，作者设置了一群个性鲜明的形形色色人物，他们在阿菊的成长历程和生命轨迹中留下了浓墨重彩。”有人看后把这部剧的观感概括为小桥、流水、人家，“景美、人美、情美”。黄健中曾经说，实际上，他觉得这个戏应该叫《小桥流水人家》，因为除了拍出了小桥流水，也拍出西风古道瘦马。乌镇的环境就是西风古道瘦马。同时观众还能感觉到枯藤、老树、昏鸦，感觉到生活在江南古镇上的女人身上的美感，她们的正义，她们的反抗，她们在民族危机到来的时候，做出的抉择，这是中国女性内在的美。

黄健中对画面美感的追求与把握，在不断地反思匡正中形成了自己的独到特色，已经在影视界赢得良好口碑，而且对女性形象的刻画也是情有独钟。但是，每部戏美轮美奂的画面和细腻感人的形象，都不是轻而易举得来的。人物、镜头语言和画面理想的程度往往与黄健中的辛苦指数成正比。

在这部戏开机前，黄健中用很长时间选景，足迹遍及江南水乡小镇，最终敲定在浙江乌镇西栅。尽管这些年黄健中去了很多国家、很多地方，但到了乌镇却萌生了一种很特别的感觉，他被乌镇独特的美深深吸引，相信在这里拍摄这部剧一定会给观众带来一次欣赏电视剧的新的美感，带来经得起观看、经受得住品味的经典人物形象。

文化的提升不仅对这个江南小镇，对这部电视剧也至关重要；它是一种品位，也是黄健中导演作品中一贯的情感表达方式和美学取向。在执导《美丽无声》时，黄健中还特别提出希望能拍出中国诗词中“婉约派”的感觉。为此，他们采用电影手法拍摄这部电视剧，整个拍摄让黄健中感觉“很过瘾”：

> 以往的电视剧把故事讲好就成，对景致、唯美感觉的追求往往被认为没有必要，而这部剧投资方把导演的手脚放开了，让我们自由地驰骋。
>
> 小雨淅淅沥沥地打在石板上，石板从麻麻点点到全湿的感觉很富有诗意。
>
> 为了凸显人物和故事的情致、神韵，和惯常的电视剧的节奏感不同，我特别强调了慢节奏。我觉得只有慢，才能拍出乌镇的味道。我拍了那么多戏，从来没有这回这么辛苦过。因为我要感受每个画面的内涵与美感。

为了保证剧作风格，黄健中要求每一个细节、每一个画面都要精益求精，力求完美。为赶进度，剧组原定要分为两个摄制小组同时拍摄，但黄健中每个画面都亲自把握，拍摄中，为了“感受和把握每个画面的内涵与美感”，他每场都在场，异常辛苦。以拍戏的第四天为例。早上6点，剧组就开始工作，直到夜晚，别人休息了，黄健中还在以导演日记的方式总结工作，并为第二天的拍摄做详细的案头准备。在2007年3月26日的“导演日记”里，黄健中用工整遒劲的楷书写道：

> 早晨6点出发，晨雾弥漫拍一组水乡空镜。这部戏应注重气氛，给人以韵律感。以情写人，以景托情，注重江南水乡生活气息。拍摄熟透女子时，注意抓群像中的细节，脚上的木屐在石阶上上下下，川流不息；一张张红扑扑的脸，纯真质朴，摄像师的特写拍出了乡间女子纯朴的美感。
>
> ……
>
> 黄昏至夜拍雨戏。斜风细雨，阿莲独自一人站在桥上，没有伞，

没有斗笠，仰望苍茫天空。雨丝落在她脸上，她在流泪。一把伞撑在阿莲的头上，阿莲回头一看，是阿菊，阿莲夺过雨伞，扔进河里，转身奔回家。桥上留下阿菊一人。河面被雨水打得麻麻点点，孤零零的一把伞在水中漂浮。——姐妹俩斗气，从黄昏到深夜，阿菊一直站在桥上任雨瓢泼，最终阿莲被感动了，让阿兰给阿菊送伞。3月的江南天气潮湿阴冷，演员的脸色，嘴唇冻得青紫，演员与角色的真实融合在一起，拍摄虽然吃苦，相信这场戏一定能打动观众。

这场戏，马伊琍等几个女演员在阴冷的雨水中淋几个小时顺利完成拍摄任务。而夜深人静，辛劳一天的黄健中依旧文思泉涌，依旧辛苦地做着“功课”。有感于导演黄健中的创作状态，在媒体采访中，马伊琍说：“黄导导戏平和、认真，还有速度，精力旺盛……”后来，央视三次热播及受到的广泛好评，可以说是对黄健中和剧组同仁最好的回报。

好演员的戏，像饮一杯醇酒，越品越香

在人物塑造上，马伊琍、王姬和陈龙三位主演都有可圈可点处，他们也和导演黄健中一样吃了不少苦。黄健中要求所有的戏都在阴雨天拍摄。烟雨江南时有明媚的春光，剧组人员却要躲开阳光在阴冷的室内拍戏；而阴雨绵绵时，又要冒着春寒在户外拍摄。以前拍“雨戏”都是用洒水车喷水，而在乌镇，幽幽的石板路，狭窄的民间道，洒水车进不去，剧组只能自己做小的手推车，来实现真正的“人工降雨”。因为近水，房间潮湿，所有服装包括群众演员的服装，每天都要一遍一遍地熨烫。化妆师则在一旁随时待命，准备给演员补妆。

马伊琍：“小马哥”“这个女人不简单”　2008年是《美丽无声》女一号马伊琍很特别的一年。在她主演的《永远的铭记》《幸福在哪里》《江北好人》《奋斗》等影视剧中，马伊琍以其特有的韵味频繁出现在屏幕，吸引着观众的眼球，也滋养着观众的心灵。

拍摄中，黄健中对马伊琍的表演总是赞不绝口。在黄健中眼里，马伊琍是一个很有实力的演员，她压得住戏，表现得很内敛。阿菊这个江南女

◎图64 《美丽无声》剧照

子，是水做的女子，从任性到韧性，从不谙世事到巧妙周旋于船匪、恶绅、日寇之间，她的美丽与智慧深深吸引着观众。戏中马伊琍是在湖面上划着船出场的，在烟雨蒙蒙中，她韵致的眼神，连同整个身心透露出的水润的气息贯穿全剧，与细雨微风、明月丝竹一起丰富了江南文化的内涵和韵味，也构成了这部婉约派电视剧的审美格调：自然蕴藉的诗意中，融会着山水画的笔力与机锋，传奇的故事与人物形成了这部剧的张力，引人入胜。

王姬：从梳头女到独臂挑担卖馄饨 似乎与“小马哥”不同，生在北方貌似“锋利”的王姬，恰恰具有更多南方女子的风情韵致。也许是生在北方的缘故，王姬格外喜欢江南，因为是第一次到水乡拍戏，又是第一次做“梳头女”，她对自己饰演的“阿田”这一角色加倍地看重。

阿田贯穿全剧，表面上是阿菊的师傅，但真正的身份却是新四军地下交通站负责人。在最初的策划中，阿田本应在一场战役中牺牲，由于王姬的出色表演让黄健中改变了主意：“阿田，你不能死。”这样本该“丧生”的结局被改为“下落不明”。

剧情的改变自然要合情合理，于是王姬为阿田设计了“断臂”，她对导演黄健中说：“导演，阿田遭遇了这么惨烈的战争，不能毫发无损，断条胳膊吧。”于是剧中小镇上卖馄饨的独臂女人就神秘出现了。

拍独臂戏，王姬吃了不少苦。每天她肩挑馄饨担子，用一只胳膊艰难地掌握平衡，看似简单却很难把持。而且她还要用一只手熟练地擀皮，包馄饨。王姬的麻利干练让所有剧组人员惊叹不已。黄健中在“导演日记”

中记录这段故事的时候，也感慨地说：“大概她在设计断掉一只胳臂时，已经下功夫练了这一招儿。好演员，功夫在戏外。”

◎图65 《美丽无声》剧照

一日清晨，王姬还“上演”了更惊险的一幕。这天拍阿田的戏，她照例独臂挑担，沿街叫卖，但还没走几步，脚在湿漉漉的青石板上打滑，一时失去平衡，连人带馄饨挑子一起滚下了台阶……黄导和周围人见她摔得挺狠，一时没有反应过来，都看呆了。而这时的王姬却还没出戏，似乎还在戏中闹不清当时是真滑倒还是借此发挥……这个场景后来被保留下来，原汁原味地出现在剧中。

人生历练和坚韧的个性，使王姬把阿田这个形象表演得有声有色。

樊锦霖：也叫“樊一条” 与马伊琍和王姬相比，剧中扮演刁蛮女阿莲的樊锦霖，在拍摄时则是一颗新星。当时起用这个新人，黄健中颇费了一番心思，直到拍这部戏之前也还是很担心，怕她把握不好这个角色，而到了开拍时，她给了导演很大的惊喜。尤其是在拍戏时，由于樊锦霖表演很到位，往往一条就过，甚至都不用走戏。因此黄导在剧组给樊锦霖起名叫“樊一条”。她当初还担心：是不是导演不愿意拍我啊。有一天，她终于忍不住便询问导演。黄健中说：“戏够了，已经演得炉火纯青了，非常好！”

后来“樊一条”就成了樊锦霖的别号，每每听到大家这么称呼，樊锦霖总是喜上眉梢，很是开心。更让樊锦霖欣慰的是，在剧组，她得到了王姬无私的关爱和马伊琍亲密的友情。在剧组，王姬对樊锦霖非常友好。在媒体采访中，她说：“前辈为人和善，拍戏之余会和我分享她的经验之道，从王姬老师身上学到很多拍摄细节问题，充分体现了‘细节决定成败’。”因为年龄和性情相投，在剧组马伊琍与樊锦霖亲如姐妹。剧中的阿菊和阿莲初次见面相互取闹，后又结拜坦诚相待，在危机降临时她俩都心怀大爱坦然应对。在她俩的联手合作下，两种不同类型“梳头女”所代表的中国女性的兰心蕙质的女性美表现得淋漓尽致。黄健中说：

看好演员的戏，像饮一杯醇酒，越品越香。

（二）《雾柳镇》：“有血性，见人性”

《雾柳镇》中饰演大红的女演员周显欣在博客上记录了2010年5月27日北京卫视播映《雾柳镇》前新闻发布会的情形和内心的感动：

新闻发布会上，主持人请黄健中导演对《雾柳镇》做一个简短总结，他老人家略一沉思，淡然答道：“六个字吧。有血性，见人性。”你忽然觉得无比震撼。简短六字，却深沉道破一部作品由剧本到角色，由角色到演员，由演员到创作，由创作到生活之方方面面的团队性真。

如果没有血性，不见人性，《雾柳镇》的团队，不会伏居深山40多天，在食宿条件均低下的情境下，克服重重困难，自给自足，自炊自饮，快乐生活，协心创作；如果没有血性，不见人性，《雾柳镇》的主创人员，不会深入剧情人物，细入人性林总，大胆创想，热烈探讨，果敢创作，果决拍摄；如果没有血性，不见人性，《雾柳镇》的人，不会在每一次的聚会里，不介彼此高低老少，相敬相诉，畅谈艺术真谛，共享人生感悟；如果没有血性，不见人性，《雾柳镇》的男女老少，不会在每一次宣传行程里，声气相通，情谊相融，共寄对李钰的悼念与哀思，深忆与她同行的生命时光……

网上，有网友指出《雾柳镇》有尤为引人关注的三大看点。

◎图66 《雾柳镇》剧照

看点一：黄健中将三部小说完美融合，再现乱世风云；

看点二：张国强、张光北、陶泽如、张桐四大男星荧屏斗法，各显其能；

看点三：已故琼瑶剧美女李钰的最后遗作。

这六个字、三个看点足以让《雾柳镇》这部电视剧成为不可多得的“留世”之作。

“特立独行”的改编与导演的“完美融会”

33集电视剧《雾柳镇》，根据苏童、贾平凹的小说《米》《五魁》《美穴地》改编而成，讲述了20世纪20年代一个偏僻的村庄，一群具有朦胧反抗意识的劳苦大众，在进步青年柳云轩的带领下与当地恶霸柳爷抗争的故事。他们几经挫折，从迷茫中走向觉醒，最终在共产党的领导下投身抗日战场。

最初该剧编剧白志强找到黄健中并告诉他，他已经把苏童和贾平凹的三部小说改编成了一部电视剧，问黄健中有没有兴趣拍。回忆起他们的初次洽谈，黄健中说：

但凡有一点文学常识的人都会愕然，不说是“关公战秦琼”，也是一桩南辕北辙的事。我觉得他有点荒唐，是碍于面子才答应看看剧本。没想到开篇就引人入胜，我一口气读了10集，与其说是改编，不如说是取材，单说取材也不准确，因为两位作家的精华都被他吸纳到剧本了，他找到了一个共同点：血性、人性。剧中每个人物身上都深深刻着血性和人性的印记，因为喜欢，所以我答应了。

黄健中说，《雾柳镇》就是一部会让人受到震撼的作品。为了更好地展现以柳云轩为首的一群血性男儿在斗争中从稚嫩走向成熟的过程，以及动荡年代青年男女的爱恨情仇，黄健中特别强化了这部剧的观赏性和思想性。他认为：“因为有贾平凹与苏童原作的载体，文学支撑了这部戏。文学聚焦于人，文学对人的讨论表达了作家对社会生活、对生命的认识。贾平凹与苏童塑造的人物有自己独特的视角、独特的笔触、独特的发现，振聋发聩、发人深省。”

因为曾经将苏童的小说《米》拍成电影《大鸿米店》，其间深入探究过苏童创作的风格和魅力，黄健中对苏童作品中的人物命运和性格色彩都十分谙熟、十分迷恋。人物传奇故事和多舛命运的入微刻画，都让这部戏血

◎图67、图68 《雾柳镇》剧照

肉丰满，闪烁人性光芒。同时，剧中的人性多见诸“血性”之中，两者看似水火不相容，在剧中却奇妙地水乳交融。在《雾柳镇》的“导演日记”中有这样两则：

2007年12月11日　拍摄地点：尧坝米店

演员：大红　柳云轩　柳松林　黑狗　旺财　二红　柳父　柳母　楞娃　管家

调节演员的性格定位：

昨天拍楞娃被旺财挑断脚大筋后楞娃的表演，演员注重挑断大筋后的痛苦，哭嚎——我要求演员放弃哭嚎，痛苦只表现在咬紧牙关，表现潜藏在内心深度复仇的欲望，所以要含着笑——“疼比死要轻多了”，所以，“疼不算什么”。把性格刻画放在第一位，真实要服从性格。

昨天拍父亲脑中风之后，二红哭哭啼啼的戏。今天拍父亲给二红的“遗言”，母亲被大红气病之后，母亲床前二红与大红斗嘴。演员的理解是常规的，演员往往注意性格的真实而忽略性格光彩。丹纳在《艺术哲学》中提到过“美就是性格的表现”。演员如果能更注重潜台词中性格和魅力，戏必演得不落俗套。吵架——二红的台词已经够刻薄了，如果表情是穷凶极恶就不如含着讥讽的笑更能表现二红从内心深层的绝望与痛苦。她说：“我姐愿意跟个老头儿过日子，没办法，也说不准柳爷让我姐玩了，咱柳记粮店倒还能跟着沾光，对不对？”“你做的事太恶心了，一个女子，往一个干巴老头怀里扑，你挨打的日子还在后边呢。”显然讥讽着说更能表现她的尖酸刻薄背后，是对大红的作为将给粮店带来的灾难的绝望。

今天A、B组共拍15.1页。

2007年12月29日　拍摄地点：大邑刘元瑄公馆二院

演员：柳爷　旺财　管家　太太　德顺　刘婆子　紫苏

今天的戏开始有彩了。抓住了戏，也抓住了细节。人物的性格特征，内心展示都比较细腻。17集13场太太从白风寨回来，拜佛，狼吞虎咽吃早餐，柳爷发话：不听太太的……戏好又有韵味。

回屋晚9点一刻，感到十分疲劳，今天的情感戏多，付出的精力也多。拍好戏总是有情感情绪的投入，这一点导演在精力的付出上远远多于演员，却很少人知道。

如日记所述，导演在精力的付出上远远多于演员，而且何止拍感情，在整个拍摄中，导演就是戏的思想导师乃至精神领袖。

《雾柳镇》播出后，网上有评论道：“苏童《米》迷幻的历史感，对人物细腻大胆的剖析，融合着贾平凹《五魁》《美穴地》浓郁的乡土风情，以及两者对人性、血性的追求，再加导演黄健中擅长运用电影的手法建构唯美画面，《雾柳镇》不仅呈现出蜀西独特、诡秘的自然风光和风土人情，也以最质朴的方式展现出人民抗争的鲜活史实，给观众带来耳目一新的感受。”

视觉诗意和唯美浪漫的风格是黄健中影视创作一贯的艺术追求。与以往不同的是，这部戏要将具有江南风情的人物血肉和西北特色的故事架构有机融汇。黄健中为该剧选择了浪漫的基调，剧中除了命运多舛的人物、吸引人的情节和好看的故事，镜头的运用、画面的色彩也独具韵味。这之中，人物和故事的环境显得尤为重要。黄健中认为：“我一直有一条不成文的偏见：西北，黄河流域的文化重于写实；西南，长江流域的文化重在浪漫。”而张光北的提议正暗合了他内心对这部戏远景的谋划和预期。剧原定在陕西拍摄。拍摄前张光北在成都拍电视剧时突发奇想：把《雾柳镇》的故事放在巴蜀大地上说不定更为贴切，他说，四川地区秋冬季节经常起雾，这种自然条件是该剧最需要的，能很好地贴合电视剧所表现的主题。该剧中的柳镇长期有雾，暗示那时的中国社会处于迷茫当中，将大自然的迷雾和那段动荡的历史结合起来，很好地升华主题。完全不需要我们利用道具人工造雾。

拍摄电影《大鸿米店》黄健中对四川产生了深厚的感情。后来在《雾柳镇》拍摄时，唤起了他很多往昔的回忆，特别感慨几年间四川的变化。更重要的是，“雾”能很好地承载黄健中对浪漫诗意的美学追求。当张光北提出把《雾柳镇》放在四川拍摄时黄健中非常赞同……只是，为了追求艺术之美，保证剧的高品质，在恶劣的环境和条件下，包括黄健中在内的剧组人员忍受了常人难以忍受的艰辛困苦。在“导演日记”中，黄健中记录了拍摄最后关口自己的心态：

2007年1月 9日　拍摄地点：大邑刘元瑄公馆二院、四院

演员：柳爷　旺财　管家　太太　德顺　刘婆子　紫苏　柳云轩　唐景　安子　楞娃　柳松林　小妹　袁先生　柳大龙　黑狗　大红

早晨以昨晚拍地窖的戏为例，给副导演王斯阳谈：作为导演，对艺术的追求永远不要轻易放弃，导演就是要咬住，采取积极的态度。结果窄小地窖的戏拍得很有特色。

今天B组结束全部拍摄，明日即解散B组。

22集37场太太与紫苏围绕一杯“毒”酒究竟谁先喝展示两个女人各自的智慧，拍得十分细腻，演员表演得好，加之酒杯、手、人脸、钟，各种特写，更增添悬念。

沉住气，拍好戏，越临结束越要拍好每一场戏，拍好每一个镜头。这才是真本事呢。用自己静如止水、稳如泰山的心境影响演员，影响一组人。

19集52场酒席上大红大耍威风，酒泼柳爷，菜汤泼太太。拍得十分精彩，大红的戏非常突出。一场好戏，酣畅淋漓。注意细节的刻画，细节的生动仍然是这部戏要经常强化的一件事。大红往柳爷脸上泼酒，往太太脸上泼菜汤，营长的机枪手登到椅子上威胁柳爷……这些细节无疑大大强化这一场戏的冲突。

阵容超强，李钰绝唱

接受记者采访时，陶泽如曾经感慨：“黄导在场景拍摄、人物处理上，完全运用了电影的手法，出来的效果真的很棒。”

这部电视剧特异的效果，除了特立独行的剧本和导演完美融会做后盾外，更归功于《雾柳镇》超强的演员阵容带来的高超的表演。正如黄健中所说：“这部戏中的每一个人物，无论男性角色还是女性角色，他们身上都深深地镂刻着血性与人性的印记。”剧中，张国强、张光北、陶泽如、张桐四位实力派男演员担当剧中四位性格迥异的主人公；李钰、周显欣、陈炜等饰演的女性形象也是争奇斗艳、各领风骚。特别是这部剧作是“琼瑶剧美女”演员李钰的最后影像记录，更是这位视艺术为生命的女子的绝唱。

2001年，琼瑶剧《情深深雨濛濛》全国热播，在剧中饰演方瑜的女孩李钰，因其柔美优雅的性情和温和善良的个性，备受观众推崇，一跃而成“琼瑶女郎”。在《雾柳镇》中，李钰饰演的角色与早年琼瑶剧中的形象性格迥异，是一位性情刚烈的名伶，名叫紫苏。紫苏的命运沉浮跌宕，最终历经千辛万苦，终于与心上人柳云轩成为红颜知己，并成眷属。这个女性形象，既有女性的似水柔情，而骨子里又暗藏着惊人的侠义和反抗精神，侠骨柔肠与古典的优雅，在李钰的演绎下熠熠生辉，非常动人。

对于为何接拍该角色，李钰生前在接受媒体采访时说：“紫苏是省城戏班刀马旦名角，被柳镇的老爷强抢做了四姨太，但她并没有安于现状，一方面为了生存不断地与柳老爷斗智斗勇，另一方面仍专情于寻找自己的真爱，最终走出深宅大院，走上了革命的道路。”“该剧是根据苏童和贾平凹的小说改编的，他们的小说对女人的描写非常到位，而导演黄健中是我一直想合作的导演。看完剧本我便被角色深深吸引了，我从未演过‘戏子’，更重要的是我从未演过年龄跨度如此之大的角色。剧中我要从18岁一直演到50岁，不仅要为人妇还要为人母，这对我是一个很大的挑战。”李钰说，为了演好紫苏，早在进组前一个月，她就找了一个川剧老师学习基本功、练习台步等。她说，她是第一次来成都拍戏，成都有名的小吃早已让她“垂涎三尺”，“10月我曾带父母到九寨沟旅游，我很喜欢这里的小吃，刚刚我才吃了火锅，太爽了。之前在天堂坝拍戏，条件很艰苦，洗澡都很困难，我觉得成都是天堂，我准备没戏时带着剧组的人美美地去吃小吃”。

谈起对李钰拍戏的印象和评价，黄健中诚挚地说：“李钰是一个很纯真，很可爱的女孩子，希望她在天有灵能听到。她真的是一个很优秀的演员。”在《雾柳镇》“导演日记”中，黄健中记录了李钰的可爱与敬业：

2007年11月18日　拍摄地点：天堂坝　补记（19日）

晚10点半，敲门声。一开门紫苏（李钰）站门外。我请她进屋，她没进来。好像很委屈的样子，眼里含着泪。

我急忙问她：李钰怎么啦？

她回答：黄叔，我的戏怎样？

我说：挺好的呀。

她说：那晚上吃饭的时候，你表扬了那么多人，怎么没表扬我呀？

我说：你是腕儿啊，还要表扬吗？我表扬的都是没什么表演经验的人，是鼓励他们。

她将信将疑。

我很认真地说：开拍第一天，你是大过场，第三天，白风寨的戏是你对柳云轩产生印象，产生好感（在第3集），昨天是你成熟以后的戏，分寸都把握得挺好。你放心去演，记住人物的光彩……我比较强调演员塑造人物要注重性格刻画，生动是第一位。

到最后我看她脸上有了笑容。回屋后，我很感动，这是一位认真的演员。我翻开拍摄单，她只拍了16场戏，全部都是过场戏……无论多么成功的演员，当其接受新的角色，心里都没有底。这需要得到保护，得到引导。这是导演需要重视的。

得知李钰英年早逝的不幸消息，《雾柳镇》剧组同仁无不唏嘘悲叹，他们分别以各自不同的方式纪念着他们心中可爱的李钰。与李钰同时担当主角的女演员周显欣，在博客里对李钰的追悼可谓情深意切……

附：悼念李钰，亲爱的你，一路走好

周显欣

完全没有想到。震惊。

手机上出现李钰离开人世的消息时，我几乎不敢相信，今年1月9日还在电话里听到的真纯善良女孩儿的声音，竟然就这样消逝在我的耳畔。

与李钰在一起工作的日子，一直被她清新、善纯、亲和的气质所吸引，每当一起吃饭，说笑间，她总喜欢甜甜地向我轻轻扬一下头，眨眨她清透明亮的大眼睛，一份简单、清甜而友善的感觉，油然生于我的心间。

怎会这样？命运真是不公。记得1月9日那天在成都宣传《雾柳镇》首播时，大家都问李钰怎么没来，于是，饭席间，一只手机在每个人的手上传递着，大家纷纷向她表示望她多加休养，早日康复。大家都没想到她会得此恶疾，也不约而同、略有顾忌地没有在那一时刻询问她的具体病情......

仅仅两个多月而已。生命的脆弱，有时真如利镂一般，只轻轻一下，便穿透了人原本结实的各种预想。

在成都大邑拍戏的间隙，一次午饭，大家在现场旁边的一间小餐馆齐聚一起，点菜吃饭。那时的李钰气色还很不错，席间看见餐馆的电视里正在播放她参演的《情深深雨濛濛》，正好是她的戏份，我们都看得津津有味，共同向她道贺，说她形象真是很纯，她却不好意思而谦逊地说："哎呀，哪里……"那时，看着她略泛红晕的脸颊与羞涩的眼，我觉得她可爱至极。

这样的归宿，真不应该发生在李钰的身上。她是一个真实、善良、敬业的人。拍摄现场，常常听到导演夸她戏好人好性格好。实事求是。她真的就是这样一个清清淡淡而又淳朴芬芳的女孩儿。尽管我们在一起的戏份不多，尽管我们相处的时日不多，但在我的印象中，她让人倾心而信任。

（三）《经纬天地》："文学性、戏剧性、电视性"相结合

2010年《经纬天地》剧组主创做客新浪网，总制片马润生介绍了这部电视剧不同寻常的创作历程：

距今二十年前，这部小说诞生，当时第一部小说叫《有梦不觉夜长》，第二部叫《歌之王》，第三部叫《第二十幕》，最后统称是《第二十幕》，这是我们国家获得中国茅盾文学奖提名和中国文学奖第一名的获奖作品。这个作品的作者是周大新，在二十年前，我已经把版权拿到手里。在十年前，我把这部原著的小说送给黄健中导演，请他未来担任导演。五年前我请现在的编剧周志方同志来担任今天的《经纬天地》文学剧作的剧本创作。这个片子在一年前刚刚完成。这是我们经手的历程，二十年、十年、五年和一年。

"仁道"与"诈道"的较量

电视剧《经纬天地》讲述了1911年夏天到1945年抗战胜利，发生在南阳地区柞丝行业的故事。剧作站在时代的高度，以广阔的历史视野，把南阳地区的文化风情、柞丝行业的经济特征与中华民族在那个特殊历史时期民族的苦难与奋斗紧密相连，生动地再现了旧中国民族工业的举步维艰的困境与发展，以及民族工商业者的凛然正气与爱国情怀。这是一部具有史诗品格的作品。剧中小人物卷入了大历史，个人情怀融入了家国梦想。宏大的历史叙事、浓郁的时代精神和民族气节，特别是以尚达志为代表的民族丝绸业创始人，为民族工业矢志不渝的创业精神，感人至深。

“把人物形象塑造与完整的故事叙事完美结合起来，是该剧的成功之处。”这是《人民日报》给予该剧的评论，文章还指出：

> 综观全剧，虽然人物众多，时间跨度长达33年，但是故事结构却脉络清晰。一是围绕柞丝行业主施行“仁道”和施行“诈道”的故事情节线。尚安业和尚达志父子俩，从在南阳石拂镇开办柞丝绸小作坊就施行“仁道”，尤其是尚达志始终重信誉、讲诚意、遵守商业道德，凡事从行业的整体利益着想，为救助灾民不惜毁家纾难。两个演员表演的对手戏堪称一流，把角色演绎得淋漓尽致、活灵活现，并成为该剧非常吸引人的看点。二是社会黑暗、官场腐败以及抗日战争等故事情节线……这些故事充分揭露了旧社会的黑暗，揭示了受到列强欺压和侵略的悲惨以及抗争的艰苦卓绝，具有较强的警示作用。三是爱情和家庭伦理故事情节线。剧中爱情故事的处理别开生面，成为最打动人心的情感线索……四是企业发展和企业文化的故事情节线。该剧从尚安业父子到南阳叫卖柞丝绸开始，实际上就把企业的发展作为重要的表现内容。特别是“花旗”绸产生的过程，不仅形象展示了创新是民族企业进步的生命力，更展现出中华民族自强不息、百折不挠的民族精神。

在黄健中的导演美学中，“讲故事可以只是门手艺，也可以成为门艺术，丹青难写的是精神”。对于这部内容深沉丰厚、思想博大精深的电视剧而言，如何在塑造人物的同时，把故事升华为艺术，深度与新意兼备，情感与事件交融，这正是考量导演和主创的难题。为此，根据电视剧的艺术属性和观众的接受心理，黄健中在拍摄中对文学文本进行了大刀阔斧的修剪和大幅度的融会贯通。为了凸显戏剧性，遵循电视剧自身的规律，黄健中对剧本开篇进行了大幅度的删剪。原来剧本16集的清朝戏，到最后拍摄的时候，压缩成半集，一定要戏切入最关注的历史时期，一个历史转型期封建王朝，新的一页的开始，他就是在这么一个典型环境中来塑造的。剧本之所以抛弃小说刚才讲的这么一个故事，因为这是太常规的一个故事。黄健中深知电视剧的艺术规律，要吸引观众的眼球，第一个情节就不能是常规的情景。这要追溯到国际总公司给他上的一堂课——六六法则，就是电视剧开头6分钟讲什么，决定了你这个戏好看不好看，能不能吸引住观众。调整后的剧本观众看到前6分钟的故事是非常规的故事，但又是合情合理塑造这个人物的开篇。

开篇合情合理，抓住观众的心，吸引他们的眼球，是电视剧成功的第一步。近年对电视剧艺术的摸索，让黄健中深谙其中的奥妙。他说："我拍电视剧的时候，往往把这种沉甸甸的文学性都推到后面去，把观众最关注的比如说人物的命运。人物命运的多舛性，就是作品的可靠性，拿到前面去，让观众爱看。"最初读剧本的时候，他和美术师、摄影师还有一个合作导演，四人在春节期间都是一口气看完。从电视剧的属性而言，他们都认为非常好看，能够吸引观众。从读剧本到拍摄，黄健中一直把故事和戏剧性放在很重要的位置。力图做到"要让观众像看章回小说那样，看了第一回就想看第二回，一天播两集或者三集，第二天就期待，我现在的期望值希望第一天观众就去看，相信看第一集的时候会把49集一口气看完"。

黄健中认为，这部剧是他近几年看到的提供给他剧本可看性最强的，而且它的文学底蕴也是最丰厚的……在丰厚的文学性中，黄健中找到了两个理解这部剧的关键词——"仁道"和"诈道"，而"仁道"与"诈道"的较量成了黄健中利用影像所讲故事的焦点与核心。后来他的一切创作无一不是为了指向这些精彩的人物和故事及深藏其后的人性光辉和人生哲学。在《仁道与诈道——〈经纬天地〉导演阐述》中，黄健中写道：以主角尚达志初历民生艰辛和感悟"仁道"为原点，历经辛亥革命、军阀混战、抗日风云的历史大潮，讲述其一生以"仁道"行商，以"和谐"处世，虽饱受时代摔打和"诈道"欺害等种种波折磨难，始终志向不移，得以成就个人的伟业和人性的升华……写商战，剧本中"仁道"与"诈道"各施其法，各显神通，一波未平一波又起，魔高一尺，道高一丈，一气呵成，酣畅淋漓，将一场"仁"与"诈"、"善"与"恶"之间的较量描写得宛如惊

◎图69、图70 《经纬天地》剧照

涛骇浪扑面而来，又如寒风凄雨点滴渗润，尽现商战之紧张诡谲，人性之纷繁复杂，以至20世纪初叶民族资本业的艰辛磨难与生生不息。最难得的是本剧的商战中有商道，有人道，有智慧，有感情，几种元素水乳交融，商中有情，情中有商。[①]

剧本以尚达志一生行商为主线，历经坎坷，其间故事跌宕起伏，扣人心弦。围绕商战的家庭戏和爱情戏也充满纠葛，曲折动人。剧本以数十年的时代跨度讲述三代人的情感命运为核心，贯穿主人公在乱世背景下的婚丧嫁娶、儿女情长、生离死别……其实，这部剧中的“仁道”与“诈道”之争并不仅限于商业领域，更规范存在于社会生活之中；它是正气与邪恶、善与恶的较量；“仁道”必胜的是良好的理想和夙愿，集中体现在主人公尚达志这一典型形象之中，他传承并延续着民族文化的精髓，更是民族文化人格的代表。全剧百余位出场人物，故事与人物相辅相成，在铺陈故事的同时，也成功地完成了人物塑造。人各其面，栩栩如生。既有悲怆的史诗气魄，又不乏在苦难中迸发出超拔浪漫的精神。正如《人民日报》评论指出的：“文学性、戏剧性、电视性三者的完满结合，是

① 黄健中：《仁道与诈道——〈经纬天地〉导演阐述》，载《黄健中导演笔记》，作家出版社，2011，第316页。

这部电视连续剧成功的最显著的特征。作品的艺术价值不仅体现在电视剧对于小说里传承的人文精神理念的形象化诠释，体现在对小说里厚重的民族历史文化积存的理性化展示，更体现于错综复杂、跌宕起伏、一波三折的故事铺陈和人物贴切文雅的对话之中……可以说，《经纬天地》是一部有思想穿透力和历史沧桑感的厚重之作。”[①]

贾一平：拍《经纬天地》没有遗憾

剧中饰演尚达志的实力派演员贾一平，当接到《经纬天地》电子版时，一看就被深深吸引，连连赞叹这是难得的好剧本，迫不及待地拒绝其他邀约死等这部戏的开机……而最终经过贾一平高超演绎呈现在观众面前的尚达志，被导演黄健中赞为令人“眼睛一亮，心头一震”的角色。

该剧在央视开播前，主创做客新浪时贾一平梳理了自己拍戏的心路历程，发表了真挚的感言，他说：

> 说实在的，拍别的戏，总会觉得有这样那样的遗憾，这个戏一点遗憾都没有。看到一个好的剧本，让我完全地可以不去考虑好不好看的问题，因为故事已经很好看了，我要做的就是把我这个角色演好。从现场黄叔，我们叫黄健中导演是黄叔，黄叔和他的团队，包括从马总这边的支持，真的是非常有魄力，就是遇到问题，解决问题，绝不隔夜……给你提供很好的创作环境，我就孤注一掷把这个角色演好。这个戏创作当中都是愉悦，其实很兴奋。

贾一平饰演的尚达志刚柔相济，是一位仁义忠厚的创业者。他历经两次牢狱、三次破产、两次感情波折，最终带领“尚吉利”从小到大、从弱到强，实现了个人梦想和民族工业的复兴。因为职业需要贾一平阅剧本无数，而这个剧本在他看来是多年难得一见的好剧本。他更看重剧本而不是人物，深深感动于创作的沉实大气。在接受采访时他对媒体说：“一看剧

① 《〈经纬天地〉：富有沧桑感的厚重之作》，《人民日报》2010年8月27日。

本，就放不下来了。我平时还是比较喜欢看纸稿的，不大习惯看电子稿，他们发的电子稿，即使那么累，也趴在电脑前一下子看完。这个剧本相当的好，一看不是一两年，两三年能够做出来的东西。”

在演员的选用上，导演和制片方都十分慎重。在这个形象的人选上黄健中在注重过硬演技的同时，还十分强调其精神气质：

> 我们这个戏一定要的是一个演技一流，而且这个人物一定很有朝气，同时又要刚柔并济。这点我觉得非常重要。这个人只有柔没有刚，这个人物完不成，只有刚没有柔，这个人物也完不成。他一定在将近30多年他的生命历程，追求的就两字“仁道”，可是追求仁道，他多灾多难，两次监狱，三次破产，被打得遍体鳞伤，但是不改变仁道的初衷，他也是从一个硬小伙子，逐渐悟到这个道理。49集从头到尾“仁道”这两个字不断升华。

在表演艺术中，好演员永远散发着一种魅力，并具有一种难以描述的气质，这种气质是演员自己的，也是角色赋予的；是演员参与的，也是他为角色奉献的……贾一平就是这样的演员。他以自己的精神气质、自己内心的真情实感塑造着形象，也以自己的理解力和洞察力强劲着形象的精神筋骨，使其个性鲜明地活跃在剧中。在这方面，贾一平很多次感动了黄健中。在“导演日记”中，黄导多次记录贾一平对形象塑造的贡献，甚至受到的委屈和误解。

有一场戏，讲的是贾一平饰演的尚达志所爱的女人盛云纬，最后嫁给了他的仇人晋金存，当仇人为了爱枪毙云纬时，噩耗传来，尚达志想看到最爱的这个女人。这场戏按照原剧本几次拍摄都没有成功。贾一平找到黄导商量说：黄导，这段戏如果按剧本拍拍不好，太简单了。这么大的大起大落，我见到她怎么办……一直以来，导戏时，黄健中特别喜欢演员参与剧本的文学塑造，往往在他们共同商议中创造的人物更加精彩感人。这段戏就是一个实例。贾一平说：因为剧本规定情景太尖锐了。你从头演到尾，引到那里，可能看剧本的时候不会觉得有任何问题，但是演的时候，觉得这个手段还是不够表达，没能够淋漓尽致揭示规律情景，揭示人物的内心障碍。当时那个戏最后拉出三次通告，讨论一下午没拍，又拉出一次通告，以为商量出一个办法，结果一走戏，又觉得不对，还是拍不了。

最后贾一平去找黄健中寻求更佳表演方案。而剧组有些人并不清楚详情。这个时候，往往会对演员有误解。有人说贾一平在耍大牌。有几场难度很大的戏，都是在贾一平和黄导等主创几番重新切磋后拍摄的。黄健中很感激贾一平等演员的创作热情，他说："凡是下了功夫的，我相信将来都会让观众掉眼泪，一定会把戏推到极致。我们这个戏从头到尾，所有演员的创作，每次到现场都特别火热。所以我想这个戏让观众流10次眼泪，应该没问题。"

黄健中还讲述了贾一平与他和主创共同修改完善剧本的情形：

> 这个剧本很优秀，我是一口气读完的，但是我们拍摄并不是每一场戏都会对剧本满足。咱们说人生三大悲剧有中年丧子，儿子死了，他跟他夫人这个时候怎么办？两人那天晚上，也是贾一平说，总觉得对剧本还不满意，所以我经常跟贾一平说，我们在合作当中产生了感情，他提出的问题，你会觉得这个问题确实存在，但是你一定要想办法解扣，要解不了扣，这场戏可能是中上档。后来我们突然想到一个方法，晚上了，他特别想儿子，他妻子一直以为好像他并没有往那里想。剧本里写的是妻子悄悄地烧纸，被他看到了。后来我们就改了，不要妻子，是妻子在屋里正在叠小儿子的衣服，突然听到一个声音，这个声音是孩子小的时候，给孩子推铁轱辘的铁环。妻子以为是自己幻想，过一会儿还听到这个声音。妻子出来看到月光之夜就他一个人在院子里，一个人在推着那个。他妻子这个时候就受不了，这样我们又可以闪回到当年孩子还在的时候，他们三个人怎么推的。这些细节在剧本里没有，加很多儿女情长的戏。越是你要很严肃的作品，他说的沉甸甸的，越要给观众看一些非常有生活气息的环节。

◎图71 《经纬天地》剧照

特别是戏的最后3集，贾一平提出，这个戏结尾上不去，会影响全剧的效果。于是，他们又把编剧找来，他们谈了两天，有一天干脆停下来，干脆就谈最后的结尾；最后终于使这个戏的结尾得到了大幅度的提升。在气势雄浑的爆炸中，不仅彰显了尚达志的人物个性和民族气节，更深化了剧作的主题。

罕见的拍摄周期及反响

在做客新浪网时，马润生颇有感慨地概括了这部剧的几个特点：第一，我们创造了拍摄时间周期最短，近50集戏拍了不到4个月。我是干电视剧的，很清楚这个周期在中国电视剧创作史上也是罕见的。第二，创作的历时周期很长。第三，上档非常急切。

2008年春节前，马润生把剧本交给了黄健中，这已经是一个非常成熟的剧本。黄健中看完很惊叹，跟马润生说，这是一个一流的剧本。与黄导合作的导演说，黄导你把它说成一流的剧本，那你将来怎么说自己。黄健中很自信地对这位合作导演说，我们拍出来一定是超一流的电视剧。看到好剧本时抑制不住的兴奋，让黄健中激情涌动，更令他发自肺腑地感谢马润生，特别感谢马总他们三四年的卧薪尝胆，对这个剧本的苦心经营。

这部剧原本是为中央电视台一套黄金时间打造的，这是主创共同追求的目标。无论是创作过程中，还是在修改和最后审查过程中，黄健中等主创一直认真地等待，一丝不苟地为剧的品质负责。这也是黄健中一贯的工作态度。尽管拍摄时间紧，但是他们从来没有得过且过。开机第一天上午的堂景，是墓地的景，因为没有充足的时间准备，没有达到期望的理想状态，黄健中放弃了按原计划拍摄。他不能因为准备比较仓促，就凑合拍，于是，他们一边重新做景，一边调整拍摄方案。尽管整个拍摄和制作过程中，不可避免地会产生一些调整修正，但主创人员合作非常畅快。制作人马润生跟黄导是好朋友。他坦言，在黄导面前自己可以“三撒”：

> 第一，在他面前我可以撒娇；第二，在他面前我可以撒气；第三，在他面前我可以撒泼。他是我少有敬重的伟大的导演。他人之所以伟大，伟大来自平凡，他平凡得让你可敬，每拍一部电视剧或者电影的时候，都做了很多笔记。当你看到他写前五天的笔记，贾一平是如何塑造尚达志的时候，我相信你对他的崇敬之情油然而生。五天的拍摄，使他对尚达志更加坚定信念，更加充满激情，更加充满信任。如果没有这段时间，我相信也就不可能有将来呈现出来的贾一平这么一个人物。

在很大程度上，可以说，贾一平立住了，戏就立住了。

制作完成后，黄健中给自己执导的这部剧这样的期待和评价：这样的戏没有三四年打磨，是出不来的……我们现在要拍摄出好戏，老百姓爱看的戏，一定要经过打磨……我觉得这样的作品，现在确实是几年才出现一次……可以说完成以后，心里有一种感觉，有一种美滋滋的感觉，经过这么长时间的拼搏，拿出来，我经得起跟观众讨论。我觉得这个戏可能引起非议的概率会很小。爱看的人，一定会喜欢看。

2010年8月10日下午，中央电视台八套播出这部电视剧前夕，在京召开了专家研讨会。中国电视艺术家协会分党组书记、副主席黎鸣，中国电视艺术委员会秘书长王丹彦，中国文联荣誉委员、中国传媒大学艺术研究院院长仲呈祥等业内专家学者及黄导和原著作者周大新出席了会议。会上，专家对该剧的精良制作、史诗品格等给予充分认可。有专家认为，这部剧叙事大气而富有诗意，人物刻画细腻而生动，是2010年中国电视剧艺术新的标杆之作。

多位专家对其在文学性上的展现均表示了肯定，称赞《经纬天地》是现在少有的能在文学性和视觉性上成功结合的例子。黎鸣表示："该剧做到了三个完美结合：展现了地域风情文化与柞绸行业经济特征与民族苦难、奋斗的历史大背景的完美结合；展现了众多人物形象的成功塑造与清晰的故事叙事的完美结合；展现了文学性、戏剧性、电视性的完美结合。"《文艺报》主编闫晶明谈到观后感时表示，印象最深刻的是剧中人物对善与恶的清晰立场，称赞该剧对善恶截然分明的正确价值观，对大众文化很有意义。

（四）《天堂秀》："谜情引发的激情"

电视剧《天堂秀》对黄健中来说，与很多戏的导演经历大异其趣。首先是看剧本阶段，与以往很多次拍戏前看剧本时的兴奋、叫绝不同，2009年1月开始准备工作的时候，黄健中看了这部戏14集剧本，很失望。令他失望的不是编剧的笔墨功夫，编剧文字很好。黄健中主要不满于剧本时代背景的模糊。剧本写作时代是改革开放后30年，但如果不表明写作年代，其间的人物故事和30年前几乎没有差别。后来不得不重新架构剧本，把戏分三条线："国宝之谜""身世之谜"和"异国恋情"。但新剧本仍有不足，深谙电视剧之道的导演黄健中把"异国恋情"移居首位，"身世之谜"放在第二位，"国宝之谜"放在第三位，剧名也由于这样的调整，由《天堂绣》改为《天堂秀》。

把"异国恋情"调整到第一位是黄健中从电视剧艺术规律和观众接受心理出发的结果。在此过程中他潜心研究了一批热播的成功韩剧。在黄健中看来，这些韩剧具有广泛的受众群绝非偶然。他对媒体坦言，自己试图打造一部"集集有悬念，人人有冲突，人物鲜明，故事好看"的电视剧。

当然，除了好看，"异国恋情"更能体现今天全球化时代人的价值观；同时引出家族史也更加自然。《天堂秀》讲述的是一个由谜情引发激情的爱情故事。围绕一幅丢失已久的国宝级艺术珍品"天堂绣"突然重现江湖，引来中、韩、新、美四国众多神秘人士的追踪、寻宝和揭秘，其间的复杂过程扑朔迷离、悬念迭起，极富传奇色彩。

《海棠依旧》与《天堂秀》：生活剧的出新

贴近生活，从生活中提炼令人思考的哲理和诗意的韵味，是黄健中多年来电视剧创作中的审美取向。早在2003年，他执导电视剧《海棠依旧》时在与主创人员和演员的谈话中，黄健中就阐明自己致力于在创作中品味生活、爱情和婚姻，展示“生活中的诗意，诗意中的生活”。

对剧本的改造和剧作风格化走向的探讨，《天堂秀》与《海棠依旧》有诸多相似之处，或者说这种对生活剧的探讨，黄健中在七年前就有过深思熟虑。

生活剧如何出新，在黄健中看来有两点至关重要。一是审美定位，二是生活剧戏剧冲突的处理。

在《海棠依旧》时期，黄健中在导演阐述中坦言：“非常生活化的生活剧，我拍不了。所以我必须位移，变成带有浪漫色彩的生活剧。”其实，与其说“拍不了”，不如说“不想拍”。因为那种审美取向不足以展示黄健中内心深处对生活和电视剧艺术的精深感悟，不能感动他也就难以触动他最敏锐的神经和积极的创作欲。《海棠依旧》和《天堂秀》剧本都是介于生活剧和带有浪漫色彩的生活剧之间，而因为黄健中的审美趣味，其美学定位无一不产生了“位移”和“倾斜”，成为后来的“具有浪漫主义气息的生活剧”，诗化生活和生活的诗化得到彰显。

对于生活剧戏剧冲突的方面，黄健中更重视“剧情的必然，性格的必要”。因此在剧本改造过程中，他有意强化增加戏剧冲突，突出人物个性，增强观赏性。这两部剧本和众多剧本一样存在着相似的通病：台词大于动作，大于细节，特别是那些不具动作性的说教性的台词往往削弱剧本的戏剧性和观赏性，把电视剧变成了教科书一样乏味。乏味是电视剧最大的忌讳，对剧有百害而无一益。对于那些非人物的，作者式的台词，黄健中绝对不留情面，一律删除。

在《海棠依旧》和《天堂秀》的拍摄中，黄健中都一直特别强调：“诗化、风格化都不是情节的淡化，淡化情节将失去观众。我们的探索必须谨慎，尺子是观众。”

两部剧的定稿和拍摄证明，在浪漫的诗化风格中没有淡化情节，相反在风格化意境和意趣中强化了戏剧冲突，更容易让观众在诗情画意的美感享受中品味生活和诗意。《海棠依旧》中两代人的爱情和婚姻生活，《天堂秀》中扑朔迷离的跨国恋情都在浪漫诗意中得到铺陈和展示。人物和故事也在清新唯美中层层递进，不断深化和升华。

黄健中生活剧的诗化追求，使生活剧远离了“快餐”文化，不以给人耳目的快感为目的；而是在人物内在情感的铺排中，重故事，也重情感，让人在品味诗意中感受和品味生活。他的这类剧更易于抵达人的内心，更让人在品尝中回味，更养心、养神。

与安东尼奥尼历史性的巧合

令黄健中格外兴奋不已的是，《天堂秀》中有个镜头和当年安东尼奥尼拍的著名的纪录片《中国》的镜头机位一致。这是个历史性的巧合，后来在“导演日记”中，黄健中记录了这次难忘的拍摄。

2010年4月12日　拍摄地点：山塘街

演员：陆毅　韩智慧　刘牧　赵静　田野　罗忆楠　金圣润

今天在山塘老街拍摄，老苏州的街巷拍得很有味道。

后期剪辑补记此段：无意中我们的一个机位与当年（1973）安东尼奥尼拍摄纪录片《中国》的机位完全在同一个位置上。这无疑为将来剪辑提供了一组“蒙太奇”组合。

今日在山塘街求得两尊汉白玉1.25m高的观音像，喜不胜喜！

此剧历史文化的延伸，小桥流水人家必不可少。河道的戏，小桥、石阶、码头、客栈的戏拍出韵味来了，很满意。近一个月来苦苦寻找的河道水巷，甚至登报寻找却未找到的景点，拍摄时，突然来了灵感，为何不可在石巷里用移动拍摄拍出水巷呢？于是周文雍一幅《邻居》的画作，在生活中拍摄下来了。惟妙惟肖的一幅“田园诗”一般的生活场景走进全彩熙与邝良的视野里。

2010年4月28日　拍摄地点：苏州盘门、时代广场

演员：陆毅　韩智慧　吴亚馨　刘牧　赵静　田野　罗忆楠　王伟华

拍摄全剧开篇第1集，1、2、3、6，四场戏，连同正拍的4—11场十分把握此剧的风格、人物基调、定位。既有现代意识，又充满年轻人的商业上竞争的活力。既能看到苏州的文化传统，又有国际型现代都市的品格。今天拍摄把袁斯朗的青春、美丽、现代女性的气质都展示出来了，摄影的造型、光效、演员的表现、细节的捕捉都十分到位。山地跑车、头盔、相机、道具的运用都使此剧越发生动、活泼、鲜亮。

恰巧一只飞艇进入我们的拍摄镜头里，这一组完全是现代化的苏州景象，可与安东尼奥尼的纪录片《中国》的苏州河道的一组镜头对接。

和30年前安东尼奥尼纪录片《中国》相同的机位就是苏州的山塘街。因为这种历史性巧合，在后期制作时，黄健中特别强化了这组对比的镜头：安东尼奥尼《中国》的画面和这部剧的画面同时出现。黄健中很得意于这种两相比较，他认为，相比之下，人们会发现，山塘街街景大体基本没有变化，只是今天的山塘街更旺，有旺气。这种旺气是活动其间人的变化，人的精神状态的变化。

为了凸显人的状态和变化，后来黄健中又修改了几场戏，还加进去一些富有生活趣味的小细节。比如根据拍摄环境和故事情节，再加进菜篮子、择菜；还有一次加进磨豆腐的细节，很生动……剧中，大女儿是唱昆曲的，不断地在天井那里唱戏、压腿，很有苏州特有的文化韵味……黄健中深知，戏不仅要有韵味，还得有趣味，有趣了，观众才爱看。他说：

韵味是给有文化，重感觉的人看的；趣味是给所有热爱生活的人看的。如果戏有韵味还有趣味，才更给人滋养让人回味……

那只飞艇的不期而至仿佛天意，为黄健中这个历史性镜头增添了写意中的写实色彩。仿佛神来之笔，飞艇活脱出古老苏州今日的现代气息，也显示了宁静苏州的动感与活力……黄健中曾经多次感慨，艺术是情感的劳动。确实，影视剧的创作也是艺术家们的情感付出和劳作。往往艰苦异常，也其乐无穷，是苦中作乐。每次拍摄中，黄健中都充分享受着这份苦乐难分难解的创造的乐趣。尤其在跨国跨民族题材电视剧的拍摄中，黄健中更能感受到不同国家不同民族演员艺术家的情怀，以及自身肩负的文化与艺术交流的使命。

黄健中从来不辱使命，每次跨国拍摄他都会让异域的演员艺术家深切体会中国导演的大家风范和中国文化的特有韵味和魅力。《天堂秀》也一样。

韩智慧的眼泪

擅长拍女性题材的黄健中，对女性之美，特别是女人味有其独到洞见。从韩智慧的美谈起，在访谈中，他对我说，女人味跟美女不同，是让人品味，会往人的心里钻的那种；漂亮女人只是让人眼前一亮，不一定往人心里走，钻不到人的心里去……

在中国内地粉丝众多的韩国女演员韩智慧，确实就是这种颇具女人味的演员，她的表演纯净而含蓄，于细微处见精妙。在剧的拍摄即将杀青时，面对媒体，黄健中对她的表演给予了充分肯定。黄健中认为韩智慧是韩国演员中很优秀的一位，黄健中所期望的她几乎都达到了，甚至有很多超越。韩智慧演的全彩熙，生活在江南水乡，爱上了江南水乡，但是她感觉到了（自己）身世的不幸。黄健中选择韩国演员韩智慧就是喜欢她成熟女孩子的那种单纯、纯洁。纯洁得很透明，而这是在我们很多青年演员里比较少的。出乎黄健中意料的是，她把（戏中人物）淡淡的哀愁表现得非常丰富。在剧组，黄健中开句玩笑话说：韩智慧演的全彩熙，眼泪很值钱，每一滴眼泪都值1000多块钱。黄健中说：

实际上，如果从肖像照上来说，她并不是一个美女……但是演出

◎图72 《天堂秀》剧照

来以后你觉得她身上漾出来的那种美，很打动人心。比如《红楼梦》，我们总说林黛玉的美，是那种哀伤的，但又很智慧的。我觉得拍韩智慧的戏时，就是这样。拍她感伤的戏，会让你觉得一个女人内心的丰富，是非常美的。所以我就想，我原来极力选择她是因为她有一张很单纯的脸，但是后来我看到她演的彩熙带着一份哀伤，但心里却很复杂。所以这部戏韩智慧演得非常好。

1984年我在拍《良家妇女》的时候，我觉得丛珊也有这种美感，但是毕竟那是写一个那样的社会，那样的一个不幸的婚姻。我们现在写的是个很幸福的时代，但是她（全彩熙）在追寻她的艺术的过程当中，她的身世带给她命运的捉弄和在心灵上留下烙印。所以我特别通过这次合作觉得演员还是要相信自己内心的感受，展示自己内心的丰富，我觉得这是非常重要的。

美是什么？美就是性格和表现。美是一种性格，是性格的展示，那么对演员来说，特别难的就是保持好一个基调，在这个基调里头有变化。

对黄健中来说，拍韩智慧的戏很多时候是一种享受，同时在享受中往往会勾起很多美好回忆。在2010年3月26日的“导演日记”中，他写道：

一天都是韩智慧的戏，拍她的戏是一种享受。拍她的戏我时常想起拍《良家妇女》（1984）时的丛珊，她们都走内心的戏，不借助外部动作，内心都很丰富，很生动。拍她内心涌动的情感，无论是潺潺流水还是波涛暗涌都清晰可见。

与时下哗众取宠于观众的卖弄不同，我更喜欢，更坚持于自己的艺术追求。

拍全彩熙到夏家，夏母在自己房间贴面膜。我特意给她加上吹泡泡糖，增加一些趣味性，也增加夏母不同于庂唯染，她可爱的一面。

◎图73 《天堂秀》剧照

韩智慧不仅善于表演浓浓的女人味，生活中她也是个细心、温良的女孩子。拍戏的时候，她看见年近70岁的导演黄健中在现场每天都特别辛苦，就拿出从韩国带来的滋补品红丸送给黄导吃，希望帮助他增加营养，解除疲劳……女孩特有的纯真让韩智慧格外可爱。她还用同样稚气可爱的汉字给黄导写下了服用方法、祝福和心愿。

2010年4月13日　拍摄地点：山塘街、大儒巷

演员：陆毅　韩智慧　刘牧　赵静　田野　罗忆楠　金圣润

昨天的山塘街，今天的夏家门口，小桥流水人家的韵味十足。画面的选择也十分独特，虽然镜头不多，但相信将给人留下很深的印象。

今日韩智慧送我一盒正官庄红参糖，写了一张有趣的中文字条。

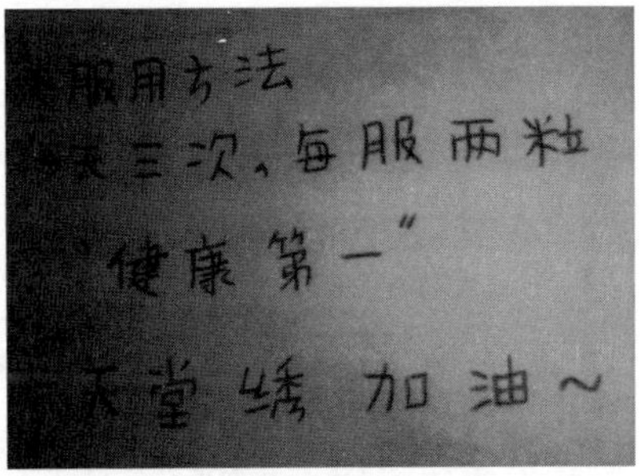

◎图74　韩智慧写给黄健中的字条

李良熙的迷醉

《天堂秀》中还有一个韩国演员李良熙。他多次真诚地说，加入这个剧组，与中国电视剧同行共同创作是他的幸运。特别是，他一直很敬佩黄健中导演，甚至想认黄健中做父亲。《天堂秀》剧组一般人也都叫黄健中“黄叔”。这个称呼一度引起他好奇地询问，黄健中风趣地说：“因为皇帝的弟弟叫‘皇叔’啊。”

一次李良熙很郑重地表达了他认父的心愿。在他的观念中，也是在韩国人的意识里，父亲是被视为对人最高的礼遇，是一种尊敬；在李良熙看来，黄健中这样的“父亲”更多的是具有导师的性质。

李良熙歌唱得好，《天堂秀》是他作词作曲并演唱的。出于真心热爱，他把歌词用明信片的形式送给黄健中，明信片的正面是他请剧组美术师给他们一家画的漫画，他夫人和孩子来的时候画的。

剧中有一段李良熙喝醉的表演妙趣横生。拍摄时黄健中对他说：“醉鬼是一个让人讨厌的形象，但你不一样，你是心里有太多的苦闷和心事……”黄健中为他设计了坐在澡盆里，让他又唱又跳，那一场他表演得很生动有趣，李良熙也特别畅快、开心。这样的例子在剧中不止一次，比如还有一场睡觉的戏，拍得也特别有趣。

李良熙是特别敬业的演员，而且富有激情，他的激情很多时候或成为“台风”，或成为气场感染着全剧组，有感于此，黄健中在“导演日记”中有这样的记载：

2010年5月20日　拍摄地点：清奇古怪、蛇门

演员：陆毅　韩智慧　吴亚馨　刘牧　李良熙　赵静

今天“清奇古怪”千年柏树下拍全彩熙画柏铭志，拍得很有意境。晚拍雨夜醉酒，一场好戏。两场戏下来，格外兴奋。

大概从未有人以如此多的视角，如此之多的情感拍摄这株古柏。我让演员的手轻抚古柏的苍老，断裂的树干，摄影师拍下的画面令人

叫绝。拍到今天，我唯一一次感觉到张兵拍摄的激情，看来他也是充满浪漫色彩的摄影师。相信这场戏的散文性会给观众留下不可磨灭的印象。音乐一定要写好。

◎图75 《天堂秀》剧照

"雨夜醉酒"，全道升、邝良、彩熙都很有光彩，相信是李良熙的创作热情感染了他俩。全彩熙的爆发，呼天喊地，撕心裂肺的叫喊令人感动。

2010年5月21日 拍摄地点：苏州苏绣研究所

演员：陆毅 韩智慧 吴亚馨 刘牧 李良熙 赵静

今天一早给孙泱、高库（在北京）发讯息。把昨天两场戏接进片花里。

拍得非常流畅顺利，本剧越接近尾声，人心越聚拢，真好。

全道升醉酒闹邝园，与守门人争闹格外出彩。有戏的群众演员中，今天的守门人是最好的一个。全道升听得懂苏州话，让邝良撞见了，戏多了一个疑点。

李良熙原计划明天一早的飞机飞首尔。今天未拍摄完毕的戏又是重场戏。经过制片部门的协商，李同意推后行程，明天拍完戏再走。他为艺术留下，此人可谓实实在在的艺术家。他说，在韩国现在没有纯粹的艺术追求了，没想到在中国还有这样的摄制组，完全沉浸在艺术创作中，他很惊讶。

四、从《大秦帝国》到《忽必烈》：恢宏的写实与唯美的浪漫

别林斯基在《诗的种类的划分》中指出："长篇史诗的人物应该是民族精神的充分的代表；但主人公主要应该以自己的个性表现民族力量的充沛，民族的根本精神的全部诗意。"依然秉承着诗情画意的美学原则，在"诗言志"中，黄健中众多历史题材的电视剧多通过具有民族气节的人物形象及其个性精神，以诗意的影像表达民族的骨气、气节和家国理想，其高洁之志气贯长虹，流淌在一部部史诗画卷之中……

（一）《大秦帝国》："浩浩然，黑色裂变"

2006年电视剧《大秦帝国》在北京人民大会堂举行了隆重而庄严的开机仪式。在开机仪式上，黄健中对媒体说："我站在这里，就是接受考验。"

2009年这部剧尚未播出却悄然走红于网络。电视台播出后观众反响热烈、各方好评如潮……这些似乎都在证明着，作为导演黄健中经受住了考验。

2011年1月17日由福建省委宣传部、福建省文联和中国国际电视总公司联合主办的黄健中从影50周年座谈会在西单一家酒店举行。来自各方的

◎图76 《大秦帝国》剧照

嘉宾百余人，座谈会在自由祥和的热烈气氛中展开，纪念仪式即将结束的时候，令黄健中意想不到的是，最后一个高潮由王志飞带来。王志飞手拿一本厚厚的精装书，再一次走上会议舞台，他说：今天的会议非常成功，但也有遗憾，缺了一波人——观众。而这本书来自观众，是几个《大秦帝国》迷自费制作的，名叫《任是无情也动人——〈大秦帝国〉之商君·珍藏版》。现在，我将这本凝结着大秦迷深情厚谊的书送给黄导。手捧这本值得珍藏的书，着实让黄健中好惊喜又激动。

执导《大秦帝国》第一部《黑色裂变》[①]对年过六旬的黄健中确实是巨大的考验，同时更是机遇，千载难逢的机遇。从读剧本到最后完成制作，尽管其间的劳作异常艰辛，但无与伦比的创造的快乐，使黄健中感慨自己迎来了"艺术的第二春"。一次，在接受媒体采访时，看着网友的评价，导演黄健中感动得掉下了眼泪。从影以来黄健中的电影也得过无数次奖，但他几乎没有上台领过奖，更没有为获奖激动落泪，但是得知众多网友和观众对这部戏的肯定时，黄健中泪眼模糊，落下了眼泪。他说，自己难以抑制内心的感动，为观众这么理解《大秦帝国》在中国历史剧上的贡献欣慰。《大秦帝国》不仅对中国历史题材电视剧的发展是重要的，尤其对中国精神和中华民族的文明溯源与承传意义深远。同时，对黄健中导演生涯而言无疑也是重要的。

《大秦帝国》第一部《黑色裂变》，在一定程度上是黄健中人生积淀、文

① 本书所述电视剧《大秦帝国》，均指黄健中导演的《大秦帝国》第一部《黑色裂变》。

化底蕴、审美意识、艺术个性的集大成之作，是黄健中诗性智慧再次酣畅淋漓地诗意呈现。《大秦帝国》的创作让他再一次走进并实现了艺术梦想……

光荣与梦想：文学文本及其影像转化

《大秦帝国》第一部《黑色裂变》，主要表现秦国由弱变强崛起的历史，并穿插回顾秦早期历史与六国历史。中心事件是商鞅变法，中心人物是商鞅、秦孝公与战国初期的一批伟人名士。《大秦帝国》从文学作品到电视剧制作，影像的文字转换，以其强大的震撼力再现了我国古老的秦文明和历史上这个波澜壮阔、大开大阖的时代。

时代精神力量的鼓胀和民族气节的张扬，使这部历史剧具有了悲壮的英雄主义色彩。这段历史乃至这部剧作中的民族气节、家国情怀和精神气度将这部电视剧的编剧和导演，也将所有参与演出的演职员紧紧黏着在一起。精诚同心演绎着赳赳老秦人的气节，再现了大秦雄风。

在某种程度上可以说，大秦文明之于中华民族，一如罗马、希腊对欧洲文明；而电视剧《大秦帝国》承载了历史文化传承的使命。《大秦帝国》以整体性取材和宏大叙事，再现了整整一个时代波澜壮阔的强势竞争与强势生存的画卷，将那个时代的不寻常，呈现给当下处于世界新格局大变革时代的中国人。

梦回大秦　梦回大秦，追溯秦文化，唤醒并与大秦精神对接……这是剧作家孙皓晖的光荣，是导演黄健中的梦想，也是剧组每一个“老秦人”的光荣与梦想……

面对媒体，黄健中多次发自内心地感慨，不是所有的导演都有运气遇到这么好的剧本。这样的剧本是百年不遇、千载难逢。

读完剧本以后，黄健中的第一个感觉是，肃然起敬。从影以来，真正有一部大作品让他连着十几天心潮澎湃，这是第一次。

在开拍之前，黄健中花费了8个月的时间研读原剧作，经常沉浸其中不能自拔。

《大秦帝国》第一部《黑色裂变》拍摄时间相对漫长，黄健中感到这部戏比之前拍摄的《越王勾践》的人物形象更彪悍、更丰满，也更具有“大气、正气、爽气”。

《大秦帝国》让黄健中更多感动的是，一个国家的兴起，一个民族由弱到强，由变法开始，写了人的志向和理想。而这种中华民族的浩然之气，那种舍我其谁，睥睨天下的霸气和傲气都体现了一种可贵的精神力量。

黄健中边看剧本边用铅笔以工整的楷书写下了36页读剧笔记，笔记上标好了黄健中的意见和需要改的具体内容。

见面的时候，黄健中和剧作家孙皓晖交流了三天三夜。

当初，黄健中读剧本时还不知道孙皓晖的具体状况，只是知道这个作家为这个剧本煞费苦心创作多年。读剧本后，热血沸腾。和以往读剧本不一样，给他强烈冲击的不仅仅是剧的某一个方面，而是全面。作家的历史观、对人物的诠释和塑造、故事的戏剧冲突和精妙的台词等，都对黄健中产生了强烈的冲击。

2006年2月黄健中开始接触剧本，当时感觉这个剧本很成熟，大气磅礴，大开大阖，让人热血沸腾。感觉编剧把历史演绎得很深刻，人物形象也很生动。

“读完剧本我由衷地想和这位剧作家对话，想知道他的音容笑貌，他的一切。”这么好的本子，黄健中读的时候情不自禁做了详细的读书笔记。拍摄电影《大鸿米店》前黄健中也曾做过很详尽的读书笔记，这是他第二次做这么详尽的读书笔记，每一集每一个场景他都做了详尽读后感和修改意见和建议。当年读苏童《米》的时候就觉得苏童是陀思妥耶夫斯基似的那种“残酷的天才”；他对那个时代对人性的解剖那么犀利，很让他着迷，对作品产生敬畏之感；他解剖得太深刻了，入木三分。《大秦帝国》之所以让黄健中如此感奋、深深吸引广大读者和观众，也正是这部沉实厚重的作品沉甸甸的“魂”——中华民族的精神之根的追溯，这份情怀和反思性思考。

“大道同心”。对国家魂魄、民族精神的关切是黄健中和孙皓晖等剧组主创及广大观众、读者共同的内心渴望。相通的创作理念和艺术理想让黄健中和孙皓晖的精神迅速链接并牢牢锁定在一起。在访谈中，黄健中坦言，他和孙皓晖都有特别的情怀熔铸在创作之中：

导演艺术的劳动永远是情感的劳动，他一定要产生情感了才愿意付出劳动。而产生情感的因素很多，第一看作品我能感受到作家为它付出的劳动，能体会到作家与我的相通处，比如，锲而不舍的那种毅力和韧劲；那种勇于挑战自我和权威的独立精神等。创作中历史知识来源很多，但学问一定是潜心钻研后的独立见解。所以我对孙皓晖肃然起敬。

这部戏是讲一个国家的兴起，变法起到了一个支柱的作用，可是变法之难是要人头落地的，商鞅被处死，而嬴驷还是要继续变法……这就是时代和社会的复杂性。从商鞅变法到秦统一中国历经了几代人的奋争。这个过程说明一个国家要富强是要经历一个漫长的过程……

我们这一代导演由于与共和国同龄、一起成长的特殊经历，对这个过程我们特别有体会有感触，所以我们往往有一种很特别的共和国情结，有一种特别的情怀、情感在里面，特别愿意思考我们共和国的命运，共和国漫长的经历。

艺术家没有特别的情怀在里头，很难想象会做出那么大的付出。

以创作影响人，影响人的心灵，是黄健中一贯的创作理念和信仰。这是一种精神的信仰，是人对精神的执着与守望；也是影视和所有艺术的神性所在，它远离任何蔑视精神的存在，是凌驾于各种可操作的外在技巧之上的艺术理想……这个物质生活喧嚣尘上的时代，呼唤精神的力量；在全球化时代面对世界新格局，反思民族的本源与气节；在琐碎的人生压力面前呼唤气贯长虹的浩然之气……确实尤其意味深长意义深远；这也正是这部剧作创作和电视剧特殊的价值。

文字及其影像转化是两位思想者的精神交流和内心对话，之中凝聚了众多创作者深沉的家国情怀、热切的民族向往，以及承载历史、观照现实、烛照未来的历史使命。正如众多观众都深刻感觉到的这部剧“摒弃浮躁，追求高尚”的志趣使这部剧脱颖而出、不胫而走，感动了无数观众……优秀的影视作品总能让观众面对面地看到自己的社会与内心处境，

◎图77 《大秦帝国》剧照

以及对这些问题的想法和感受；总能悦人心，而不仅仅是眼球。

历史剧的历史使命　在黄健中和孙皓晖见面之前小说完成的几年间，孙皓晖先后和六位导演谈过这部戏都没有达成共识。激情、远见与卓识使他们相遇、相知，共同承担起历史剧的历史使命：承载历史观照现实，从而最终成就了这部鸿篇巨制。

带着这样的导演预求和视界，黄健中和孙皓晖商讨并确立了剧作的人物精神走向和故事脉络甚至细节。黄健中说：

> 影视剧思想的深刻性对人的冲击，一定是通过视觉达到的，而且，电视剧作为戏剧派生出来的物种，就必须具有它戏剧性的矛盾冲突。基于这些认识，我和作家主要交流了两个问题：第一，剧本内容上必须做些删改。不是战国风云，必须砍掉支脉。第二，简化白描，加强戏剧冲突。

在剧本第10集的小结中，黄健中的笔记有这样的记录：

> 纵观前10集，除1、2集（系极品），其余必须重新考虑，主要问题：1.戏散，抓不住观众，前10集应围绕秦孝公继位之后所面临的矛盾，围绕秦孝公的人物塑造展开戏剧冲突，秦孝公除1、2集，其余集显得苍白无力；卫鞅也缺少智慧显现的刻画，唯一下棋一场留下较深刻印象。白雪与荧玉（黑林）对卫鞅的追求应早进入。荧玉的扮黑林，应让荧玉缠着孝公，孝公同意——作为电视剧，女扮男必须让观众明白。2.减少“朝会议政”的场面，减少“论坛争鸣”场面——作为小说，可以写出时代特征，写出智慧，作为电视剧，显得冗长，观众不爱看。3.人物定位，应有较强的情节（戏剧）、细节。人物性格都不很鲜明，能否集中突出一些人物，首先是围绕秦孝公设计，分出主次。再则围绕卫鞅——①卫鞅周围两个女人白雪、荧玉（黑林），孝公的玄奇都能构成好看的戏；②卫鞅周围的术士：申不害、荀况、慎到、尧百里、景监（猗垣）也都可以写出各自个性的好戏。要少而精，前10集比较令人失望。

电视剧剧本只有通过影像在荧屏上获得自己真正的诞生和艺术生命。

面对这个“百科全书”式的宏大巨制，历史情境与人生百态几乎无所不包的绚丽史诗，导演的思想及审美取向，特别是其对剧本的艺术处理、揭示剧本内在神韵的热情等，往往使剧本获得一种意想不到的新生命，它可以燃烧演员乃至观众的心，同样也可以使它们变得冷漠、冰冷。

黄健中没有辜负众望。

拍摄，从历史出发，以人为焦点　和其他影视剧创作一样，黄健中创作总是强调“一定要心里有观众”，要有好看的故事吸引观众。其实，对电视剧而言，真正的戏剧性是通过人物和故事表现出来的。剧本永远是事实、情境、人物关系和故事冲突的结合。为了满足观众审美需要，导演就不能不比剧作家和所有演员走得更远，不能不对故事、情境和人物探究得更深。因此，在拍摄中，导演往往对故事产生的原因深度寻绎，对人物性格形成的根源发生兴趣。其目的无不在于让故事更有吸引力和令人物更有感染力。

在《大秦帝国》导演阐述中，黄健中确定了导演方针和拍摄方向：“拍摄，从历史出发；塑造，以人为焦点。”

写大秦帝国不能过分集中于战国七雄，而是要展示一个国家的诞生，一个民族由弱变强的情况。剧要写的是商鞅变法引起的上上下下的冲突，而这些都是用戏剧性的情节展现的。为什么商鞅变法的戏从“徙木立信”开始，就是要讲一个最简单的内容。立一块木头从南门搬到北门，就重赏。在老百姓心中树立威信。记得毛泽东曾经给商鞅一个评价，说商鞅是几千年来第一大政治家。为了拍好这场戏，我做了一些渲染。

读剧本时，对剧的远景进行勘测的同时，黄健中更看重故事的戏剧性，特别是不断围绕剧情构织和凸显环环相扣的戏剧冲突。为此不断与编剧交流和商榷。以剧本前10集为例，除了细节的细部阅读意见外，每一集黄健中还给予了小结性的执导意见。第1集，黄健中写道：

大气磅礴，气吞山河。

围绕一场战争（少梁之战）从部署到开战，笔触深厚而细腻（拍摄时大要把握气势；小要注意细节），开篇便有洪钟大吕之势。第1集在冲突中栩栩如生塑造出嬴渠梁、卫鞅、秦献公、公叔痤；以及嬴虔、公子卬、甘龙，实在难得。（拍摄切忌嬴虔、公子卬的塑造脸谱化，简单化）。与《越王勾践》相比，此剧人物更剽悍，更具中原文化特色。第一集造型上典型的中国西部电视剧。

拍摄注意：战略战术层次分明、人物个性塑造好，战马、方阵、风沙助威。

第3集读后，黄健中写道：

本集十分完整。写献公临终前对继位的安排，有张有弛，娓娓道来。写出王者之智慧。秦献公虽两集戏，要选一流演员，在此二集他应视为第一主角。

第3集戏剧冲突的铺排、激化，人物塑造，都不如1、2集。有一落千丈之感。秦孝公似乎没有对立面，他一出手矛盾就得到解决，因为没写冲突，所以只写事，不写人，这一集回到常规历史剧的老路上。

应该重新设计，重新写——本集有戏可写，可写出两集戏。

为了凸显变法风波，在剧本第16—19集中，导演有意将变法双方矛盾纠葛戏剧化，从矛盾发生、发展升级到矛盾激化、解决及其后果，故事环环相扣次第展现。黄健中笔记中有这样的整理和记述：

1. 太子府。郿县白氏族长白龙煽动太子，太子准予“老封地谁也不能动”。 2. 郿县官署。贵族拒不交出土地，县令赵亢不与县丞配合。 3. 郿县白龙庄院。白氏老人们在白龙带领下，拒不交地。 4. 郿县新国人村。新国人群起反抗，县丞、法官紧急赶赴现场，暂时平息群众情绪。	
5—6. 栎阳。赵亢向孝公报告郿县情况，卫鞅赶来，孝公将赵亢交给卫鞅。	赵亢作为“招贤馆”任命的官，为何会走向维护贵族的利益，是可以写出戏的。
7—9. 赵亢被带回郿县（过场）。	
10—12. 白龙庄院。车英带人赴白龙庄院，大群白氏男女老少组成方阵，阻止车英带人，白龙毫无惧色，跟车英前往（过场）。	架势、矛盾铺得不错。
13—14. 郿县行辕。白龙因得到太子支持有恃无恐，景监核实田籍，卫鞅坚持依法办事。	
15—18. 卫鞅惩治赵亢，将赵押进囚牢。	
19—20. 卫鞅向孝公报告郿县情况，孝公支持卫鞅。	

续表

21. 渭水草滩。斩白龙、赵亢等十三人。 22. 甘龙府。孝公告示："有功于前，不为损刑……" 甘龙告诫甘成"飓风过岗，万木蛰伏，不摧不折，悠悠可期"。	矛盾解决方式——符合生活，不符合戏剧。只写卫鞅、孝公，没写白龙一方的反抗。所以斩白龙、赵亢显得简单了，观众反而会同情白、赵。
23. 政事堂。孝公设小宴贺卫鞅的成功。孝公建议"歇冬"让官署百姓喘口气。 24—30. 白雪、梅姑赶到栎阳与卫鞅相聚。	
31. 晨。荆南发现两名骑士……（过场）。 32. 太子府。太子要求公孙贾教习法家。 33. 左庶长府。卫鞅看到奇异的布画，荆南失踪。 34. 渭风古寓，何丫（卫鞅带回的村女）要离开栎阳回村。 35—36. 左庶长府。卫鞅安排王轼城内多查访。鞅与景监工作至深夜，遇刺客，侠士相救。 37. 郿县城郊——启耕告天。 38. 政事堂。孝公让鞅颁行第三批法令。鞅要求孝公暂缓西行。	
17集矛盾刚刚铺开，等着激化，却因秦孝公的支持，斩白龙、赵亢（19—21场）矛盾一下迎刃而解。一、既看不到"变法"冲突之激烈，戏剧应是在激烈的冲突中让观众去体会、去感悟，而不是说道理给观众听；二、如此杀县令赵亢和白龙，观众很难理解，戏写简单了。 郿县的戏是大有挖头，从"械斗"到"抗交土地"可以写得很深入，写出"变法"风云——里里外外、上上下下，新旧法之争，新旧观念之争，体现甘龙所说"飓风过岗"各种人各种面孔，写好了可写出十几集的戏，现在戏写荡了，写草率了，既不让人揪心，又无可咀嚼。	

一部影视剧的诞生，是群体的艺术劳动。黄健中十分重视集体的凝聚力，但他也更在意导演艺术个性的体现，更注重将个性"通过一个群体（审美旨趣一致的群体）的劳动来完成的"，这也正是影视剧创作有别于文学个体化创作之处。几十年来，黄健中在身体力行之中形成一个理念："群体艺术劳动并不排斥个性。"因此，他格外重视影视剧开拍前作为导演对戏的精神走向、审美追求等问题的把握；很重视自己的"导演阐述"和读剧笔记与心得。

从导演阐述及大量文字，详尽的笔记，可以看出作为导演黄健中为《大秦帝国》这部电视剧的苦心孤诣、惨淡经营。

在小说的文字向电视剧影像的转化中，导演工作本的主要目的就是提供真正的、戏剧的、积极的意向。这种源源不断的意向就像大动脉似的，把营养输送给演员，使他们获得剧本所赋予的生命，也使整部剧获得生命；并实现了开机时剧组对这部剧的定位：经典历史剧，绝非通俗戏说剧；从历史出发，以人为焦点，实现历史剧的历史使命。

秦颂："刚健、笃实、辉光"

再优秀的影像艺术，其表现也是有限的，除了成为即时文化娱乐和消费外，不像书籍等其他作品，很难留下具体的实在；它能留下更多的是能量——那种散发在戏剧故事、人物形象和镜头画面等令人回味甚至迷醉的气息。在上乘的影视剧中，我们看到的不仅仅是形体和内在的活力与创造力，还有人本身最深切渴望及其对人生意义的不懈追寻，它激活思想，使其更加敏锐深邃；将惊人的创造力、想象力不断升级甚至推向极致。

拜电视剧《大秦帝国》所赐，我们获得了前所未有的能量，获得了至情至性的情感享受，获得了"身之所容""目之所属"和至上的"意之所游"。

《易经》中有这样六个字：刚健、笃实、辉光。这六个字代表了中华民族健全的精神之美；也凝聚在《大秦帝国》第一部《黑色裂变》之中，构成了其格调之美、魂魄之美。

在导演阐述中，黄健中特别指出："历史血脉是精神准备，场面再现是气氛塑造。""酒醇和无劲力，人醇和无血气。大争之世，唯有血气，才有争心！"历史上秦人风骨的"三原色"：浪漫、勇武、质朴，及其铮铮铁骨演绎的人生故事，无不暗含艺术的永恒话题：爱情、死亡和战争。在《大秦帝国》中，有史诗般的悲剧英雄，有至纯的恋人和旷世爱情，有莎翁式的优雅台词和复仇故事，更有古雅博大而精深的中华文化……所有这些构成剧的有机体，使其强劲的魂魄焕发生机，自然天成。

商鞅和秦孝公嬴渠梁，是这部悲剧的两个主人公。血肉丰满的文学塑造和表演出色的二度创作，无疑是《大秦帝国》成功的关键。他们彼此间"君如青山，我如松柏；粉身碎骨，永不相负"的君臣之情、兄弟之谊，尽显大秦气概和名士风度。

《大秦帝国》中的感情戏占的比重并不很大，却异常精彩纷呈。其中商鞅与荧玉、商鞅与白雪、孝公与玄奇这三段旷世爱情，可谓撼天地泣鬼神。尤其在三位女性身上，导演和创作者们寄予了更多理想：她们容貌出众，侠骨柔肠，正义执着，无一例外地视爱情如生命。荧玉因为到魏国刺探情报目睹了商君的才华，被其名士风采吸引，不可救药地陷入情网；她敢爱敢恨的率性，单相思的苦楚与坚持，像净化器一样，净化了这份政治联姻带来的爱情，同时也像毒药一样，深深侵入了这段爱情和观众的内心……看着荧玉的温良，看着她一夜白了头，这场爱情的悲剧陡然增加了浓度，浓得化不开……精神至上的莫过于孝公和玄奇的恋爱。就像她的名字，玄奇的身世和爱情充满了玄妙和奇幻。一支短剑定终身，漫长无尽的只有等待和守望，在等待中守望、在守护中等待……剧中最摄人心魂的莫过于肝胆相照、生死相依的白雪与商鞅的爱情。一如白雪这个名字，她的风度：纯洁而高贵。他们两情相悦红颜知己，温润豁达不离不弃……近乎完美的女性、近乎传奇的爱情，就在一次次罹难、一场场辩论、一次次深情凝视中出神入化地撞击着人的心扉，净化着人的灵府，提升爱与魂的质地。

面对这三段爱情、三个女性，难免不觉得这部剧——理想、太理想了；浪漫，太浪漫了。然而，这浪漫的理想难道不是每个人内心的渴求，那种可遇而不可求的久被压抑以至麻木的内心希冀？这也许不是历史事实，不是生活真实，却具有艺术的真实，它揭示了亘古至今每个人内心的真实，谁不期盼身在其中呢？

◎图78 《大秦帝国》剧照

电视剧《大秦帝国》第一部《黑色裂变》以白雪和商鞅的圣洁而高贵的爱情结束，也将这段爱情奇观推向极致——以漫天飞雪、大红和纯白撞击的浪漫以及英雄美人的携手相望关闭这部剧大起大落的大门。

车裂商鞅。他像英雄一般走上刑场，白衣飘飘，正义凛然。百姓沿路相送，白幡猎猎，漫天大雪飘然而至。白雪，这个救他出魏国，支持他实现理想，暗中保护他的女人，没有名分，携商鞅之子默默隐居山间。而在商鞅生命最后一刻，她第一次穿着大红的新娘装露面，二人共饮毒酒，笑容嫣然，相拥倒下。白雪几乎掩盖了他们的容颜。

豪情、柔情、伤情一时间缠绕莫辨。

具有深度精神性格的人物和故事，使电视剧《大秦帝国》第一部《黑色裂变》获得了超越。

人物塑造和二度创作有色彩有深度，对于一部影视剧当然是难能可贵的，但还远远不够。在剧中，人物是一个整体形象体系的完美组合，在纵横交织的人物网络中，彼此或衬托或对照，在相互的关系和相互作用中才能更加丰满。各类反派角色充满个性的形象塑造和个性化语言至关重要，他们与浩然正气的孝公、商鞅的语言，在对比或衬托中形成更浩大的人物气度和艺术张力。

与《大秦帝国》这部戏秦地文化气度和人物精神气质相吻合，导演黄健中把这部戏的风格界定为——历史的写实主义和浪漫主义相结合。在选景和画面处理等方面都充分体现了这种风格。秦是中国历史上最重要、最奔放、充满激情的转型时代。在这样气象万千的时代：有列国纷争的惊涛拍岸，有波澜吊诡的合纵连横，有壮阔豪迈的连狙大战，更有策士的群情舌战，士子的奋力搏击，哲人的自由争鸣，才子佳人的爱恨情愁……环境影响人的性格，秦这样一个极度自由的时代铸就了秦孝公、商鞅这样一批秦人中的精神楷模。

《大秦帝国》表现的就是这种气势宏伟的秦地文化。秦文化的生机与气象决定了剧的风格，而艺术家的人格见于一切艺术活动之中。导演和主创的精神志趣、人格魅力自然烙印在这部剧作之中。正如歌德所说：“作家的风格就是他的内心生活的确凿的印迹；如果谁想获得明晰的风格，他就应该先在自己的灵魂里达到明晰；谁想用宏伟的风格写作，在他的性格里就应当有宏伟。”

剧作家孙皓晖的鸿鹄之志、导演黄健中的诗性智慧、主创艺术家的内心情怀，共同造就了这部电视剧的宏伟气度。在虚实交织、亦真亦幻的影像艺术中，现代人内心呼唤与祖先老秦人的灵魂呐喊息息相通，水乳交融在一个个至情至性的人物、故事中，一个个沙场征战或百家争鸣的场面里。

这部戏战争惨烈但不血腥，凸显冷兵器时代大秦雄风。

对于导演黄健中来说，这部戏一个特别大的挑战就是，挑战既有中国影视剧对战争场面的展示。战争场面的成功在一定程度上预示着这部剧的成功，战争场面的精彩也正是这部剧精彩的有机组成部分。为凸显冷兵器时代大秦雄风，黄健中为这部戏的战争场面制定了严格的拍摄原则，在访谈中，黄健中说：

> 我对《大秦帝国》战争戏的拍摄原则，就是不许在我的战争场面里出现武侠动作。现在很多历史剧里的战争场面都拍得像武侠片。剧里主要的12个野外战争我分了几千个镜头去拍，单独把战争场面分了剧本，仅“少梁战役”就拍了四五百个镜头。虽然都是冷兵器作战，但我的演员和马匹都没有受一点伤。而且观众会发现《大秦帝国》的战争戏一定很惨烈，但不血腥。

为了凸显这部戏战争的悲壮与豪迈，惨烈但不血腥，黄健中对冷兵器时代的战争特别进行了一番潜心研究。他认为：战国时代是冷兵器时代，那时的战争是惨烈的。惨烈不能和血腥混为一谈，血腥是有意识渲染暴力，要反对。比如秦国打了这么多年仗，所有的兵力粮食都没了，吃的是草，打到弹尽粮绝。所有的秦兵没铠甲，都穿着布衣，我们也找来少林武术学校的孩子演孩子兵，连孩子都打仗，他们打仗的时候也很天真，这就更能体现出战争的惨烈。这部戏战争场面很多，但黄健中反对电脑制作，他更追求以实代虚，特别讲究场面的真实，即使浩大的战争场面，90%是实打实的；城墙、河水都是真实的。

亦真亦幻、虚实辉映，是黄健中对这部剧的审美期待。

当然，这部剧的风格也是通过人物来体现，如果没有人物这个核心，战争场面再大也无法吸引观众。场面其实只是为了展现人物所处的背景，最后的厚重感，还是要通过人物的情感来展现。对此黄健中举了两个例子。一个是剧中“商鞅变法”，在河滩上杀了700人，这史书上有记载。秦孝公不可能一开始就接受，因为他比较亲民爱民，但是最后秦孝公与商鞅两人之间相互理解了。这就是结合大历史背景下的大历史事件，体现两个人物间从冲突到融合的过程，让人觉得气势磅礴。再有就是，《大秦帝国》里面的人物，内心的浪漫和诗意都是自然流露出来的。有一段黄健中印象很深。秦献公老年到了秦国老兵兵营，漫天风雪，北风肆虐，秦献公问这些追随他戎马一生的老兵，自己的两个儿子里谁为储君才好。那些老兵的身体都残缺不全了，但他们的精神饱满，天寒地冻而他们热血沸腾，有一种悲壮的浪漫——黑出了一个时代的美。

与剧总体风格、格调相谐和，在剧的总体色调和服饰等方面采用了黑色系为总体色调，使全剧拥有了古雅质朴的黑色质地，格外素淡大气，而且自然“做旧”不落痕迹，别具一格。为此黄健中和剧组主创在尊重历史的基础上，进行了大胆的艺术想象，花费了不少心血和精力。为了符合整部剧的风格，剧中的服装色彩非常简洁明晰，就是黑、白、红，完全的大色块，一点也不繁复。黄健中和主创直接参考的就是兵马俑，除了服装，秦孝公的胡子，秦献公很有气势的一头乱发和鬓角都是兵马俑的特征。为此黄健中专门从电影学院请来了一位叫马迎波的美术设计的老师，黄健中对他的要求只有一条，就是：秦人尚黑，但这种黑不能是单纯的、一般的黑。黄健中把这种“黑”定义在从灰色到黑色这个区间里头，因为拍摄的时候很多都是中近景。后来马迎波就对领口做了一些变化，加入了红色、黄色等不同的颜色，就这样一个小细节产生出了一种简洁朴素的美感。当时秦国比较穷，丝绸不多，为了展现这种现实，服装设计在布料市场上挑选了像窗帘布那样的粗布作为原材料，做成了秦人所穿的“布衣”。商鞅是一片黑中一抹张扬的白，这个颜色是为他特别设计的，为了衬托他的书卷气和志存高远的情怀。女子多是纯洁的白色和张扬的大红色，造成视觉碰撞的大色块。

这样，剧的影像色调以黑为主，就是要黑出带有秦孝公时代的时代气息的特别的美；黑出一个时代的美来。

莎士比亚式台词使这部剧引人入胜 。很多人认为，《大秦帝国》最美的是言语，最有气魄的是言语，最具深意的仍然是言语。这些朗朗上口、气贯长虹如同莎士比亚台词的语言，带着观众梦回大秦，将那个时代的血性、大义表现得淋漓尽致，将那个时代的真诚、坦率描述得让人热血沸腾，更谱出了那个时代的英雄赞歌。面对《大秦帝国》在网络上“未播先火”，海外市场上火爆异常，黄健中由衷地将之归功于孙皓晖原作的魅力，特别是台词的精妙。黄健中认为，中国的电视剧很少有像《大秦帝国》这样有着很坚实的文学基础，我们常说十年磨一剑，它是16年磨一剑，所以为什么网民们那么喜欢它的台词，这个台词确实是经过精雕细琢的，读着都感觉是一种享受。黄健中一直追求电视剧除了要看故事以外，最重要的是品味，它能够从故事当中，从人物的行为举止当中品出一种味道，一种艺术上、美学上的美感。《大秦帝国》做到了，这部剧好看又耐看，悦目又悦心。

【经典台词集锦】

“赳赳老秦，复我河山，血不流干，死不休战！西有大秦，如日方升，百年国恨，沧海难平！天下纷扰，何得康宁，秦有锐士，谁与争雄！”（众将齐唱）

“飓风过港，万木蛰伏；不摧不折，悠悠可期。”

（白雪对商鞅表白）“鞅，我比你更懂得你的心，我用生命和灵魂在抚摸它，用我的痴爱之心感知它，熟悉它的一沟一壑一平一凹。鞅，你是天生的铁腕政治家，你的意志，你的灵魂，你的秉性，你的智慧，都是为政为治而生的，你的血液中奔放着为权臣的无尽激情，你的内心深处涌动着强烈的权力欲望，你可以为了自己的治国信念去做牺牲而无悔，你的超人品性注定你更适合创造烈烈伟绩，而不是隐居田园，去谱写生生死死的情爱奇迹……”

（秦孝公）“秦自穆公称霸，国势有成，大业有望。然，其后诸君不贤，历公、躁公、简公、出子四世政昏、内乱频出，外患交迫，河西尽失，函关易手，秦始由大国而僻处一隅。其后献公即位欲图振兴，连年苦战，饮恨身亡。当此之时，国弱民穷。列国卑秦，不与会盟，且欲分秦灭秦而后快。国耻族恨，莫大于此。本公继位，尝思国耻，悲痛于心。”

（秦孝公）“上天啊上天！假使再给我二十年岁月，嬴渠梁当金戈铁马定中原，结束这兵连祸结的无边灾难，还天下苍生以安居乐业！何天不假年，使嬴渠梁并吞八荒之雄心，化作东流之水。天哪！你何其不公啊！”

“小政在朝不在民，大政在民不在朝……大道之行，根在民心，世族非议，不足道哉！”

“处我极刑？好！处我极刑！实则大彰老世族与六国之恶，何乐而不为啊！哈哈哈哈……日后秦公正可借之发难，铲除复辟，大出山东！鞅死，而能与秦国有益，死而无憾！”

“根基在庶民，魂魄在庙堂！”

心怀敬畏，再现赳赳老秦

好演员永远散发着一种魅力，这在演艺界称为“台风”，是一种很难描述的气质，但是它产生的效果却能使台上的角色以及演员的“自我”格外地鲜活、突出，给观众带去逼人的“真实感”。拥有这种气质的演员一旦进入表演状态，往往会以一种不可思议而又一目了然的方式告诉人们，他、她站在这儿是给你们看的，就该是这个角色的扮演者。

《大秦帝国》中，秦孝公和商鞅两位男主角，分别由侯勇、王志飞扮演，女主角白雪由高圆圆扮演。演员对表演的投入几乎到了无以复加的程度。对此剧中女一号高圆圆感慨颇多。她进组以后就发现，大家每天都在谈论剧本和角色，这种气氛很浓郁，很感染她。所有的演员功课做得都非常仔细认真，剧本读了不止一两遍，对人物把握也很深入细致。

对于三个主要角色，导演黄健中有着非常明确的定位：让他们尽可能地完美。而且由于演员对于角色很投入，他们也经常有很多好点子，只要可行就会被黄健中采纳。比如2006年11月1日的“导演日记”黄健中记录了当天的一个拍摄细节。

> 今天拍17集7场，侯勇提出应该在旷野拍摄，更有气势更情感化。王志飞说他见孝公应晕倒，因为一时疲惫。两个建议都很好，所以今天放弃内景拍摄。

王志飞：我的眼泪为我心中的英雄而流　扮演商鞅的演员王志飞，第一次如此酣畅淋漓地演古装戏。由于“感动于这个人物，心悸于这个人物”，在剧组里他非常用功，是有名的拼命三郎。对于角色，王志飞说：“这样一个历史上的大思想家，他本身一定是超常态的，而且具有非常人的思想。因此，商鞅的风格，也应该有与众不同的做派。”基于这样的角色认知，在表演时王志飞强化了个性鲜明的表演，使商鞅这个人物更加生动饱满，富有层次感。

在高圆圆进组的时候，王志飞对她说，《大秦帝国》让他拥有了从来没有过的创作热情，想把创新和突破的古装角色放在最值得的这一部戏中。由于对角色全身心地投入，拍摄的时候，王志飞几乎感觉自己就是商鞅。直到后期录音，还情不自禁地回忆起角色，也难免被感动，以至在录音棚里一度泪流满面。他说，我的眼泪是为我心中的英雄而流。

◎图79 《大秦帝国》剧照

终于听到《大秦帝国》开播的消息时，王志飞难以抑制内心的喜悦，对媒体表示，他一直在期待这一天，言语之间难掩感动：“这个戏，真的是大家付出了非同一般的心血，我起码近期、近十几年没有拍过古装戏，我一直在期盼一部能够首先打动我，然后通过我的演绎去打动观众的这样一部戏。这个戏从头到尾都很精彩。”“我对这部戏怀着一种敬畏之情。”这是王志飞的心声，也是导演等主创和所有剧组人员的心声。

由于精彩演绎，这部戏网上大火，王志飞更是备受追捧。《大秦帝国》迷自费制作了十本精美的图文并茂的画册《任是无情也动人——〈大秦帝国〉之商君·珍藏版》。这是大秦迷的网友们针对扮演商鞅的王志飞设计制作的。收集精选了网上关于商君的文章和诗歌，配上精美的剧照。从该书的序跋文字可以感知编选制作者的良苦用心。署名“品茶品菊”的网友在“序言”中写道：“从来没有一个荧屏形象让我们这样热血沸腾激情澎湃，从来没有一个古典人物让我们这样心驰神往日夜难眠，从来没有一个英雄豪杰让我们这样扼腕叹息伤痛莫名，他，就是大型电视连续剧《大秦帝国》第一部《黑色裂变》中的主人公——商君。”“百度王志飞吧，商君的迷你酒楼短短5个月近4000的帖子和7万多的点击率，足以证明王志飞版商君的无限感召力和无穷魅力。很多网友看完《大秦帝国》心中涌动的对商君的激情无法遏制，纷纷拿起自己的笔歌咏之嗟叹之，其认识的丰富、见地的深刻、分析的独到和文辞的精美，让人拍案称奇，击节赞赏。本书编者深为王志飞版商君和鞅粉所感动，故择其要者，结集成册，以成纪念。”

侯勇：我被剧本震撼　黄健中作为导演看重和看好侯勇的，首先是他的王者之气，以及他面相中几分兵马俑的味道。“他是刚毅木讷的真男儿。”拍戏前，侯勇对秦孝公的了解和很多人一样，仅限于这三个汉字组成的人名。而接下去的阅读却使他由衷感慨：“我被整个剧本震撼了。”

潜心的研读和拍摄让侯勇对秦孝公由陌生到融入自己的血液，深深地爱上这位有人格魅力的王者。

在接受媒体采访时，侯勇说：“这部戏讲的是秦国的事，而不是一个卫鞅的传记。秦孝公是一个起着推动作用的根本角色。没有他的求贤，卫鞅不会到来；没有他的慧眼，卫鞅也不会担任那么重要的职位；没有他的信任，卫鞅同样不会干成这样一番事业。这就像现在的总经理和董事长，一家公司里，虽然很多决定是总经理在做，但最终方向性的决定，还是在董事长手中。我演的是一个儿子，是一个父亲，是一个朋友，唯独不是一个君主。”

几个月的拍摄，让侯勇对角色有了更切身的体会和理解：“秦孝公和以往的帝王不太一样。君难即位，卧薪尝胆。他一即位面对的不是坦途、大好河山、江山社稷，而是一个积贫积弱、六国均虎视眈眈、国之将亡的秦国。他一出场面对的都是难题、苦大仇深。在这种情况下，他不仅要图存、还要兴秦。于是广发招贤令，任用商鞅变法，平息老氏族争斗，硬生生挪出了20年的非战岁月，使弱秦变强。你很难想象他遇到多少困难。所以他的那份智慧和隐忍，都特别极致。这样的角色真的是我之前没有遇到过的。”

正因此，在侯勇的演绎中，秦孝公不仅是王者，更是一个汉子。

“把这部戏当作艺术品拍” 在《大秦帝国》中，高圆圆是女一号，饰演商鞅生命中最重要的爱人白雪。黄健中说，白雪的演员我们找了很久，提到高圆圆时，他立马确定下来。“白雪一生追求生命之美，活出了华彩诗章，她有古典的理想主义的性格。高圆圆就有这种文化气质。”

在这部戏里较新鲜的面孔，比如公主荧玉和嬴驷的扮演者也有上好的表现，而且不俗。

嬴驷扮演者刘乃艺本身也是演员，是秦腔演员。秦腔里浓郁的秦人文化地域风情、秦人的脾气秉性等已经深深浸润在他的内心深处，并外化为一举手一投足和气质神韵。导演黄健中对他的评价是：嬴驷（刘乃艺）的戏“既有深度，又有光彩”。

不管主创、主演还是其他人员，在接受媒体采访时，每次都是充满激情，即使事隔几年还难以忘怀这部戏给他们带来的精神洗礼和内心震撼。在访谈中，黄健中道出了其中的奥秘：我们大家，不管是主创、演员，还是制作和工作人员，有一点是达成了共识的，我们是把这部戏当作艺术品拍的，渴望赳赳老秦的精神因这部戏而得到弘扬光大。

2010年酷暑时节，查阅网上有关这部剧的各种评说，令我吃惊地发现，和金庸有“金迷”一样，《大秦帝国》（第一部）也在一定程度上形成了“孙迷”，而且很多人是看了电视剧才去看原作成为“迷”的，被称为“秦粉”。谈及这种现象，黄健中十分欣慰：

> 我很高兴这种现象的出现。我特别欣赏意大利新现实主义电影大师费里尼的一句话：创造观众。
>
> 我执导的电视剧获得了观众的认可和喜欢是我最开心的事，而能够创造观众更是我求之不得的，最大的欣慰。

“创造观众”是黄健中执导这部电视剧中的一个很重要的心理期待。站在时代精神的前沿，站在以人为本，守护民族乃至人类精神的立场，对时代与观众的精神引领是这部剧精英意识和精英追求的集中体现；也保证了剧的品位与格调。上乘的影视剧作品往往能超越时代和政治而直面人与社会。《大秦帝国》就具有这样的品质。它就像一支思想的交响曲，又如同一座质地考究敦厚古雅的建筑：在感受其内在精妙时，我们同时领略着它的万千气象，并享受它所赐的快慰。作为娱乐，《大秦帝国》更是一个存储情绪的仓库，因为它不仅为我们提供感情、智慧、精神和审美意义上的视觉盛宴，从本质上，它还将我们从思想和感情的盲区及混沌中拯救出来，助力我们养浩然之气。

这正是《大秦帝国》最深刻的“娱乐”价值所在，也是被观众认同并“创造观众”的意义所在。

时尚最大的弊端是草率、是心浮气躁。与此相反，《大秦帝国》怀有的最大荣耀就是“诚实”，就是实干，就是脚踏实地的务实精神。从孙皓晖含辛茹苦16载，到黄健中8个多月潜心研读，到剧组同仁对大秦历史与剧作的敬畏之情和倾情投入……他们在创造精致的影像艺术的同时，更传承了一种弥足珍贵的精神。精致的艺术连同珍贵的精神，就是我们从这部剧中发现的令人惊奇的东西。它是视觉和心灵的盛宴，更是中国当代历史剧影像艺术的盛事。《大秦帝国》被学界和媒体誉为“历史剧巅峰之作”并非过誉。

【网评举例】

1.“感奋”这个词现下并不是一个常用词，但在观赏《大秦帝国》的一周中，它最可实实在在表达我的观后感。

2. 中国的历史剧，从《雍正王朝》开始即形成了一种独有的风格。不再按照官方教科书上的形象来刻画历史人物，也不再忌讳权、术、谋，并肯定其在人物和事件中起到的决定作用，而不再只是借着古人来变相地宣扬那些空洞的道德观。观众的眼睛是雪亮的，他们自会用自己的阅历和眼光来评价历史事件中所展现出的智慧和阴暗。可以说中国历史剧（准确地说是古代历史剧）的发展是顺应着改革和开放的，是顺应着人民“智商”的增加的……真是形质兼美的好剧，即使宣传称其“历史剧巅峰之作”也并非过誉，它确实让我看过的所有历史剧都黯然失色。

3. 其实我想说的不是太多，但有些想法不得不说！《大秦帝国》是一部非常优秀又同时是思想上非常激进的一部电视剧……

4. 我看到最完美的国产电视剧！此剧方出，一扫荧幕阴戾萎靡之风，堪称荡气回肠之作。虽则硬伤不少，但瑕不掩瑜。久违了，如此血性刚烈的历史剧。最爱嬴渠梁，男人定当如此。

5. 超赞！我所看过的最强的历史正剧！在观赏期间每天都感受着血液在沸腾般的振奋。其中任何瑕疵都是瑕不掩瑜，我对它决不吝惜赞美！大爱侯勇塑造的嬴渠梁。

6. 经典，气势恢宏，这才是我们中国的祖先。谁说我们不尚武？秦皇汉武，唐宗宋祖，那才是我们民族现在需要的……我们现在不是要压抑民族主义，我们是被压抑的，已经都快没有集体的概念了。中华儿女，我们应该团结起来。到了现今的社会，可不是和平年代啊！

7. 这部电视剧是我这两年来看过最好的一部，我一直很佩服侯勇这个人，看他瑕不掩瑜的佳作，其中有很多细节值得细细琢磨。

荡气回肠，至情至性，依法治国，恒为真理。

华夏青年时代的逼人英气。

8. 演得好！台词好！布景佳！服装道具没说的！

不过剧情安排和原著还是有一定差距，主要是在选择切入的情节片段上，一些复杂的内容如权谋、思想理念等没能清晰地展开。

总体还是上佳之作，对两位男主角印象极为深刻。

9. 孙老是整个电视剧的编剧！

告诉你，原著我看了不下10遍！

但看电视剧依然觉得精彩！！看到电视剧，依然很震撼！连着4个晚上看到凌晨3点左右……期待第二部《国命纵横》。

（二）《大风歌》：“唱盛世魂”

2008年黄健中执导的42 集大型史诗电视剧《大风歌》，2010年在中央电视台黄金时段播出，得到专家学者和观众的称赞。作家李准发表《〈大风歌〉唱盛世魂》一文赞道：“正当戏说历史之风彼伏此起，一些名为历史正剧的大片儿，也离历史真相渐行渐远时，真实表现西汉初期由乱到治的大型电视剧《大风歌》的出现着实让人眼前一亮，它对历史精神的深度挖掘和对历史美学品格的执着追求更给重大历史题材电视剧创作带来了新的惊喜。”①仲呈祥也撰文指出：“一个珍视自己民族历史资源和史学传统的民族，才是一个具有历史文明修养的有希望的民族；反之，则是一个丧失历史感的无根的民族。从这个意义上讲，‘读点历史’也是一个民族文化自觉和文化自信的表现。近观中央电视台播出的42 集电视剧《大风歌》，确有从荧屏上‘读点历史’的深切感悟。”“中华民族的历史文化艺术大厦，是由历经历史和人民检验的经典著作、学者大师和深入民心、培育了一代又一代后人的经典艺术形象作为根根支柱搭建起来的，倘容忍将这根根支柱随意解构、颠覆，那大厦行将倾倒，中华民族将失去自立于世界先进民族之林的历史文化艺术之根！《大风歌》对时下失度的‘戏说’‘穿越’风，无疑是有力的匡正。”②

---

① 李准：《〈大风歌〉唱盛世魂》，《人民日报》2010年1月12日。

② 仲呈祥：《从荧屏上“读点历史”——从电视剧〈大风歌〉说开去》，《人民日报》2011年12月23日。

◎图80 《大风歌》剧照

这部制作精良的电视剧，除了一扫近年历史剧创作的不良局面外，还是首次在电视荧屏上全景式展现了西汉历史，为我国电视剧创作填补了历史题材空白，艺术地再现了从西汉建立到“文景之治”近50年的历史画卷。该剧讲述了2000多年前西汉王朝的汉文帝刘恒崇尚勤政节俭、以仁德治天下的故事。在他执政的23年中，对内，废除自商周以来施行的黥字、剁脚等残酷肉刑，鼓励农耕发展人口，他是历代封建王朝中第一个在全国全免田租的皇帝；对外，一面坚持与匈奴和亲，同时屯垦戍边、强边固土，他与继承他帝业的儿子刘启统治的时期，被后人称为“文景之治”。在这部历史剧的创作中黄健中坚持“大事不虚，小事不拘”的创作原则，以真实可信为艺术生命，还原历史事件和历史上流传千古的人物形象，真正做到了以史为鉴，传承文明。“电视剧《大风歌》把人们引领进一个沧海横流、雄风滚滚的大时代，一个锐意进取、气势恢宏的中华大帝国的全盛时期，表现了两代主人公汉高祖刘邦、汉文帝刘恒及朝野上下昂扬向上、铁骑铿锵的雄风，充满了传统英雄主义精神的华彩亮色……”①

在访谈时，黄健中有感而发，认为“现在很多人在讲国学，而我更愿意把国学思想用大众喜闻乐见的方式传播出去，而不仅仅是标榜自己有文化有国学根基”。历史剧正是黄健中传播优秀传统文化的艺术通道。在《越王勾践》《大秦帝国》《大风歌》等厚重雄浑的历史剧中，他的国学修养和文化底蕴得到十足彰显；也正是导演的文化修养和艺术品位，保证了这些历

① 李树声：《诗心惠雨唱大风》,《文艺报》2011年12月21日。

史剧的精神走向和文化艺术品质，使这些戏不至于失“魂”。2008年11月27日，在孟州拍摄《大风歌》时，黄健中的“导演日记”中有这样的记载：

> 在河南孟州荒凉的冬天要拍出长沙的秋天，要拍贾谊游汨罗江书写《吊屈原赋》十分困难。但以浪漫为契机，画面拍出鹅黄绿、拍出水面的美感。贾谊在船舱里凭窗书写，热泪盈眶，我想拍出这一场戏的魂来了。

历史题材电视剧讲历史故事并非难事，难的是这个故事怎么讲、讲成什么样，如何拍出黄健中之谓“戏的魂来”。换言之，历史剧不仅仅是历史故事，更是折射历史文化和时代精神的个性化视听表达。对于历史题材电视剧来说，面对的是过去的故纸堆的历史，是陈旧、死的、没有生气的。如何把陈旧的历史拍成新鲜的，把死的拍成活的，把没有生气的拍得生意盎然，这无疑考验导演等主创的思想能力和艺术造诣。对研究历史而言，史料越翔实越丰富越精确越好，这是历史研究的第一位要素。但是对于电

◎图81 《大风歌》剧照

视剧艺术而言，首要的却是创作者能否对历史有正确的认识、新的感知与艺术表达。在黄健中“导演日记”中记录了该剧拍摄中对刘邦和文帝之死的艺术处理。这两个片段不拘泥剧本，在历史真实的基础上大胆加入艺术想象，在诗化历史中凸显了该剧的艺术个性。

2008年10月4日　拍摄地点：厂棚

演员：吕良伟　王晖　李庆祥　兰岚　朱德承……

拍刘邦死前有三分钟台词，剧本写他躺在床上奄奄一息，竟然能说那么多话。从戏的环境看由内殿的床改到前殿的塌，气氛完全是帝王死前的“虎威”，要的是对刘邦死的处理与所有戏对死的处理完全不同，死出个性，死出光彩，也拍出导演的个性与光彩，相信这场戏的处理，刘邦死一定能震撼——这场戏从文学本到拍摄处理可入课堂讲课。老虎和猫均属猫科动物，但老虎的死与猫的死，绝不会相同。

2008年11月3—5日　拍摄地点：高尔夫球场—厂棚

演员：刘牧　贾伟　刚毅……

文帝之死（30集41场），改变了剧本写人死便是在床上奄奄一息交代后事的千篇一律的场景。

我让文帝在弥留之际产生幻觉，幻觉他的青年时代击筑（刘邦高帝在他年幼时答应教他击筑，但始终没有教他，他在众皇子中因为母亲不受宠所以他失落的心一直维系到弥留之际重又漾然升起），他奇怪为什么母亲、皇后一个个都流着泪。在充分表现他的幻觉之后，实现现实中他将离开人世……最后又回到他击编钟唱《大风歌》。

这段死的处理同刘邦死的处理有异曲同工之妙。

不一样的死，“死出个性，死出光彩，也拍出导演的个性与光彩”。全剧类似的片段比比皆是。在黄健中导演的历史剧中，总会以其独特的创作个性，灌注以饱满的艺术气息。“情以物兴”“物以情观”的有机结合。具体而言，他的每一部历史剧中饱满丰沛的“感情”，从来不是空穴来风，情从“物”来——从扎实的历史和生活深处汲取，有充分的历史、时代和生活的依据；同时，“物以情观”，他执导的历史剧以其个性和情感去观察和体验评价历史，正如有文字所论：坚持历史文化传承与艺术观照并重，呈现了诗化的历史真实。

历史题材电视剧创作重要的美学诉求往往离不开与现实对话，以古喻今、古为今用，《大风歌》也一样。黄健中和该剧的主创们深知“从宏观的角度把握历史整体的精神，需要按照今天的审美需求对前人进行重新判断，重建2000多年前的历史，创造具有今人审美认同感的新的文化语境。一向追求作品传统诗学气质、内涵与深意的导演黄健中在剧中常常调动电影艺术的手段、隐喻象征的手法、声光电的色彩和流动的视听语言，看似平实的表达，却使作品产生了特有的艺术张力”[①]。当然，历史总是处在过去、现在和未来的时间链条中，现在的过去与今天的未来相互关联，今天与历史的对话成了历史发展中必不可少的一环。而历史题材的电视剧也是以艺术的方式，实现今昔对话的方式之一。目前电视剧历史题材热闹非常，但历史被简单化、历史人物被偶像化、历史被实用化倾向严重。欲望编码、快感编码和梦想编码，集娱

◎图82 《大风歌》剧照

① 李树声：《诗心惠雨唱大风》，《文艺报》2011年12月21日。

乐休闲宣泄抚慰等功能于一身让历史题材的电视剧成了文化甜点……在黄健中的历史剧中，每一个画面、每一个细节、每一个片段和冲突都纯真质朴，带有生命的气息和活力，让人不能不真切地感受特定历史真实在活生生的生命中的律动。生命气息和诗化历史，替代了无厘头、戏说和穿越。在黄健中执导的历史剧中，赋予历史人物彼时彼地的思考与行为，与今人在生命和与生俱来的人情人性上往往息息相通，关注社会的进步与历史的发展，以人和生命为本位。在《大风歌》中，“文景之治”的太平盛世，首先追求统一安定，重视人心向背，他以励精图治、克勤克俭来面对天灾人祸。强烈的家国责任感让文帝刘恒努力推进文治有道、仁德天下的政治主张。作品通过一系列心理的展示，让人看到文帝作为执政者、晚辈、父亲、兄弟、男人等不同角色于一身的历史沉重感。这诸多植根于史实的情节，以较强的艺术魅力感染着人们。让人随着镜头的推移，为他沉浮变幻的命运而慨叹，与他的情绪起落相共鸣。

一切历史都是当代史。历史题材创作的现实意义恰恰在于历史本身，从历史中感受生命、生活，人心、人性和社会历史的发展与进步。这也许正是黄健中作为导演者在历史剧创作中给予的历史精神和艺术哲思。《大风歌》如此,《越王勾践》《大秦帝国》《忽必烈》等亦然。

（三）《忽必烈》：朝气蓬勃，如旭日东升

今天混录完成全剧86集及重混一小时宣传片。混录过程中，我和录音师多次被剧情打动而落泪：有时为情感，有时为人的品质，更有时为思想的光芒所打动而潸然泪下——这是在我以往创作中不曾有过的体验。我深信，无论审查者，还是未来的观众，观看这部电视剧，落泪不会少于六次……您，尽管那么熟悉剧情，也看过全部初剪的对白片，但我建议您和夫人不妨先体验一下这部戏的魅力和落泪的快感。因为，这部戏是您十年的心血。

《忽必烈》是我导演的电视剧里最扎实也是最完整的一部作品。我期待它的播出，在我国是一部里程碑式的历史剧。86集的戏，非常紧

凑。原来和您说，审查后可以剪去六集，现在看不好在哪儿下剪刀，删哪儿都心疼……

——健中

这是2018年春，大型历史电视剧《忽必烈》完成混录，黄健中激动之情溢于言表，他给出品人葛健先生发去的微信。与此遥相呼应的是，一组数字和建组时黄健中作为导演的心情：葛总运作十年，筹备两个月，建景等投入一个亿；我与葛总四次谈话；在三个多月里我读剧本写了130页笔记；编剧更换三批，四位编剧两年七易其稿，写了1158页，160.3万字，相当于四部长篇小说，剧本从1215年忽必烈诞生到他的暮年经历70多年，全剧217个人物，场景涉及中国版图的东西南北中，大小591个场景，全景式展示了忽必烈的一生……黄健中说："接受《忽必烈》时感觉身心分离：心是热血沸腾，脚下如履薄冰；四个半月，魂牵梦绕，在我心中只有忽必烈。"

聆听着眼前这位年近80岁的长者，伴随如此精准的一连串的数字，黄健中的心境像电影一样浮现眼前，心生感动……黄健中不仅有惊人的记忆力，还同样保持着超强的体魄和毅力。在《忽必烈》建组会上，黄健中做"导演阐述"时说："我们从开机到结束，大家要一起拍摄八个月的时间，而每一天工作近12小时（不含各部门自己准备的时间），这是摄制组拼智力拼体力的艰苦劳动。所以制片部门、导演部门都要创造条件，让所有人在八个月时间里，始终如一保持旺盛的精力和饱满的创作热情。艺术的劳动是情感的劳动，情感是一种极脆弱的东西，极易被击碎。所以，大家在拍摄过程中要相互尊重，要有包容心。创造生动、活泼、开心的创作环境，为打造一部留世精品而努力奋斗。"

《忽必烈》不仅是黄健中创作中最厚重的一部作品，也是劳动强度、难度和艺术厚度不同寻常的一部电视剧。

接受执导这部剧并顺利完成，黄健中起码要解决三个难题。换言之，克服了这三个困难后，黄健中拍摄任务中的难题才有可能迎刃而解。第一

◎图83 《忽必烈》工作照

个就是文化立场问题。在怎样的立场上观照元史和忽必烈，不同的文化立场和视角一定拍出不一样的忽必烈。2017年9月到12月，不到四个月，黄健中用最短的时间熟悉有关忽必烈的资料，从自己作为汉族去了解少数民族历史，这和他之前拍的历史题材的电视剧《大秦帝国》《大风歌》《越王勾践》等不一样，这几部剧演绎的是汉文化的历史，文化立场比较明朗。而《忽必烈》反映的是蒙古族文化，涉及蒙古族文化和汉文化的关系，以怎样的文化立场进入到蒙古族文化不仅是立场问题，更关系到在这部剧中对蒙古族历史和历史上的蒙古族的认知。清楚认识到这一点，黄健中说：

> 要把全身心投入进去，用自己的情感去体味，不能总是站在一个汉民族的情感去理解他们。先靠近它，然后才能走进去。我第一步先要靠近，熟悉它，要有一个史学家的观点，而不应该站在一个狭隘的民族立场，要从一个大的人类历史长河中来看。

立场决定了态度和方法。第二个难题就是如何走近忽必烈。黄健中强调是走近，不是走进。他首先阅读《世界通史》，以世界大历史观的视角反观元代这段历史；除了读《史记》《资治通鉴》之外，黄健中最重视的当然是读《元史》。而在中国《二十五史》中，《元史》最薄。对待这些既有历史资料“取之精华，弃之糟粕”，在这方面黄健中经历了前所未有的艰难。随之而来的第三个问题，这部历史剧的意义何在？黄健中首先追问的是现在为什么要拍忽必烈，即这部剧当下的意义是什么，如何让戏与现实现世产生关联是所有历史剧必须面对的课题，在访谈中黄健中说：

> 我们讲历史的时候，永远是以史为鉴，把历史作为一面镜子，对今天的人才有一个认识的价值，因为我们做电视剧跟史学家纯粹做一个历史问题的讨论是两回事的。历史学家讨论一个历史问题，他可以跟现实没有关系，他只是讨论那一段历史。可是电视剧作为艺术作品，一定跟现实要有关系。

这三个问题是黄健中在拍这个戏之前，必须思考清楚的，只有把这些问题自己先梳理清晰，彻底弄通了，才可以驾驭这部特殊历史题材的一场大戏，才能更好地作为剧组的灵魂，引领和指导剧组各部门很好地完成拍摄任务。好在，出品人葛健也很懂电视剧的艺术，他请来了内蒙古最权威的民俗学家作为剧组的顾问。除了给剧组讲过两次课外，更重要的是，黄健中和剧组一直跟民俗顾问保持密切联系，拍摄现场黄健中解决不了的问题，就直接请教他。为了尊重历史，黄健中要求美术、服装等各部门所有的设计一定要有历史出处。比如服装，忽必烈时代和成吉思汗时代完全不一样；成吉思汗时代服装是相对比较草原化的，忽必烈时代，特别是后期已经受很多汉文化的影响。

但是，尽管理论上的文化立场与实际工作态度和方法确定了，黄健中作为现代汉文化社会成长起来的导演艺术家，要真正融入一个13世纪蒙古族的文化，难度依然相当大。最先是演员选得不理想，尽管黄健中选的是蒙古族演员，但多是受到现代教育太多。内蒙古自治区主席布小林看了以后都很不满意，她提醒黄健中，很多蒙古族人在城里长大，连蒙古语都不

◎图84 《忽必烈》剧照

会说了。她给黄健中讲故事，她所了解的蒙古族男人是什么样的男人，蒙古族女人是什么样的女人。她一再和黄健中说，黄导你一定到牧区，到那种真正牧民的家里去了解他们。黄健中知道，布小林是蒙古族出身，对这方水土这里的风俗人情了如指掌，作为一个自治区的领导，能如此推心置腹地交流文化和艺术，而且关注到如此细致入微的程度，让黄健中感慨颇深，不自觉想起了过去创作中的懂得艺术的电影界的领导们。对黄健中来说，要接触到真正的13世纪的蒙古族文化，确实要补的课很多。好在剧本编剧是蒙古族，剧的副导演、执行导演黄健中全部启用蒙古族艺术家。这些人或多或少也参与拍过一些蒙古族的戏，他们也会在现场给黄健中提一些意见和建议。而黄健中也没有因为身为资深的著名导演，放不下架子，相反，他总是“不耻下问”。对此他说：

我是从谢晋、赵丹这些艺术家身上学来的。我跟他们接触当中，懂得所有这些真正求文化求质量的艺术家，他一定要敢于问他所不懂的。因为对于13世纪的元代，我可以说几乎是一张白纸，所以除了要去学，我还要请教他们。实际上我这些执行导演知识有很多，我心中是把他们当作我的蒙古族老师的，但是艺术上不能含糊，必须由我来把握。

对剧本的整体掌控和细节把握黄健中并不谦虚，更没有含糊。进组的时候，他看到剧本主线不够清晰、有些散，甚至开头故事讲得太长；谙熟电视剧艺术规律的黄健中知道这样一定抓不住观众，到底这个故事要讲什么、怎么讲黄健中都煞费苦心，有时难免与其他蒙古族主创产生分歧。黄健中一贯坚持，导演的一个重要功能，就是他一定是个园丁，要把这棵树所有不结果的枝蔓剪掉，这样才能让整棵树长出最好的果子。他每次接戏第一件事就是先剪枝，砍掉那些不接果子的枝蔓，因为这些东西拍进去以后很难再减。但是，这个戏，黄健中又遇到了一个不寻常的问题，出品人和编剧认为他要剪掉的这些枝蔓恰恰是蒙古族文化看重的，他们认为作为汉族的导演，黄健中不了解蒙古族文化。无奈之下，黄健中采取一个办法，先保留，等拍完了以后，剪片子剪给他们看，到时候用作品取得他们认可；后来实践证明果然如此。黄健中一直强调拍电视剧一定要符合电视剧的规律，信息要快，而且要尽快见到人物，如果讲很多民俗民情，观众一般不爱看，因为如果想看这些的可以去看专题片；而电视剧第一要素就是戏剧冲突。因此，黄健中用蝇头小楷写下的130页的笔记里记录了很多将来要减掉的“不结果子”的“枝蔓”。《大秦帝国》黄健中写了30页笔记，这部剧多出的100页从一个侧面反映出这部戏拍摄的难度和复杂性。

当然，对这部剧的创作最大的挑战自然是围绕忽必烈形象塑造和这部剧昭示的主题意蕴和文化价值。忽必烈为什么能坐上汗位统一中国。这条故事线是怎么走过来的？这是黄健中创作思想中至关重要的思考。一番审慎挖掘、考量后，确定这部戏的主题，即一个草原的革新派跟草原保守派之间的斗争，他们之间矛盾的发展与演进。在黄健中看来，拍元代的忽必烈跟拍大秦的商鞅有一个共同点，都是要改革。忽必烈要改变原有的面貌，可是草原的保守主义，就会组织来遏制它，认为他是背叛，是为汉族的利益在做。从这个角度，黄健中看出了这部戏中的故事与我们改革开放40年惊人的相似性……忽必烈之所以有今天的成就，恰恰就在于他改革的心胸和魄力。大量阅读分析之后，黄健中终于走近了忽必烈的世界，和忽必烈进行跨时空的精神交流与对话。在建组会上黄健中做了如下“导演阐述”：

忽必烈是怎样一个人呢？

当年与他共事的汉人眼里的忽必烈是“聪明神圣，才不世出，虚己受言，可大有为”。这是史书上记载姚枢对他的评价，此时忽必烈35岁。

与他共事的外国人马可·波罗做出这样的描述：“大可汗，是一个最聪慧，在各方面看起来，都是一个天才的人。他是各民族和全国的最好的君主。他是一个最贤明的人。”

史书《元史·世祖本纪》对忽必烈的描述是：“仁明英睿”。《元文类》记载“世祖皇帝始居潜邸，召集天下英俊，访问治道，一时贤士大夫云合辐辏，争进所闻”，“论定大业，厥有成宪”。

无论是主观的描述，还是客观的评价，我们在史料里看到的忽必烈是具体的，这即是：聪明（智慧）、仁明（贤明）、英睿、才不世出。同时又是一个有抱负，可大有为，从未所有的“天才之人”；一个会团结人的人，一个礼贤下士的君王。所有这一切，编剧们已经把他化为生动的艺术形象写进剧本里。

……

元史学家李治安先生给予忽必烈的历史定位是：“忽必烈堪称蒙元一代的伟人。”“是成吉思汗继承者中最杰出的政治家。”“在少数民族中第一个统一和治理中国南北。”“不愧为13世纪中国政治舞台上叱咤风云的人物。”“对13世纪和14世纪的中国和亚洲产生很大影响的人物。”“他是第一次将吐蕃纳入中国版图并进行直接、有效的治理。他第一次在大元帝国广袤疆域内统一发行纸币，第一次开辟东南粮食北上的海道运输。”当然忽必烈对世界的贡献远不止于此，例如他是世界上第一个建立货币秩序的皇帝；他引水入京，建立中海、南海、北海、后海、什刹海完整的北京水系；他开拓了中国最早，规模最大的海上贸易；他创造了元杂剧和青花瓷这样的文化经典。

整部戏在尊重历史的基础上，彰显那个时代和时代英雄。“以忽必烈作为切入点，表现一个伟大时代，伟大人物的成长史，忽必烈的成长，诚如史学家所言是革新与守旧的斗争——是这部作品的主旨。把握好对忽必烈这个人物的塑造，展示给观众一个生动有趣、有血有肉，又有思想高度的人物形象，是拍好这部作品的关键点。这个人物塑造的成功与失败，决定了我们这部作品的命运。”史书上记载，忽必烈是仁义之师，他不主张杀戮。当然战场上必须消灭敌人，在战场之外，他不主张杀戮。所以在这一点上，黄健中认为，这个信息实际上对于今天来说一个朝代就是蒙古族要跨越超越他那个时代，他一定要抛弃狭隘的思想，所以他跟他弟弟之间的斗争，就是草原保守主义跟走出草原的草原革新派之争。所以史书上也都这么记载。忽必烈的妻子也是一个了不起的女性，从小浸染汉文化，是蒙古族女性的代表。忽必烈是一个很有智慧的人，他的智慧与王者风范，他心胸的博大，这些元史上不乏记载，包括他与马可·波罗的友好往来……从第一集开始到第80集结束，整部戏充满了激烈的戏剧矛盾和冲突，而且他每前进一步，都必须克服自身作为蒙古族帝王的局限和弱点。围绕忽必烈，黄健中为全剧戏剧发展总结划分为四个部分：

第一部分，少年成长重点写忽必烈成长的环境，一面是黄金家族的熏陶，一面是大马群底层生活的磨炼。

第二部分，潜邸岁月忽必烈17岁至44岁。是政治和军事的磨炼，为他君临整个华夏描绘了一幅行之有效的政治蓝图。

第三部分，至哉乾元忽必烈45岁至55岁。即登上汗位，兄弟阋墙，阿里不哥归降，平定李壇叛乱，并着手统一中国的步骤。

第四部分，大哉乾元忽必烈56岁至暮年。忽必烈完成统一中国和治理国家，开创大元新气象的伟大事业。

从以上四个部分可以清晰地看到，一个伟大帝王的性格成长之路，他怀着草原般辽阔的胸襟走出草原，他吸纳农耕文明和中原文化的精髓，雄霸天下，开创大元盛世。他有平民般的质朴，又有王者的雄风，他的一生没有低谷，没有怯懦，永远朝气蓬勃，如旭日升腾。

◎图85 《忽必烈》剧照

八个月的拍戏过程，对黄健中而言，就是从接近到走入忽必烈，领略其成长为王及其王者雄风的全过程；同时，也是黄健中以电视剧之名，通过艺术想象、人物塑造、戏剧冲突，把历史具象化，艺术再现那段不寻常的历史和雄悍的历史人物。这个过程也为黄健中补上了元史这一课，让他谈起元代和忽必烈时娓娓道来，如数家珍。黄健中认为，从一位革新家的角度看，忽必烈很伟大。元代的社会、经济和文化艺术的进步发展都离不开忽必烈的豪情和智慧。南宋之前一直闭关锁国，忽必烈第一个开通了海上丝绸之路，是第一个跟西方做贸易的君王。他跟马可·波罗做贸易，也是中国历朝历代真的让外国人在朝廷做官的第一人。当时泉州港是世界第一大港口，社会经济和世界范围内的贸易非常活跃。忽必烈还是中国第一个接受西方文明的皇帝，中国贸易驿站通往西洋，建了几百个这种驿站，把每个一再改变成一个集市集贸市场。而且他统治中国以后，是第一个建都北京的皇帝，他也是第一个想到水、水源问题，今天北京的水系是忽必烈时期形成的。还有元青花瓷，也通过贸易走向了世界，因为蒙古人崇尚蓝天白云，所以忽必烈对青花瓷情有独钟，对元曲的繁荣也有贡献……在黄健中看来，忽必烈这个历史人物确实应该大书特书；这个人是有大气魄的，值得今天重新认识，特别是，应该了解他到底对中国和世界历史做了哪些贡献。因此黄健中在“导演阐述”中总结道：“依托大量的历史文献资料，详尽展示忽必烈以海纳百川的开阔胸怀，广泛吸收不同先进文化，以‘天下就是苍生’的理念治理国家，向观众展现了忽必烈及他治理下的元王朝在政治、经济、军事文化、科学技术、对外交往交流等方面做出的贡献。”

《忽必烈》这部大型历史剧，无疑是一部英雄史诗，是一部帝王忽必烈的赞歌，同时也是一部充满现代写实主义和古典浪漫主义相结合的历史剧。与之前《大秦帝国》相比，剧的类型相似，但风格上完全不同。黄健中对音乐、摄像等部门提出了具体要求，明确了这部剧的史诗剧风格。他说：

整部作品既有宏大的叙事风格，又不失良金美玉，含英咀华。既厚重，亦唯美。从剧本到美术师提供的环境、建筑，都体现了这些特点。

摄影要营造出波澜壮阔，大气磅礴的历史画卷，同时要塑造出13世纪蒙古族独有的气质。在拍摄蒙古铁骑，大汗的形象以及他们的生活形态、政治形态、军事形态，应该有别于拍摄汉民族的历史剧，在这个意义上，摄影师要有完整的构思，画面的构图、气氛、色调都给人耳目一新之感，摈弃历史的沉重感，表现那个时代最有朝气的民族（蒙古族）如旭日升腾。

这部剧不论是视听语言，还是风格样式，黄健中一再强调充分表现和凸显“马背上的风采”。在他看来，在人类历史上，蒙古族真正称得起马背上的民族。这是全世界公认的，蒙古族整体都在马背上生活。他们的民族性格跟秦人不一样，秦人尽管也是“赳赳老秦，共赴国难”，但蒙古族那种彪悍跟这种共赴国难的血不流干死不休的悲壮不一样；就像蒙古族长调和秦腔不同一样。秦腔是在黄土高原才可以有的高亢雄浑和苍凉；同样高亢，但蒙古族令人感觉永远是在草原的蓝天白云之中，明朗清亮，更富朝气与活力……

2018年春夏之交与黄健中对谈的最后，黄健中感慨：

如果不是到了70多岁，我很难真正地走进一个13世纪非常彪悍的蒙古族。我如果50多岁，我会强调它的彪悍，不会在意强化那里边暗含着的文化的内涵，不会不断深入地进行那些追问和探索。实际上什么是蒙古族的文化，他们文化里面最精髓的东西被我提炼出来了，这一点是我

◎图86 《忽必烈》剧照

自己感觉比较得意的一笔。因为我觉得这部剧的创作我已经深入蒙古族的文化里面去了，我从想了解一个民族到走进去、到走到最深处。尽管这部剧还没有跟观众见面，我希望播出后观众会理解到我的感知、追问和文化探索。

尽管没有看到历史剧《忽必烈》，但导演黄健中的创作心路历历在目，他的创作境况和经历更启人深思。几十年的影视创作实践和生命的历练，年过七旬的黄健中显然已经达到了“才、胆、识、力，四者交相为济”的创作境地。作为导演，“大凡人无才，则心思不出；无胆，则笔墨畏缩；无识，则不能取舍；无力，则不能自成一家”[①]。对于黄健中这样文人气质浓郁的导演，影视艺术再创造的“才、胆、识、力”恰如其分的“交相为济”，使得他源源不断地产生令人刮目的“心思”，在既有本文前“取舍”自如，自成诗意的风骨和诗美风韵。特别是在多部历史剧创作中，没有简单地照搬照抄历史，更不是曲意逢迎或无厘头肢解历史和历史人物，而是与历史和历史中人深度对话，在一次次追问与探索、一次次会意和神交

① 叶燮：《原诗·内篇下》，载郭绍虞主编《中国古典文学理论批评专著选辑》，人民文学出版社，1979，第29—30页。

中，实现了“破茧为蝶”的艺术再创造……完成与忽必烈的对话后，黄健中又在跟随庄子神游，为以庄子为原型的大型历史剧《鲲鹏与蝴蝶》紧张筹备。这对黄健中而言，可谓恰逢其时，黄健中说“正是时候拍庄子了，我要拍出灵魂深处的庄子”……我们有理由期待，在屏幕前与黄健中一道在庄子的思想和世界中“逍遥游”。

余绪：“和顺积中而英华发外”

人生看似一盘无法聚拢的散沙，散漫而无关联；其实，正是在这无边的散漫中，时间以每一瞬间为单位记录着人世间的悲欢离合、风云际会……阅读黄健中近60年的影像创作，感悟其艺术人生，确信作为导演艺术家，黄健中“并非年复一年地变老，而是日复一日地焕然一新”。

在黄健中北京“乡下”的家——白家疃别墅里，有一间黄健中独享的“阳光房”。所谓的“阳光房”其实就是他的健身房，与一般健身房不同的是，房间处于二层楼的最东侧，玻璃房顶，宽敞透亮。置身其间，可以享受充足的阳光浴。只要不外出拍戏，每日清晨5点左右，黄健中就会睡到自然醒，然后在跑步机上健步走半个小时，直至大汗淋漓、一身爽气；之后，冷热水兼顾地冲凉，就是“三九严寒”的冬季也不会放弃冷水。冲凉、早餐之后，读书、做案头功课。正是这样坚持不懈地运动和良好的生活习惯让黄健中身心充满活力；不曾间断的读书更为他补充能量、不断更新知识，每一次面对即将投入的拍摄，都可以自由驰骋，在婉约与豪迈中逍遥游。

思想孕育艺术，艺术是黄健中思想的行动，也是他内心恒久的激情。

影视艺术创作是情感的聚合与付出，是将游戏变为艺术的工作。在技术层面，导演是拍摄的组织者；在艺术层面，导演是整个团队艺术创造力的激发者。导演赋予影视剧独特的理念和视界，并启发每个参与者在团队合作中彼此配合。从黄健中影视作品和相关文字中，能清晰地看到一位导演艺术家高远的志趣、创造的能量，特别是对人生与艺术的一往情深，对艺术与生命的心定神凝……对其导演作品的细读与剖析，更能清晰感知其作品品质与其生命之间的关联与神似，恰如《乐记》所言，“情深而文明，气盛而化神；和顺积中而英华发外”。

同20世纪80年代黄健中导演的影片被审、讨论、争鸣成为常态相似，近年，黄健中对艺术与人生、自由、公正的人类秩序和生存环境的关切一直没有停息。多年前面对困境中的黄健中，好友沈及明有感而发：“本来超前的理想与现实的矛盾就是一种古老的矛盾，也是知识分子古老的悲哀，黄健中这种强烈的精神矛盾既是时代的，又是个人的；即使一代人的，又包含着他性格中多样的丰富的色彩，因此黄健中一生经历过，还将经历着种种曲折。”[①]不过，富兰克林也说过：“从未见过一个早起勤奋谨慎诚实的人，抱怨命运不好。良好的品格、优秀的习惯、坚强的意志，是不会被假设所谓的命运击败的。”

有些时候，如果试图填平艺术与生活之间的鸿沟便毁了艺术，但是，对于黄健中而言，艺术与生活的交会确确实实提升了他的生命品质，也成就了他的影视创作。因为艺术的本质就是艺术家与他的世界之间的交会。这种强有力、鲜活而生动的交会锻造了黄健中壮硕的艺术精神，也使其艺术心灵能抵达美妙境界：“真力弥满”“万象在旁”。

从2006年执导《大秦帝国》开始，在以前文案文字记录的基础上，黄健中为自己的工作加了一个貌似轻松实则沉重的砝码：在紧张辛苦的拍摄之余，开始记导演拍摄日记。哪怕拍戏到午夜，他还是坚持记当天的拍摄日记，到2018年执导《忽必烈》，黄健中坚持了整13年……当一本本装帧整齐洁净、工整俊逸的日记小山一样置于眼前时，谁能不为这位年近80岁、

① 沈及明：《寻寻觅觅到中年》，载黄侯兴主编《思无邪：黄健中的影像世界》，中国社会科学出版社，2012，第423页。

从影近60年的导演艺术家心生敬意呢……这份坚持与热爱、这种认真与刻苦，尤其值得晚辈敬仰和学习。同时，这些记录也是最原始、最真实生动的拍摄纪实，伴随时间将历久弥香、弥足珍贵……退休后成为自由导演的黄健中，特别研究了中外很多著名导演的晚年和晚年的艺术创作。叶楠、谢晋、凌子风等前辈大师让黄健中悟出了一个看似简单的公式：人生就像跑马拉松，从事艺术更是如此。有些行当可能是像跑百米，冲刺了，但没有后劲了。而搞艺术绝不是跑百米，有后劲才能保证“到此不为止”。

“到此不为止”。在2018年的第一个夏日的访谈中，黄健中导演沉醉在忽必烈的世界里，他在忘情地讲述着忽必烈，其实，又何尝不是在自说自话倾诉着他自己：关于个性、情怀、智慧，他的英气、霸气，贯穿始终。平民般质朴，没有怯懦，永远朝气蓬勃，如旭日升腾……

后　记

第一次见黄健中导演是2000年，在电视剧《笑傲江湖》剧组。2001年我作为执行主编编辑的《风急天高——我的二十年电影导演生涯》（黄健中著）和《笑笑傲傲365——中央电视台40集电视连续剧〈笑傲江湖〉拍摄写真》（张纪中、黄健中著）由作家出版社出版。当时我是北国江城吉林一所高校中文系的小讲师，之所以有此荣幸缘于黄侯兴教授的引荐。黄教授是黄健中的二哥，毕业于北京大学，是中国现代文学专业德高望重的专家。

我的生命轨迹从此悄然变化，如梦似幻。18年弹指一挥间。

经历了艰辛曲折的复习考博、进京读博，2009年沈阳师范大学剧场艺术研究所成为我栖身之地。由中国现代文学到戏剧艺术研究，专业的拓展、知识的更新，开阔了我的生命景观，锤炼了我的思想能力，尤其提升了我的艺术修养和审美趣味。18年来我对黄健中的关注未曾间断，面对黄健中的生存智慧、生命状态和艺术创作，在其情与理的运行逻辑与生命轨迹中谨慎侦察和不断探幽，黄健中超强的生命能量和不懈的艺术探索已然不自觉地辐射并参与了我人生与学术的构筑。18年前，黄健中的艺术世界，之于我是追寻、仰视，是研究目标和观瞻对象；18年后，则是寻见和对话，更多心领神会和“六经注我”。

因为寻见，所以别开生面。

纳博科夫在《果戈理》中说，作家传记的最精彩部分不是他的奇遇记录，而是有关他风格的故事。作为影视剧的作者，导演的传记何尝不是如此呢？诗性智慧与诗意呈现，是黄健中影像创作的个性风格；同时，“诗言志”是黄健中，也是中国“第四代”导演甚至之前或之后众多导演艺术家的共同志趣。正因此，我试图经由对黄健中影视创作与艺术精神的阐析，为当代中国电影留下一个鲜活的案例。传记写的是黄健中，但又绝不仅仅属于黄健中，抑或不仅仅属于特定历史时期的“第四代”电影导演，而是属于每一位在文化艺术上大胆探索锐意创新的艺术家。尽管我无法如传记作家那样拥有一套实证又传神的文笔，缺少步步紧逼的知识分子式追问和质疑，甚至缺乏高屋建瓴指点迷津的本领，然而，我已经尽我所能，以诚实与真挚，书写我眼中、心里和我再三品读中黄健中和他的影像世界。期待读到这部评传的诸位读者，能体察我的真情实感，进而感受和体味以黄健中为代表的导演艺术家践行文化和艺术理想，以影像为时代作证，为民众立言的艰辛；特别是，黄健中在当代电影民族化与现代化进程中的突破、坚守与歌哭，以及他的贡献与局限。

是为记。